脱贫攻坚的伟大实践
——社会领域公共服务助力脱贫攻坚典型案例

国家发展和改革委员会社会发展司 编

中国计划出版社

·北京·

图书在版编目（CIP）数据

脱贫攻坚的伟大实践：社会领域公共服务助力脱贫攻坚典型案例 / 国家发展和改革委员会社会发展司编. — 北京：中国计划出版社，2021.5
ISBN 978-7-5182-1277-4

Ⅰ. ①脱… Ⅱ. ①国… Ⅲ. ①扶贫－案例－中国 Ⅳ. ①F126

中国版本图书馆CIP数据核字（2021）第054687号

脱贫攻坚的伟大实践——社会领域公共服务助力脱贫攻坚典型案例
TUOPIN GONGJIAN DE WEIDA SHIJIAN——SHEHUI LINGYU GONGGONG FUWU ZHULI TUOPIN GONGJIAN DIANXING ANLI
国家发展和改革委员会社会发展司　编

责任编辑：李陵　张文征
书籍设计：锋尚设计
责任校对：杨奇志
责任印制：李晨

中国计划出版社出版
网址：www.jhpress.com
地址：北京市西城区木樨地北里甲11号国宏大厦C座3层
邮政编码：100038　电话：（010）63906433（发行部）
新华书店经销
北京汇瑞嘉合文化发展有限公司印刷

787mm×1092mm　1/16　22印张　352千字
2021年5月第1版　2021年5月第1次印刷

ISBN 978-7-5182-1277-4
定价：88.00元

版权所有　侵权必究
侵权举报电话：（010）63906404
如有印装质量问题，请寄本社出版部调换

编 委 会

顾　问：连维良

主　任：欧晓理　童章舜

副主任：彭福伟　傅久岭

成　员：郝福庆　蔡长华　孙志诚　罗陈娟　李春芳
　　　　徐　辉　黄玮茹　翟建民　刘　丹　龚桢梽
　　　　王谈凌　徐　欣　鲍文涵　宋文经　蒋大伟
　　　　李　想　李　欣　范宪伟　李　璐　闫洪泽
　　　　曹　原　刘　涛　姚华梁　朱士峰

前　言

摆脱贫困是中华民族千百年来的梦想。党的十八大以来，以习近平同志为核心的党中央把脱贫攻坚摆在治国理政突出位置，把脱贫攻坚作为全面建成小康社会的底线任务，组织开展了声势浩大的脱贫攻坚人民战争。经过8年多的持续奋斗，我们如期完成了新时代脱贫攻坚目标任务，现行标准下9 899万农村贫困人口全部脱贫，832个贫困县全部摘帽，12.8万个贫困村全部出列，区域性整体贫困得到解决，完成了消除绝对贫困的艰巨任务，创造了又一个彪炳史册的人间奇迹！

中国如期完成新时代脱贫攻坚目标任务，不仅为实现第一个百年奋斗目标打下坚实基础，也为世界减贫事业贡献了中国智慧、中国方案。在打赢脱贫攻坚战的过程中，各地紧盯困难群众重病、残疾、上学、就业、自然灾害、饮水和住房安全缺乏保障等致贫返贫关键因素，加快推进基本公共服务体系建设，提升社会领域公共服务水平，充分提高贫困人口的抗风险能力，既为脱贫人口打造基本生活保障安全网，又为脱贫地区创造了内生发展动力。

为全面总结社会领域公共服务助力脱贫攻坚的有效经验和做法，挖掘脱贫攻坚的当代价值和世界意义，国家发展改革委社会发展司、地区振兴司在全国范围内征集遴选了一批社会领域公共服务助力脱贫攻坚典型案例，编写出版《脱贫攻坚的伟大实践——社会领域公共服务助力脱贫攻坚典型案例》一书。本书全方位呈现了各地围绕教育、医疗、就业、文化旅游、兜底保障等领域，总结了社会领域公共服务助力脱贫攻坚的有益经验和做法。每个案例既有成功经验总结，又有生动故事，为巩固拓展脱贫攻坚成果同乡村振兴有效衔接提供了宝贵启示。

本书编委会

2021年3月

目 录

兜牢民生网底 增强内生动力 在脱贫攻坚战中书写人民满意的民生答卷
——社会领域公共服务助力脱贫攻坚情况综述 / 001

第一章

健康扶贫： 力阻"病根"变"穷根"/ 007

安徽阜南： 以医改促健康扶贫新成效 / 008

河南： 构建"3+3+N"健康扶贫医疗医保救助体系 筑牢贫困人口
医疗托底保障网 / 014

湖南株洲： 开出"四剂良方"力阻"病根"变"穷根"/ 019

江苏阜宁： 坚持"三免三提四保障一控制"
打造特色健康扶贫模式 / 025

宁夏： 以健康扶贫构建脱贫攻坚长效机制防返贫 / 031

陕西汉中： 探索深度贫困县健康扶贫新路径 / 036

四川简阳： 筑牢医疗保障防线让贫困群众有"医靠"/ 046

云南昭通： 全力推进健康扶贫斗"病魔"拔"穷根"/ 052

第二章

教育扶贫： 让每个孩子都有人生出彩的机会 / 057

首都师范大学： 借力"首都教育远程互助工程"
助力和田脱贫攻坚 / 058

江西安义： 教育扶贫精准施策点亮希望之光 / 064
宁夏： 让山区孩子享有城市学校教育资源 / 069
山东临沂： 让沂蒙老区每一个孩子享受优质公平的教育 / 078
山西垣曲： 立德扶志拔穷根 启智授技促脱贫 / 085
四川蓬安： 巨龙镇龙云小学校精准帮扶全面控辍保学 / 092
河北阜平： 坚持"发展职教、志在富民"
探索职业教育兴县富民新模式 / 097
四川射洪： "志智双扶"阻断贫困代际传递 / 103
江西萍乡： 以红色培训带动贫困乡村脱贫致富 / 108
吉林龙井： 让每个孩子都能享受到优质教育资源 / 113

第三章

就业扶贫： 让贫困劳动力端稳就业"饭碗"/ 119

福建漳州： 就业扶贫+助老公益 激发村居脱贫内生动力 / 120
宁波海曙： 劳务协作助力对口帮扶地区贫困劳动力就业 / 125
厦门好慷： 推动家政服务标准化 助力贫困县就业脱贫 / 130
上海新户家： "订单式"按需培训助力沪遵、沪滇劳务"直通车"
致富更智富 / 135
广东广州： "南粤家政"羊城行动助推毕节就业扶贫 / 139
浙江台州： 路桥·朝天携手 推进东西部扶贫劳务
协作平台 / 145
浙江温州： 家政服务行业帮扶贫困家庭就业促增收 / 150
广东潮州： 稳就业脱贫有岗 强技能脱贫有道 / 156
西藏林芝： 利用川藏铁路建设用工订单定向培训
强技能促脱贫 / 163
山东济南： 阳光大姐依托专业化、标准化优势积极助推
脱贫攻坚取得实效 / 168

第四章

旅游扶贫：绿水青山就是金山银山 / 173

福建平潭：　打造旅游"生态道"开启脱贫"致富道" / 174
甘肃榆中：　整体打造乡村旅游综合体助力脱贫攻坚 / 179
广西马山：　推进"体育+旅游+扶贫"融合模式助力
　　　　　　脱贫攻坚 / 183
黑龙江饶河：乡村旅游扶贫绘就小南河村好"钱"景 / 188
江西广昌：　苏区贫困村红色旅游铺就脱贫致富幸福路 / 194
辽宁喀左：　乡村旅游铺就南亮子村百姓致富路 / 200
四川宣汉：　借助巴山大峡谷让贫困山区变成致富景区 / 204
重庆万盛：　释放"旅游+"乘数效应助推脱贫攻坚
　　　　　　"强引擎" / 210
新疆策勒：　文旅融合绘就脱贫攻坚新画卷 / 215
山东济宁：　打好文旅融合牌 绘就美丽乡村新画卷 / 220
湖北宜都：　文旅帮扶用真心 丑溪草木变成金 / 225

第五章

保障兜底：全面小康路上，一个都不能少 / 231

陕西宁陕：　以低偿托养服务扎牢"非五保"特困群体防返贫
　　　　　　"篱笆" / 232
北京门头沟：设立低收入农户帮扶基金强化救助保障 / 237
贵州：　　　创建四项衔接机制 强化社会救助兜底
　　　　　　保障功能 / 242
海南：　　　深化农村低保专项治理 强化精准兜底保障 筑牢
　　　　　　脱贫攻坚"最后一道防线" / 248
广东江门：　扶贫线与低保线"两线合一"构建立体化社保
　　　　　　扶贫格局 / 252
河北衡水：　托养服务中心助残脱贫 给精神残疾人
　　　　　　第二次生命 / 258

福建宁化： 互助养老"四化"模式助力农村脱贫攻坚 / 264

山东安丘： 织密扎牢民生兜底脱贫保障"安全网" / 268

重庆渝北： 把社会救助兜底保障政策用好用活 / 274

安徽宿松： 建设温馨之家 努力实现残疾人的美好
生活向往 / 281

第六章

易地扶贫搬迁安置区公共服务：确保搬迁群众稳得住、有就业、逐步能致富 / 287

广西凤山： 以完善的管理服务体系构建易地扶贫搬迁幸福
和谐新社区 / 288

广西苍梧： 把易地扶贫搬迁"后半篇文章"
写到人民心坎上 / 294

河南： 四个"坚持"四个"确保"完善易地扶贫
搬迁安置区公共服务 / 298

陕西商州： 易地搬迁让贫困人口开启安居乐业新生活 / 305

云南会泽： 教育助力易地扶贫搬迁贫困群众子女
"学无忧" / 312

青海尖扎： 以乡村旅游为龙头积极打造易地扶贫搬迁
后续产业 / 317

湖南宁乡： "巷子花开"公益项目圆易地扶贫搬迁
群众致富梦 / 323

西藏拉萨： 保障昌都"三岩"片区随迁子女"有学上"
"上好学" / 328

新疆克州： 持续做好易地扶贫搬迁"后半篇"文章
全面提升公共服务水平 / 334

后 记 / 340

兜牢民生网底 增强内生动力
在脱贫攻坚战中书写人民满意的民生答卷
——社会领域公共服务助力脱贫攻坚情况综述

党的十八大以来，在以习近平同志为核心的党中央坚强领导下，我国组织推进并成功打赢了人类历史上规模空前、力度最大、惠及人口最多的脱贫攻坚战。如期完成新时代脱贫攻坚目标任务，不仅是中华民族历史上亘古未有的伟大跨越，更为人类减贫事业和人类社会发展作出了伟大贡献。

脱贫攻坚战的伟大进程中，无论是"两不愁三保障"的基本要求与核心指标，还是精准扶贫"五个一批"的脱贫路径，社会领域公共服务在其中都扮演着重要角色。脱贫攻坚战打响以来，我们持续构建并不断织密世界最大的社会保障网，针对贫困群体建立健全包括城市低保、农村低保、农村五保等的收入保障体系，教育、医疗、住房等福利保障体系，产业扶贫、就业扶贫等内生发展体系，以及生活无着人员救助、医疗救助、临时救助等社会救助体系，为脱贫攻坚战取得最终胜利夯实了最牢固的根基。

一、健康扶贫：力阻"病根"变"穷根"

保障农村贫困人口享有基本医疗卫生服务，推进健康中国建设，是防止因病致贫、因病返贫的必由之路。有关部门印发实施《关于实施健康扶贫工程的指导意见》《健康扶贫工程"三个一批"行动计划》《健康扶贫三年攻坚行动实施方案》《医疗保障扶贫三年行动实施方案（2018—2020年）》等文件，完善贫困人口医疗保障政策体系，健全完善基本医疗保险、大病保险、医疗救助相结合的兜底保障机制，降低贫困患者医疗费用个人自付水平。

2018年以来,健康扶贫政策累计惠及贫困人口4.8亿人次,帮助减轻医疗负担近3 300亿元;2020年,中央财政下达医疗救助的补助资金达到275亿元,90%投向中西部地区。在支持改善贫困地区医疗设施条件方面,党的十八大以来,中央财政累计投入资金1.4万亿元,同口径年均增长11.6%。"十三五"以来,健康扶贫工程累计支持1 390个县级医院项目,常住人口超过10万人的贫困县有1所县医院达到二级医院医疗服务能力,每个贫困县建好1~2所县级公立医院、每个乡镇建成1所政府办的卫生院、每个行政村建成1个卫生室。

健康扶贫助力近1 000万户因病致贫群众精准脱贫,贫困人口基本医疗保险的参保率持续稳定在99.9%,对25种大病患者提供规范化治疗,家庭医生签约服务覆盖高血压、糖尿病等慢性病患者,1 394万人得到基本救治和管理服务,覆盖98.7%的贫困患者。进一步加大贫困地区包虫病、结核病、艾滋病等重点传染病、地方病综合防控力度,努力从源头上遏制因病致贫、因病返贫。

二、教育扶贫:让每个孩子都有人生出彩的机会

党的十八大以来,我们紧紧扭住教育这个脱贫致富的根本之策,强调再穷不能穷教育,再苦不能苦孩子。有关部门研究制定《教育脱贫攻坚"十三五"规划》《深度贫困地区教育脱贫攻坚实施方案(2018—2020年)》《关于解决建档立卡贫困家庭适龄子女义务教育有保障突出问题的工作方案》等文件,保障各教育阶段从入学到毕业的全程全部资助,实现建档立卡等贫困人口教育基本公共服务全覆盖,保障贫困家庭孩子都可以上学,不让一个学生因家庭困难而失学。

全国累计改造贫困地区义务教育薄弱学校10.8万所,截至2020年底,全国31.96万所义务教育学校(含教学点)办学条件达到"20条底线"要求,占全国义务教育学校总数的99.8%,"三区三州"基本消除城镇"超大班额"问题。义务教育阶段辍学学生由60万人降至682

人，其中20万建档立卡贫困家庭辍学学生全部动态清零。

贫困学生资助政策体系实现了各个教育阶段全覆盖、公办民办学校全覆盖、家庭经济困难学生全覆盖，累计6.41亿人次贫困学生得到资助，每年大约有4 000万名农村孩子享受营养餐补助，数千万贫困家庭学生通过接受职业教育培训实现脱贫。接受高等教育的建档立卡贫困学生有514.05万人，70万名农村和贫困地区学生进入重点高校学习，在制度上基本保障了"不让一个学生因家庭经济困难而失学"。

三、就业扶贫：让贫困劳动力端稳就业"饭碗"

就业扶贫是就业优先政策的重要环节，是精准扶贫精准脱贫的重要手段。打赢脱贫攻坚战重要决策部署作出后，有关部门着力打造就业扶贫政策体系，印发《关于切实做好就业扶贫工作的指导意见》《关于深入推进扶贫劳务协作提升劳务组织化程度的通知》《关于全面推进"百城万村"家政扶贫工作的通知》，全力以赴帮助贫困劳动力就业创业，促进贫困人口就业增收，激发劳动致富内生动力。

就业扶贫政策惠及贫困劳动力、贫困地区、市场主体、就业服务机构等对象，贯穿贫困劳动力就业创业各个阶段：对企业吸纳贫困劳动力的，给予定额税收减免、创业担保贷款及贴息、吸纳就业补贴和社保补贴；对自主创业的，给予限额税收减免、创业担保贷款及贴息和创业补贴；对公益性岗位安置的，给予岗位补贴，购买意外伤害商业保险；对参加培训的，给予职业培训补贴、培训期间的生活费补贴，支持贫困家庭子女免费就读技工学校。

就业扶贫政策取得了三个方面的主要成效：一是使勤劳致富的观念深入人心，90%以上建档立卡贫困人口得到了产业扶贫和就业扶贫支持，三分之二以上主要靠外出务工和发展产业实现脱贫。二是带动扶贫相关产业发展，建设扶贫车间32 688个，培育贫困村创业致富带头人41万多人，创办领办各类经营主体21.4万个，既促进贫困劳动力家门口就业,也为乡村地区产业长远发展筑牢了根基。三是构建就业帮扶体系,扶贫车间吸纳贫困人口家门口就业43.7万人,创业致富带头人带动406万贫困人口增收,开发保洁、保安、造林绿化、助残等各类公益性岗位安置496.3万贫困人口,全力以赴促进贫困人口务工增收。

四、旅游扶贫:变绿水青山为金山银山

绿水青山就是金山银山。有关部门通过"文化+扶贫""旅游+扶贫"等模式,充分挖掘特色文化和旅游产品魅力,印发实施《关于印发乡村旅游扶贫工程行动方案的通知》《关于支持深度贫困地区旅游扶贫行动方案》《"三区三州"等深度贫困地区旅游基础设施改造升级行动计划(2018—2020年)》等政策文件,集中优势力量、发挥旅游产业优势,推动贫困地区旅游业加快发展,发挥旅游产业在深度贫困地区脱贫攻坚中的带动作用。

依托贫困地区特色文化和旅游资源,大力改造乡村旅游软硬件设施。有关部门组织编制了765个旅游扶贫规划,特别是帮助"三区三州"等深度贫困地区240个重点村编制规划、明确思路,加强资源开发;同时,安排中央预算内投资65亿元,支持656个"三区三州"等深度贫困地区旅游基础设施项目,并协调金融机构投放贷款近700亿元,有效改善了乡村旅游发展环境。

发掘非遗文化资源,将传统工艺类非遗转化为产业。截至2020年底,国家级贫困县共设立非遗扶贫就业工坊近1 000家。此外,有关部门主动协调拓展非遗扶贫产品的销售渠道,打通关键节点,支持各大电商平台举办非遗购物节。据统计,2020年非遗购物节当天,各大平台非遗产品下单数超过300万单,销售产品超过800万件,成交金额近4亿元。

加强专题宣传推介,提升文化旅游扶贫产品曝光率。国家发展改

革委、文化和旅游部等部门共同遴选了122个全国乡村旅游发展典型案例，编辑出版《全国乡村旅游发展典型案例汇编》；联合推出1 000个乡村旅游重点村，其中有225个贫困村，旅游扶贫带动作用成效明显。

五、兜底保障：全面小康的路上，一个都不能少

社会兜底保障扮演着脱贫攻坚"安全网"的重要角色。为做好兜底保障任务，有关部门制定了《关于进一步加强和改进临时救助工作的意见》《社会救助兜底脱贫行动方案》《关于进一步做好困难群众基本生活保障工作的通知》等文件，精准实施兜底保障；同时，专门编制《"十三五"加快残疾人小康进程规划纲要》《贫困残疾人脱贫攻坚行动计划（2016—2020年）》等专项规划，着力增进残疾人民生福祉、促进残疾人全面发展、帮助残疾人和全国人民一道共建共享全面小康社会。

我国陆续将建档立卡贫困户中的重度残疾人、重病患者，参照单人户纳入低保，实现"应保尽保"；全面落实救助保障政策，确保特困人员、孤儿、事实无人抚养儿童、流浪乞讨人员"应养尽养""应救尽救"；健全困难残疾人生活补贴、重度残疾人护理补贴标准动态调整机制，做到"应补尽补""应助尽助"；落实好农村"三留守"人员的关爱服务政策，做到"应帮尽帮""应扶尽扶"。"十三五"期间，城乡低保平均标准分别从每人每月451.1元、每人每年3 177.6元，增加到每人每月677.6元、每人每年5 962.3元，分别增长了50.2%和87.6%。2018年以来，对因病、因灾、因学、因残以及因新冠肺炎疫情造成临时性困难的家庭，落实临时救助，累计救助85.2万多人次，发放资金16.17亿元。

2016年以来，全国共有1 936万建档立卡贫困人口纳入低保或特困供养范围，实现兜底保障"应兜尽兜"，残疾人生活补贴和护理补贴分别惠及1 152.9万人和1 432.7万人；城市和农村最低生活保障人数

分别从1 701.1万和4 903.6万，减至805.3万和3 621.5万。

六、易地扶贫搬迁安置区公共服务：确保搬迁群众稳得住、有就业、逐步能致富

扶贫搬迁是阻断贫困代际传递的有效手段和根本性措施，有效解决了"一方水土养不好一方人"的问题。有关部门在做好搬迁安置工作的同时，格外重视安置区公共服务建设，专门研究制定了《关于进一步加大易地扶贫搬迁后续扶持工作力度的指导意见》《2020年易地扶贫搬迁后续扶持若干政策措施》等政策文件，加大搬迁群众产业就业帮扶力度，提升完善安置区配套公共服务设施，加强社区管理，促进社会融入，持续巩固易地搬迁脱贫成果，实现搬迁群众稳得住、有就业、逐步能致富。

"十三五"期间，全国累计投入各类资金约6 000亿元，建成集中安置区约3.5万个，其中城镇安置区5 000多个，农村安置点约3万个；建成安置住房266万余套，总建筑面积2.1亿平方米，户均住房面积80.6平方米，960多万建档立卡贫困群众已全部乔迁新居，其中城镇安置500多万人，农村安置约460万人。易地扶贫搬迁全面改善了贫困地区教育、医疗、文化等设施条件，促进基本公共服务水平的大幅提升。安置区配套新建或改扩建中小学和幼儿园6 100多所、医院和社区卫生服务中心1.2万多所、养老服务设施3 400余个、文化活动场所4万余个。

易地扶贫搬迁群众劳动力就业率达92%，实现了有劳动力的搬迁家庭至少1人就业。全国易地扶贫搬迁建档立卡贫困户人均纯收入从2016年的4 221元提高到2019年的9 313元，年均增幅达30.2%。"十三五"易地扶贫搬迁工作成效全面评估核查显示，搬迁群众住房质量安全验收率达100%，子女就学条件改善率达99%、就医条件改善率达99.87%，"两不愁三保障"实现率达100%，搬迁群众满意度达100%。

第一章
健康扶贫：力阻"病根"变"穷根"

> 基本医保、大病保险、医疗救助是防止老百姓因病返贫的重要保障。这个兜底作用很关键。脱贫攻坚明年就要收官，要把工作往深里做、往实里做，重点做好那些尚未脱贫或因病因伤返贫群众的工作，加快完善低保、医保、医疗救助等相关扶持和保障措施，用制度体系保障贫困群众真脱贫、稳脱贫。
>
> ——习近平总书记在重庆石柱土家族自治县中益乡华溪村考察时的讲话，2019年4月15日

安徽阜南：以医改促健康扶贫新成效

一、背景情况

阜阳市阜南县地处皖西北，襟带颍淮、承接豫皖，总面积1 800平方公里，辖28个乡镇和一个省级经济开发区，328个村（居），人口173万，是全国商品粮基地县、全国唯一的农业（林业）循环经济示范试点县，是淮河防汛重点县、国家扶贫开发工作重点县、中国柳编之都，2020年4月实现脱贫摘帽。长期以来，受经济落后、发展滞后、基础薄弱和自然灾害频繁等因素的影响和制约，在全县建档立卡的19.7万贫困人口中，因病致贫返贫率达62%，远高于全国42%的水平，因病致贫返贫成为脱贫攻坚的"硬骨头"。2015年以来，阜南县委、县政府立足于解决"看病难、看病贵"这个核心难题，将医共体建设与健康脱贫工作共部署、同推进，通过上建医联体、下组医共体，构建了以县级医院为中心、乡镇卫生院为纽带、村级卫生室为网底，集"服务、责任、发展、利益"于一体的县域医共体，推动医疗、医保、医药三医有效联动，构造了"大病县内治、小病就近看、未病共同防"新型县域分级诊疗机制，实现了"百姓得实惠、医生有激情、医院能发展"的改革初衷，探索出符合新时期中国基层卫生健康事业发展的、可复制、可借鉴、可推广的医共体阜南方案，赢得了国家紧密型医共体片区经验交流会、华东六省一市现场会在阜南召开，并在全国基层综合医改会议上作经验发言，相关改革经验被全省、全国各地广泛借鉴，孙春兰副总理专题批示进行经验推广。

二、主要做法

（一）强化基础设施建设，织密服务网格

实施县乡村三级医疗阵地整体提升和就医环境改善行动，完善诊疗服务体系，切实解决贫困人口"有地方看病"问题。一是巩固县级核心。县政府划拨土地600余亩用于四家县级医院新区建设，县级医院床位总数同比提高50%。目前县中医院、三院和妇幼保健院新区正式投入使用，县医院城北新区正在建设中，规划建设县传染病医院、县精神病医院。二是提升乡级标准。主动对标省定标准，着力补齐全县尤其是蒙洪洼乡镇医疗基础设施建设短板，先后对12家卫生院实施改扩迁建工程，全县28家乡镇卫生院全部达到安徽省标准化乡镇卫生院标准。2020年，15家卫生院启动改扩新建工程。三是筑牢村级网底。探索推进医疗、养老和康复"三合一"多功能村卫生室建设，三年来改扩迁建村卫生室200余所。61个村卫生室完成建设投资8 260万元，切实解决了贫困人口"有地方看病"问题。

（二）强化人才队伍建设，激活服务细胞

用足用活医疗卫生人才政策，强化人才队伍建设，切实解决贫困人口"有医生看病"问题。一是在人才引进上发力。按照上级规定，超前谋划，主动对接，从2014年至2020年已实现订单定向免费医学生签约67人。出台人才引进二十条和专业技术人才购房补贴政策，目前已引进专业技术人员16名，发放各类奖励1 500万元，5年来累计招录专业技术人员1 263名，其中通过5次校园直招126人，通过"县招乡用""县管乡用"机制招录专业技术人才185名。二是在人才激励上着力。每年投入近8 000万元全额保障基层卫生院人员经费，按照不低于村干部待遇标准为879名持证在职在岗乡村医生购买养老保险。落实"两个允许"，全面实施以"一保两变三倾斜"为主要内容的绩效分配改革，广泛开展各类先进表彰，给予相应奖励和荣誉，充分体

现医务人员的劳动技术价值。三是在人才使用上用力。持续改善医生执业和群众就医环境，加强医院文化建设，提高医务人员认同感。全面实施"编制周转池"改革，医院岗位同比增加1 232个，中高级专业技术岗位增加837个，实现了专业技术等人员在编制、人事、岗位、社会保障等方面的制度"无障碍"覆盖，目前已有708人完成入编，新增中高级职称聘任人员83名，乡镇卫生院12人晋升高级职称。

（三）强化政策体系建设，保障基本医疗

全力破解体制障碍，为贫困人口提供优质服务，解决贫困人口"看病有保障制度"问题。一是全面落实医疗保障整治排查。对照健康脱贫"基本医疗有保障"这条主线，以"贫困人口有地方看病、有医生看病，有医保制度保障看病"的目标开展排查工作，共排查机构360个、人员6 300余名，全面完成既定目标任务。二是全面落实一站结算服务。县财政拨付专款3 492万元全额保障建档立卡贫困人口参加基本医疗保险和大病保险，达成"基本医疗有保障"的"医疗保障制度全覆盖"目标。同时，全面开展跨省异地就医结算，在县域内实行就诊绿色通道和"先诊疗、后付费"，病人在出院时只结算个人承担费用，进一步减轻了病人筹措住院费用的压力。目前，贫困人口县域内就诊率达到98.97%。同时依托贫困人口综合医保一站式结算信息平台，定期统计分析全县贫困人口就医人次、流向、医药费用、综合医疗保障基金支出等数据，科学分析、预判综合医疗保障基金运行趋势，确保健康脱贫医疗保障可持续运行。三是全面落实综合医疗保障。扎实落实"两免两降四提一兜底一补充"的综合医疗保障政策。2020年建档立卡贫困人口共参保13.7万人，享受"三保障一兜底"政策85.62万人次、4.2亿元，享受"180"慢性病补偿23.5万人次、1 739.02万元。

（四）强化体制机制建设，优化服务能力

依托医共体建设成果，全面提升医疗机构服务能力，做好做优贫困人口健康服务工作。一是深化医疗改革。全面加强医联体和医共体建设，县域服务能力全面提升，1.1万贫困人口的30种疾病专项救治得到有效落实。2019年县级医院三、四类手术量较2016年提高1.5倍，县人民医院获批三级综合医院，卒中中心、胸痛中心顺利通过国家专家组验收，此项业务在国家脑防委全国县级医院月排名中始终位于前列；两家乡镇卫生院获批二级综合医院，对1.2万名大病患者进行了三定专项救治，有效管理贫困老高糖人群3.5万人。二是做实做细签约服务。专门设计贫困人口签约服务包，"应签尽签"贫困人口8.6万名。使用"两卡制"方式服务贫困人口137 901名，完成电子建档13.7万人，成立医共体中心药房，对基层短缺、急需药品实行统一采购、配送，为乡村两级代采紧缺药品754个品种、1 412万元，同时对慢性病贫困人口实施送药上门和长处方制度，全力保障贫困人口用药。三是强化三级包保。依托健康脱贫三级包保团队，积极开展

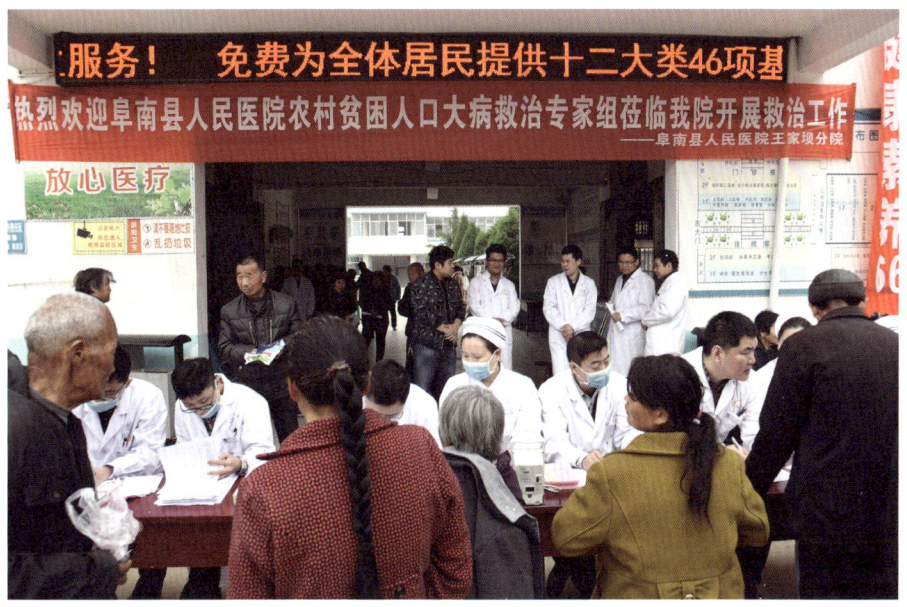

■ 安徽阜南县级专家服务团队为贫困人口开展大病专项救治筛查

"百名医师进村室"和师带徒活动,在保障村卫生室基本诊治能力的同时,引导乡村医生向健康服务转型,使之成为健康宣教员、慢性病管理员和县乡导诊员,大力开展健康教育"五进"行动,累计救治艾滋病、肺结核和手足口病1 539人,开展妇女两癌和宫颈癌筛查9 403人次,全力推进心脑血管防控等三大医防融合工程,居民健康素养逐步提升,有病早治、无病早防观念深入人心。

三、经验总结

近年来,阜南县通过加强基础设施、人才队伍、政策体系、体制机制建设,有效补齐了医疗卫生建设短板,堵住了因病致贫、因病返贫的源头,有力促进了基层医疗改革和健康脱贫工作。通过总结反思,有以下几点体会。

(一)坚持党委领导是决战决胜脱贫攻坚的根本保证

党是脱贫攻坚的组织者、领导者和推动者,只有坚持党的领导才有强有力的组织保障和政治保障,才能在脱贫攻坚的道路上把握正确的方向。在推进医共体建设,落实健康脱贫任务的过程中,阜南县委切实把主体责任抓在手上、扛在肩上,党委统筹部署,各职能部门密切配合,形成了全县上下"一盘棋"的良好局面。

(二)坚持改革创新是决战决胜脱贫攻坚的不竭动力

只有大胆改革、锐意创新,才能破解脱贫攻坚工作中碰到的一系列难题,闯出一条新路。阜南县面对县、乡医疗机构服务能力受限于人财物各种资源不足的难题,提出了"对上医联体、对下医共体"的路子,通过"强支撑、请进来、走出去"实现了县域医疗卫生服务能力的整体提升,实现了多方共赢。

(三)坚持真抓实干是决战决胜脱贫攻坚的关键支撑

健康脱贫任务的落实伴随医疗卫生体制改革,涉及面广、社会关注度高。面对这些情况,阜南县敢于直面矛盾和问题,聚焦体制机制顽疾,突破利益藩篱,以医药改革为突破口,坚持以点破面,敢于触及深层次关系,触碰行业"痛点",使改革工作真正取得了实效。

(四)坚持精准施策是决战决胜脱贫攻坚的有效路径

精准扶贫是实事求是思想路线在扶贫领域的生动体现,决战决胜脱贫攻坚任务要因地因人制宜,充分考虑到贫困人口的切身利益,真正让贫困群众得到实惠。阜南县针对因病致贫、返贫比例居高的情况,以解决"看病难、看病贵"问题为抓手,大力推进医共体建设助力健康脱贫任务,走出了一条适合自身县情健康脱贫的新路子。

为了继续做好新时期卫生健康工作,提出如下建议:一是持续推动医改事业。新一轮的医改在解决"看病难、看病贵"的问题上取得了有目共睹的成绩,有效地助力了健康脱贫工作的实施,广大贫困人口获益良多,如今虽然已经脱贫摘帽,但是医疗服务机构现有服务能力依然不能满足人民群众的卫生健康需求,医药卫生体制改革依然要继续深化,进一步将优质的人、财、物等资源引导向基层倾斜,切实提升基层医疗卫生机构的服务能力,让广大基层人民群众在家门口就能够享受到优质、便捷的医疗服务。二是完善基本公卫短板。坚持"预防为主"的健康理念,完成从医疗救治为中心转向以人民健康为中心的转变,着力补齐基本公共卫生服务短板,提升公共卫生服务质量水平,完备全生命周期服务机制体制,真正实现全民共建共享的公共卫生服务格局,不断提升广大群众的健康获得感、幸福感、安全感。三是全面提升群众意识。大力实施健康知识普及行动,面向家庭和个人普及预防疾病、健康保健的健康知识与技能,让每个人当好自己健康的第一责任人,营造健康中国行动全民参与的良好局面。

河南：构建"3+3+N"健康扶贫医疗医保救助体系 筑牢贫困人口医疗托底保障网

一、背景情况

河南是全国脱贫攻坚任务较重的省份之一。2013年新一轮建档立卡之初，全省有53个贫困县，其中国定贫困县38个、省定贫困县15个，占全省县级行政区划的近一半。2016年底，全省建档立卡贫困人口为317.4万人，其中因病致贫、因病返贫人口为162.1万人，占比达到51%，患病成为河南省农村家庭致贫返贫的首要因素。为深入贯彻习近平总书记关于脱贫攻坚重要论述精神，根据国家卫生计生委等十五部委《关于实施健康扶贫工程的指导意见》，2016年河南省政府办公厅印发《河南省医疗卫生脱贫专项方案》，启动实施健康扶贫工程，着力解决因病致贫、因病返贫难题，构建了健康扶贫"三重医保、三重救助、各地托底保障"的"3+3+N"医疗医保救助保障体系，三重医保即基本医保、大病保险和困难群众大病补充医疗保险，三重救助即医疗救助、疾病应急救助和慈善救助，为贫困人口织起了医疗托底保障网。全省贫困人口合规医疗费用报销比例由2016年的52.25%，提高到2020年10月底的92.78%，贫困人口医疗费用负担明显减轻，有效解决了贫困人口"不敢看病""看不起病"的难题。根据中国人口与发展研究中心调查结果显示，河南省贫困人口健康扶贫满意度排名由2017年的全国第9位，提高到2020年的全国第3位，贫困人口的获得感显著增强。

二、主要做法

为努力让贫困人口"看得起病",河南省一方面充分利用现有医保制度对贫困人口实施倾斜政策,提高报销比例、降低起付线;另一方面在现有医保制度的基础上,建立困难群众大病补充保险制度,对贫困人口医疗费用给予再次报销;同时引导地方探索为贫困人口增加一道托底保障线,实现贫困人口医疗兜底目标。

(一)"三重医保"保基本

一是基本医保全覆盖。实行资助贫困人口参加基本医疗保险政策,对于特困人员给予全额资助,对于低保对象和建档立卡贫困人口给予不低于30元的定额资助,确保贫困人口100%参加基本医保,实现应保尽保。

二是基本医保、大病保险向贫困人口倾斜。脱贫攻坚期内,对参加基本医保的贫困人口,将门诊慢性病病种增加到15种以上,门诊重特大疾病病种增加到25种以上,门诊费用政策范围内报销比例达到85%。同时,大病保险对贫困人口实行"一降一提高"倾斜政策。贫困人口大病保险起付线由1.5万元降至0.55万元,政策范围内医疗费用报销比例分别为0.55万~10万元(含10万元),按85%的比例报销;10万元以上部分按95%的比例报销,取消贫困人口大病保险年度内报销封顶线。2020年1—10月,全省贫困人口门诊重特大疾病和门诊慢性病报销645.40万人次,医保报销金额21.99亿元。全省贫困人口住院享受大病保险待遇37.91万人次,医保报销金额96.37亿元。

三是实施困难群众大病补充保险制度。2016年12月,河南省政府办公厅印发《关于开展困难群众大病补充医疗保险工作的实施意见(实行)》,在全国率先建立困难群众大病补充保险制度。脱贫攻坚期内,困难群众大病补充医疗保险起付线为0.3万元,0.3万~0.5万元(含0.5万元)部分按30%的比例报销,0.5万~1万元(含1万元)

部分按40%的比例报销，1万~1.5万元（含1.5万元）部分按50%的比例报销，1.5万~5万元（含5万元）部分按80%的比例报销，5万元以上按90%的比例报销，不设封顶线。省财政建立困难群众大病补充保险财政专账，2017年人均筹资标准为60元，目前已逐步提高到人均86元。2020年1—10月，全省贫困人口住院享受大病补充医疗保险待遇82.57万人次，报销金额2.24亿元。

（二）"三重救助"作补充

一是实施医疗救助。将建档立卡贫困人口全部纳入医疗救助范围，确保应救尽救。对终末期肾病、血友病等9个病种实施门诊救助，救助比例为年度限额内门诊医疗费用的10%，最高救助限额每人每年5 000元。住院医疗救助根据救助对象确定救助比例和限额，对建档立卡贫困人口、农村低保对象按年度救助限额内不低于70%的比例给予救助，对分散供养农村特困人员按年度救助限额内不低于80%的比例给予救助，对集中供养农村特困人员按年度救助限额内不低于90%的比例给予救助，年度最高救助限额为每人1万元。对患重特大疾病的重点救助对象救助比例原则上为最高救助限额内不低于70%，最高救助限额为每人2万元。2020年1—10月，医疗救助基金共资助困难群众参保594.11万人，资助金额5.49亿元；医疗费用直接救助250.72万人次，救助金额13.39亿元。

二是实施疾病应急救助。制定《河南省疾病应急救助基金制度实施办法》，完善和规范疾病应急救助制度。对"三无"病人（无身份证明、无责任承担机构、无抢救治疗经费）、城乡低保对象、农村"五保"供养对象和困难人群等因突发事件和意外事故造成人身伤害的，给予疾病应急救助。

三是实施慈善救助。每年通过彩票公益金安排资金6 000万元，确定6家省级定点医院，对罹患结核病、精神病、传染性肝炎、小儿先天性心脏病、新生儿脑瘫等贫困患者，给予医疗费用补助。通过中国扶贫志愿服务促进会和中国残疾人福利基金会，筹集专项资金，对贫困强直性脊柱炎患者实施救助。同时，鼓励和引导社会公益组织、爱心人士和医疗机构为贫困患者提供慈善救助。

（三）各地政策兜底线

引导各地按照"保基本、兜底线、可持续"的原则，量力而行、尽力而为，出台了各具特色的医疗兜底政策。如南阳市出台《南阳市农村困难群众"医保救助工程"实施办法（试行）》，制定了"政康保、政福保、防贫保"，对建档立卡贫困人口、农村特困人员集中救助供养对象门诊慢性病、门诊重特大疾病和住院医疗费用进行补助。洛阳市出台《洛阳市建档立卡贫困人口医疗再保险实施方案》，市县财政按照贫困人口每人每年198元标准筹资，对"三重医保、三重救助"报销后的医疗费用，按照乡级医院55%、县级医院40%的比例予以再次报销，一般疾病限额1万元，重大疾病限额2万元。平顶山市出台《贫困人口医疗补充救助保险实施方案（试行）》，为建档立卡贫困人口、特困人员、城乡最低生活保障对象和其他生活特别困难的人员，购买医疗补充救助保险和人身意外保险。

三、经验总结

从近年来健康扶贫工程实施情况看，尽管河南已经建立了"3+3+N"健康扶贫多重医疗救助体系，但主要还是依托基本医保、大病保险、困难群众大病补充保险和医疗救助等基本医疗保障制度。从筹资渠道来看，现有的医疗保障资金主要来源为中央和省、市、县地方各级财政，地方财政支出负担较重。特别是脱贫攻坚完成后，过渡期内继续实行基本医保、大病保险向贫困人口倾斜政策，医保基金将面临较大的资金缺口，需要财政持续增加医保资金和医疗救助资金的投入力度。建议下一步持续提高医疗保障水平，巩固完善健康扶贫成果，努力防止因病致贫、因病返贫。

一是进一步完善分类资助参保政策。全面落实资助重点救助对象参保缴费政策，对特困人员参保缴费给予全额补贴，对低保对象给予定额补贴，在定额资助标准不低于30元的基础上，根据医疗救助基金运行情况，逐步提高定额资助标准。适时将农村易致贫返贫人员纳入资助参保缴费范围，给予一定的参保资助。逐步减轻贫困人口参保缴费负担，努力推动贫困人口应保尽保。

二是整合现有政策措施保持待遇水平整体稳定。进一步强化基本医疗保险、大病保险与医疗救助三重保障功能，巩固医疗保障扶贫成效，保持困难群众医疗保障待遇水平相对稳定，逐步将困难群众大病补充医疗保险制度和各地托底保障制度整合至基本医保、大病保险和医疗救助三重制度框架内，稳妥纠正不切实际的过度保障问题，确保待遇平稳过渡。

三是更好发挥医疗救助托底保障作用。从规范和完善医疗救助制度着手，发挥医疗救助特惠性制度的托底保障作用。探索按医疗机构级别分别设定医疗救助起付线，并逐步提高年度医疗救助限额，稳步提高医疗救助水平。优化医疗救助待遇设置，探索实行住院和门诊统一的医疗救助比例，共用年度救助限额，提高医疗救助基金使用效率。对个人及家庭自付医疗费用负担仍然较重的，进一步加大救助力度，并适当拓展救助范围，合理控制贫困群众政策范围内自付费用比例。通过健全救助对象医疗费用救助机制，建立防范和化解因病致贫返贫长效机制。

湖南株洲：开出"四剂良方"力阻"病根"变"穷根"

一、背景情况

株洲到2015年还有炎陵、茶陵两个片区贫困县，有建档立卡贫困村166个、贫困人口16.7万人，株洲对全市居民尤其是建档立卡贫困户进行疾病谱精准筛查，筛查出28 551名患病贫困人员，在贫困人口中占比达到了17%，成为全市打赢脱贫攻坚战、决胜全面小康路上的"绊脚石"。株洲市按照"大联小、公联私、城联乡、同类联"的原则，在实践中探索创新，攻坚克难，精准施策，以"四剂良方"斗赢"病魔"、拔掉"穷根"。因病致贫人口从2017年的28 551人降至目前的0人，贫困人口的住院实际报销比例由2016年的不到70%提高到目前的85%以上，其中33种大病患者报销比例达到92%以上。株洲健康扶贫工作被推荐入选《湖南省精准脱贫攻坚100案例》，是全省市州健康扶贫工作唯一入围案例。2018年，在湖南省健康扶贫专项考核时，株洲被抽查的贫困对象对健康扶贫政策满意率达100%。

二、主要做法

株洲市开出"四剂良方"，综合施治，确保全面消除因病致贫返贫现象。

（一）精准施策，实行分类救治

将筛查识别出的28 551名贫困患者分为三类，分类施策、精准救治，减少因病致贫的存量。

对Ⅰ类人员实行兜底保障。Ⅰ类人员是指病情不可逆转的对象，全市共有3 727人。株洲主要通过"6个渠道"即基本医疗保障、大病保险、医疗救助、商业保险、定点医疗机构减免和政府兜底保障对此类患者进行兜底保障。

对Ⅱ类人员实行集中救治。Ⅱ类人员是指能通过医疗救治治愈的对象，全市共有2 132人。按照"治愈一个，增加一个家庭劳动力"的指导思想，采集"3种模式"进行救治。一是县级直接救治一批。二是市级下派专家救治一批。三是市级医院救治一批。其中有1 800余人治愈并回归社会，从事正常劳动、生活。

对Ⅲ类人员实行签约管理。Ⅲ类人员是指需长期进行健康管理的对象（如高血压、糖尿病等），全市共有22 692人。采取"三个一"方法进行管理。一是实行一对一的签约服务管理；二是为每个对象发放一份有针对性的管理手册；三是明确签约责任医生，每年至少进行一次以上的面对面随访。

（二）固本强基，提升救治水平

株洲着力固本强基，采取"三强化"举措，不断提升基层医疗机构的救治水平，让贫困人口能够"大病不出县，就近看名医"。

1. 强化基层基础，实现硬件升级

株洲不断加强基层基础建设。一是标准化建设县级医院。所有县级人民医院、中医院、妇幼保健机构完成标准化建设，县市区至少都设置了一所二甲服务能力的公立医疗机构。二是提质改造乡级医疗机构。累计投入约5亿元，对100余个乡镇卫生院和社区卫生服务中心进行提质改造，实现乡镇卫生院标准化率达95%以上。三是清零空白村卫生室。所有行政村卫生室"空白村"实现清零。

2. 强化人才培训，实现队伍升级

株洲通过"三种方式"加强基层医疗机构人才队伍建设。一是采用双向挂职。市级公立医院向基层医疗机构共派出6批次约150人，并接受基层约80人跟班培训。二是实行免费定向委培。启动乡村医生

"订单式"培养计划,全市已定向培养村医120余名。三是进行全科医生培训。开展全科医生转岗培训工作,已培训乡镇卫生院和社区卫生服务中心的学员近千人。

3. 强化对口帮扶,实现服务升级

为了让贫困人口"就近看名医",全面建立市三级医院与县级医院、乡镇卫生院、村卫生室结队帮扶制度,全市已组建各类医联体69个,涉及各级各类医疗机构264家,乡镇卫生院和社区卫生服务中心(站)参与医联体达93%。

(三)预防为主,源头守护健康

株洲找准症结,实行"四发力",让贫困户少生病、不生病,从源头守护群众的健康。

1. 在普及推广健康知识上发力

为提升民众的健康素养,株洲采取全方位、多层次的科普方式。一是借助媒体发声。在《株洲日报》上开设"健康周刊",并通过广播、电视开展专家访谈。二是培养健康讲师。从2016年起,全市累计培养兼(专)职健康讲师千余名。三是基层多形式宣传。在村卫生室、学校开展讲座,并通过村村响广播、黑板报、微信等方式,普及健康知识。

2. 在推进家庭医生服务上发力

一是出台文件。2017年,制定了《关于印发株洲市推进家庭医生签约服务实施方案的通知》。二是纳入考核。将家庭医生签约服务纳入"城乡统筹·幸福株洲"创新社会治理系列行动考核。三是定期通报。每个季度督导考核排名,并将考核结果在《株洲日报》上公布。全市组建家庭医生团队692个,累计签约127.69万人,其中贫困患者的签约率达100%、管理服务率达100%。

3. 在落实公共卫生项目上发力

一方面坚持巡诊全覆盖。全市100多家基层医疗机构定期到巡诊点开展工作;另一方面完善救治制度。例如帮助尘肺病、结核病等患

者早诊断、早治疗、早康复；建立了3个国家级慢性病示范县（区）、3个省级慢性病示范县（区）。

4. 在改善农村卫生环境上发力

一是在卫生乡村创建上下功夫。2019年全市创建省级卫生镇3个、卫生村12个，市级卫生镇1个、卫生村22个。二是在集中整治行动上下功夫。针对农贸市场、重点场所卫生、食品安全、病媒生物防制等五个领域开展集中整治行动。三是在城乡同治上下功夫。全面开展城乡环境卫生整洁工作，重点治理农村生活污水和垃圾等。

（四）创新管理，形成强大合力

坚持从本地实际出发，做好"四创新"，凝聚起健康扶贫的强大合力。

1. 创新保障机制，让贫困群众看得起病

株洲建立了"六道防线"。第一道防线是基本医疗保障。由市、县两级财政安排专项资金，全额资助贫困人口参加城乡居民医保。全市贫困人口的参保率为100%。第二道防线是大病保险。在贫困户不用缴费的前提下，提取5%基本医保金对贫困人口实施大病保险制度，将大病保险筹资标准提高到30元/人，所有建档立卡贫困人口、低保困难群众、特困人员大病保险起付线降低50%。第三道防线是医疗救助。对建档立卡贫困患者的医疗救助实现全覆盖，并提高救助额度。第四道防线是商业保险。各县财政为贫困人口购买商业补充保险，实行"扶贫特惠保"政策。第五道防线是定点医疗机构减免。对29种大病患者医疗机构给予减免自付部分的50%，对Ⅱ类患者医疗机构给予垫付或全额减免。第六道防线是政府兜底保障。对于以上保障后，仍然有致贫返贫风险的对象，由地方财政负责兜底保障。

2. 创新惠民举措，让贫困患者更有获得感

各县（市）区、各医疗机构在扩大贫困人员受益度方面不断创新。渌口区实行"入院零预付、报销零起付、出院零支付"政策；醴

陵市开展"湘雅乡情"活动，湘雅附属医院等医院的专家定期到醴陵各医院坐诊；攸县制定了"三补贴，三提高，三特别"救治政策，贫困户在村卫生室就医治疗严格实行10元钱看病模式，市中心医院在全省医疗卫生系统创立首个"一站式服务中心"，解决了患者就医流程烦琐问题。

3. 创新督查方式，让各项扶贫措施"不走样"

为压实压细健康扶贫工作责任，着力建立完善科学的督查体系，传导压力、促进落实。一是提升督查级别。由株洲市委、市纪委组织了健康扶贫专项巡查。二是充实督查力量。市卫健委成立了五个健康扶贫督导小组和一个效能监察小组，各小组均由一名党委委员牵头。三是改变督查方式。实行定期督查和暗访相结合，一旦发现问题及时召开约谈会议，现场向当地政府下发督办函，确保健康扶贫措施落地落实。

三、经验启示

（一）抓好健康扶贫必须以习近平总书记关于健康扶贫重要论述为指引

始终坚持把抓党建促脱贫攻坚作为一项重大政治任务，注重把抓党建作为统揽健康扶贫工作的重要抓手，坚持把"抓基层党建"和"促健康扶贫"深度融合、同步推进，把党建工作变为健康扶贫中的生产力、凝聚力和战斗力，推动形成"扶真贫、真扶贫、真脱贫"的鲜明导向。

（二）抓好健康扶贫必须以增强组织领导为保障

健康扶贫涉及多个部门、多项工作，只有坚强的组织保证，才能找准健康扶贫的攻坚发力点。株洲市委、市政府谋远固本，相关领导靠前指挥，亲自调度、部署、推进健康扶贫工作，将"医疗保障一批"作为脱贫攻坚"七个一批"的重要组成,充分发挥党的组织优势、组织功能、组织力量,实现各类政策资源、项目资金、干部人才力量在基层精准投放。

(三)抓好健康扶贫必须以动员广大人民群众参与和解决实际问题为基础

株洲以基层为重点,以改革创新为动力,预防为主,将健康融入所有政策,充分发动广大人民群众参与健康扶贫工作,激发他们的内在活力和内生动力。株洲始终坚持因地制宜,坚持问题导向,开拓创新,精准施策,创新提出"四剂良方",总结了"三实现、三强化、四发力、四创新"方法,有效提高了健康扶贫的精准度和时效性,走出了一条与本地实际相契合的健康扶贫道路,从源头上解决因病致贫、因病返贫的问题。

江苏阜宁：坚持"三免三提四保障一控制"打造特色健康扶贫模式

一、基本情况

江苏省阜宁县地处江淮平原中部，现有19个镇区、街道、社区，341个村居，其中涉农村居328个，县域面积1 439平方公里，人口111.6万人，其中农业人口77.1万人。2018年，全县建档立卡低收入农户3.68万户、8.78万人，其中因病致贫返贫2.30万户（占比为62.50%）、5.61万人；2019年，全县建档立卡低收入农户3.57万户、8.38万人，其中因病致贫返贫2.23万户（占比为62.46%）、5.28万人；2020年全县建档立卡低收入农户3.22万户、7.42万人，其中因病致贫返贫2.05万户（占比为63.66%）、4.7万人。实施健康扶贫政策以来，取得了较好的成效，建档立卡低收入人口住院48 642人次，住院总费用26 412.6万元，住院统筹支付16 891.95万元，住院商保支付932.68万元，住院救助支付4 519.42万元，其中在县域内定点医疗机构减免723.05万元，报销比例达90%以上。低收入人口在县域内定点医院机构住院治疗费用得到较大幅度降低，群众获得感和满意度明显上升。阜宁县健康扶贫模式先后被《健康报》《中国人口报》《农民日报》《新华日报》和央视网健康栏目等国家、省级媒体先后报道。2018年10月，全省健康扶贫现场推进会在阜宁县召开，阜宁做法得到省市相关部门充分肯定。

二、主要做法

近年来，阜宁县紧紧围绕有效解决因病致贫、因病返贫问题，以实现低收入人口"看得了病、看得好病、少生疾病"为目标，全面实施"三免三提四保障一控制"健康扶贫模式。

（一）坚持政府主导，强化政策引领

建立健全县政府牵头，县扶贫、卫健、民政、医保等部门参与的联席会议制度，于2018年3月出台了推进健康扶贫工作实施意见，实行"三免三提四保障一控制"。"三免"即免费参加基本医疗保险、免费享受家庭医生签约服务、免除医保结报起付线；"三提"即县内定点医院住院治疗医保结报比例、村卫生室门诊结报比例分别提高5%，大病保险补偿比例提高10%；"四保障"即保障县内定点医院住院先诊疗后付费、医疗救助全覆盖、重病救助、"三级包保"服务；"一控制"即实行县内定点医院住院总费用自付上限控制，个人自付部分不超过10%。

（二）把握关键环节，推进政策落地

一是建立台账。根据低收入人口底册，组织镇村医务人员逐一调查核实，分类建立健康扶贫台账，县、镇、村对因病致贫及患重大疾病低收入人口建立统一健康扶贫台账，按月更新并及时上报省健康扶贫信息系统，进行动态管理。二是标注识别。所有低收入人口信息在医保系统进行属性标注，低收入人口在县内定点医院就医，凭身份证、社保卡挂号实现精准识别后即可享受健康扶贫优惠政策。三是先诊疗后付费。建立就诊绿色通道，低收入人口就医由专人引导办理住院手续，无须缴纳住院押金。四是"一站式"结算。保险公司进驻县级医院，低收入患者在县内定点医院住院，基本医保、大病保险、医疗救助和民生商业保险同窗口办理、"一站式"服务、一张单结算。五是上限控制县内住院自付费用。低收入人口在县内定点医疗机构住院治疗，住院费用经基本医疗保险、大病保险、医疗救助、商业保险结报后，个人应付费用超出医疗总费用10%的部分，由县内定点住院医疗机构减免，确保低收入人口在县内住院治疗结报比例不低于90%。

第一章 健康扶贫：力阻"病根"变"穷根"

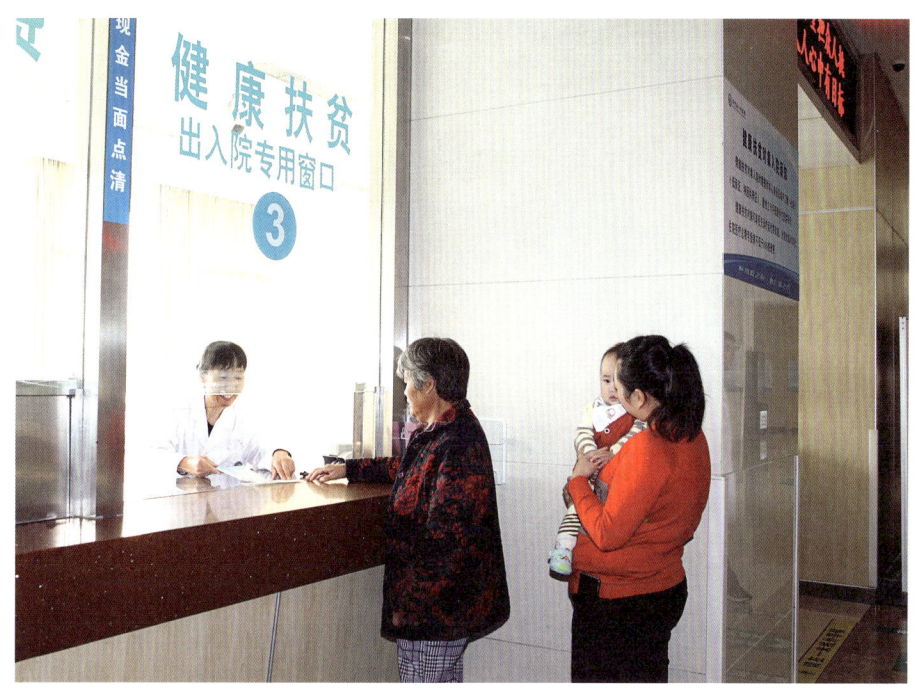

■ 阜宁县人民医院健康扶贫一站式结算窗口

（三）健全保障机制，提升服务能力

一是强化政策宣传。整合健康扶贫"政策包"，并将健康扶贫政策汇编成《健康扶贫政策一点通》《健康扶贫就医明白卡》，通过组织全县医务人员和镇村干部走村进户宣讲、发放宣传材料，电视、报纸、微信、QQ等形式进行多层次、多频次、全方面宣传，确保健康扶贫政策家喻户晓，人人皆知。二是实施家庭医生签约服务。家庭医生签约服务个人缴费部分由县财政承担，全县组建106个健康服务团队，在知情同意的前提下做到应签尽签，落实"五个一"服务，即每一个健康扶贫对象拥有一名签约责任医生、一份完整的电子健康档案、一张就医明白卡、一次免费健康体检、每季度一次访视，开展针对性健康指导。三是推进大病专项救治。先后制定出台了《阜宁县农村低收入人口大病专项救治方案》《关于进一步做好农村低收入人口大病专项救治工作的通知》，按照"一人一档一方案"要求，建立大病救治台账。以推进医联体工作为载体、接轨上海为契机，加强

■ 阜宁健康扶贫政策培训会

与省内外知名三甲医院合作，建立"院府合作"机制，建成专科联盟2个、名医工作室18个、协作诊疗中心9个，让低收入大病患者在家门口就能享受到三甲医院优质高效的医疗卫生服务，减少低收入人口县外就医及陪护、交通、住宿等费用。四是落实重病救助。对当年首诊恶性肿瘤患者实施一次性2 000元救助；对罹患尿毒症、白血病等重大疾病患者，须实施器官移植或骨髓移植的，一次性给予10万元重大疾病专项救助，从移植后的次年起，3年内按实际情况每年给予服用抗排异药物救助1万~3万元的救助；对年度门诊自付费用超出3 000元以上部分实施50%救助（年度限额救助2 000元，不足500元的按500元救助）；对重大疾病患者，经基本医疗保障、大病保险、医疗救助、民生保障救助、年度门诊等救助补偿后，个人自付超出2万元以上部分，按50%实施救助，超出1万元以上部分，按60%予以救助，年度托底救助限额10万元。五是开展"网格化"管理。县卫健委领导班子包片、委机关科室负责人包院，统筹推进健康扶贫网格化管理；镇卫生院班子成员包村，并由家庭医生团队按照区域分工实施网格化服务；村卫生室包户，由村卫生室包保辖区内低收入人口村级门诊、随访管理、费用结报等服务，如有低收入人口患者县外就医的，则由村卫生室室长"一对一"帮助结报费用。同时在村推行以老党员、老干部、老教师、老村医为网格长的健康扶贫村级网格化管理服务，确保政策落实不留盲点，进一步提高低收入人口的获得感和满意度。

三、经验启示

实施健康扶贫工程，是一项具有创新性的工作。从阜宁的实践看，实施健康扶贫工程为打赢精准脱贫攻坚战提供了一个方向和路径，取得了一些成效，积累了一些经验和启示。

一是政府主导是前提。健康扶贫涉及多个部门和单位，没有良好的协调沟通和信息共享机制，健康扶贫政策就不能有效、通畅地落实。阜宁县建立了健康扶贫联席会议机制，由分管县长作为召集人，对政策实施过程中遇到的问题及时召开联席会议，研究会办，并以县长办公会议纪要形式予以落实，有效地保证了工作的开展，大幅提高了政策协同效应。

二是精准识别是关键。健康扶贫是精准扶贫的一个重要方面，要对健康扶贫对象精准施策，首先要做到精准识别，准确把脉每一个健康扶贫对象，建立精准信息库，将政策做到精准到户、精准到人，开展"靶向治疗"，是健康扶贫政策顺利实施的重要保证。

三是长效管理是保障。健康扶贫是一项长期性工作，不因2020年实现全面脱贫而结束，要按照习近平总书记"四个不摘"要求，对建档立卡低收入人口做到"标准不降、政策不变、队伍不散、力度不减"，切实减少和防止因病返贫，巩固脱贫攻坚成果。

四是健康促进是根本。健康扶贫政策作为保障性政策，目前主要是政策出资对扶贫对象医疗费用进行托底保障，避免"辛苦脱贫奔小康，一场大病全泡汤"，但长此以往，会增加政府的财政压力，属于"治标型"保障，要切实做好健康扶贫，增加低收入人口获得感，阜宁在做好托底保障的同时，以家庭医生签约服务为平台，大力推进健康促进工作，通过健康服务团队进村入户开展"健康扶贫、防病先行"等健康知识巡讲活动，提高低收入人口的健康观念和防病意识，倡导良好的生活方式，降低发病率，从根本上解决因病致贫、因病返贫。

宁夏：以健康扶贫构建脱贫攻坚长效机制防返贫

一、基本情况

宁夏是西部地区、民族地区、革命老区、欠发达地区。全区22个县（市、区）中有9个贫困县，主要集中在历史上"苦瘠甲天下"的西海固地区，是习近平总书记和党中央一直关注、非常牵挂的地方。从1997年到2020年，习近平总书记4次来宁夏视察考察，始终惦念着贫困群众的生活。2015年全面打响脱贫攻坚战以来，宁夏健康扶贫工作认真贯彻落实国家、自治区脱贫攻坚部署要求，宁夏卫生健康委联合自治区扶贫办、发改委、财政厅、医保局、扶贫办出台了《宁夏解决贫困人口基本医疗有保障突出问题工作方案》，明确健康扶贫"做什么、如何做、做到什么程度"的问题，着力构建科学规范、运转高效、保障有力的健康扶贫工作体系，为防止因病致贫返贫提供制度和机制保障，全区贫困地区基层医疗卫生服务能力大幅提升，9个贫困县均有一家县级医院达到"二级甲等"水平，全面消除了行政村卫生室、合格乡村医生"空白点"，医疗卫生机构"三个一"、医疗卫生人员"三合格"和医疗服务能力"三条线"全部达标。贫困人口县域内就诊率达到90%以上，基本实现大病不出县的目标。贫困人口中核准患病住院医疗费用报销比例提高到了90%以上，就医费用负担明显减轻。全区核实患病救治人员103 264人，占全部脱贫人口的12.9%。

二、主要做法

（一）建立"三个机制"

一是建立领导包抓机制。宁夏卫生健康委党组高度重视健康扶贫工作，将健康扶贫纳入"不忘初心、牢记使命"主题教育，深入学习习近平总书记关于脱贫攻坚的重要论述和指示精神,增强做好健康扶贫工作的责任感和使命感,成立了由自治区卫生健康委主要领导任组长的健康扶贫工作领导小组,明确健康扶贫工作领导小组办公室机构设置和运行机制,实行卫生健康委领导包抓、处长定点落实的分工负责制,每个季度委领导到包抓县(区)进行调研指导,建立问题清单及通报制度,推动工作任务落实。二是建立部门协调机制。进一步完善政府牵头、部门协作工作机制,将健康扶贫工作纳入各级政府目标考核,强化了部门和地方政府责任,形成了"政府主导,部门联动,社会参与,全面落实"的工作格局。三是建立调研督导机制。卫生健康委每个季度召开健康扶贫领导小组会议,多次组织开展政策落实情况调研、督导和指导,对原有政策进行完善和调整,及时研究解决政策落实过程中出现的新情况新问题。对照国家巡视、考核反馈问题制定整改方案,明确整改措施、责任分工及整改时限。

(二)提升"三个能力"

一是提升贫困地区人员队伍能力。持续推进三级医院对口帮扶贫困县县级医院工作,实施闽宁、京宁、沪宁对口支援项目,每个贫困县医院都有3个以上三级医院对口支援,提高了基层医疗服务能力。开展订单定向免费医学生培养计划。实施"千名医师下基层"活动,确保贫困地区每个乡镇卫生院拥有2名以上城市医院对口专业人员。自治区财政每年投入600万元,用于县乡村医务人员培训,培训6 000余人次。二是提升区域分级诊疗能力。在永宁、平罗、盐池等6个县(区)启动了县域综合改革试点工作。实行人员、资金、业务、信息、药械"五统一"管理,逐步形成了集管理、服务、发展、利益、责任"五位一体"的紧密型医共体,促进分级诊疗制度建立。三是提升贫困地区优质服务能力。加快"互联网+医疗健康"示范区建设,按照"统一数据标准规范、统一信息专网、统一云平台、统一数据库、统一安全保障体系"的"五统一"总体部署和要求,搭建了宁夏区域医疗卫生信息平台，建设全民健康信息平台、互联网医疗平台、互联网诊断服务平台、互联网医药平台、互联网运营监管平台，建成"国家、自治区、市、县、乡"五级远程医疗服务体系。在9个贫困县（区）建成人工智能辅助诊疗系统，已实现全覆盖，基层人工智能辅助诊断体系累计规范电子病历58万份，智能辅诊81万余次，促进优质医疗资源下沉贫困地区。

（三）做实"三项服务"

一是做实大病集中救治服务。确定了定点医院、临床路径、成立了专家组、建立台账，做好集中救治工作。将国家30种集中救治病种扩大到37种。二是做实诊疗结算惠民服务。县域内实现"先诊疗、后付费"和"一站式"结算服务。出院时只需缴纳医疗总费用的10%且全年累计自付费用不超过5 000元，实现了贫困人口医疗报销救助无缝隙。三是做实家庭医生签约服务。建成自治区统一的宁夏家庭医生签约服务信息平台并投入使用，实现家庭医生网上签约全覆盖，对慢性病签约患者推行"一人一策"签约服务管理，提升了签约居民的感受度。

（四）实施"三个干预"

一是实施健康影响因素干预。在全区实施国家基本公共卫生服务项目的基础上，在原州区、沙坡头区、中宁县等11个县（区）开展了肿瘤随访登记，在金凤区开展了大肠癌早诊早治，在利通区、原州区、隆德县开展了上消化道癌早诊早治。以中央转移支付碘缺乏病、包虫病等项目为依托，深入推进地方病防治专项三年攻坚行动，提升自治区地方病防治水平。二是实施妇幼健康干预。开展贫困地区农村妇女"两癌筛查""新生儿多种遗传代谢性疾病筛查""儿童营养改善""孕前优生健康检查"等，提升了贫困地区妇女儿童的健康水平。三是实施健康促进干预。印发《宁夏贫困地区健康促进三年攻坚行动实施方案（2018—2020年）》，组织健康需求评估，开展健康教育进乡村、进家庭、进学校活动，推进农民健康讲习所和健康教育阵地建设，落实基层健康教育骨干培训。

三、经验总结

脱贫摘帽不是终点，而是新生活、新奋斗的起点。宁夏将把工作重心转移到巩固成果、提升质量成色上来，将健康扶贫工作与乡村振兴战略紧密衔接，与深化医药卫生体制改革、做好重大疾病防控和公共卫生工作、促进人口均衡发展与健康老龄化、推动中医药振兴发展、加强人才队伍建设等重点工作融合推进，补齐短板弱项，出台长效政策，实现工作重心由补齐短板、解决基本医疗有保障突出问题向提升基层医疗服务质量和效率转变，建立完善稳定可持续的健康扶贫长效机制。

（一）保稳定

保持政策总体稳定，巩固基本医疗有保障的成果，确保乡村医疗卫生机构和人员"空白点"实现动态清零。因病致贫、因病返贫人口动态清零。落实"四个不摘"，过渡期内保持现有健康帮扶政策基本稳定。继续实行"先诊疗后付费""一站式"结算等便民措施，深入推进分级诊疗。做好大病专项救治工作，做到应治尽治，家庭医生签约服务做到应签尽签，提高履约质量。

（二）建机制

健全防止因病返贫动态监测预警机制。一是建立了监测机制。对照基本医疗有保障工作标准，监测县乡村三级医疗卫生机构基本建设、人员配置和服务能力等情况，切实落实投入和建设主体责任，持续改善县乡村医疗卫生机构服务能力。二是建立了预警机制。对监测户、边缘户进行预警监测。主要对家庭成员的患病情况、医疗救治、医疗费用报销和自付等情况进行监测，预警因病致贫返贫风险。三是完善了帮扶机制。对预警因病致贫风险较高的边缘户、监测户，协调医保、民政等部门落实相应的医保政策、用好临时救助相关政策，动员社会公益组织、慈善机构开展救助，及时化解因病致贫的风险。

（三）提能力

推进农村优质高效医疗卫生服务体系建设，实施好县级传染病救治和疾控体系、国家、省级区域医疗中心项目建设；继续开展三级医院对口帮扶县级医院工作；加强基层人才队伍建设；通过推进紧密型县域医共体建设，推进"县乡一体、乡村一体"工作，推行"县聘县管乡用""乡聘村用"的基层医疗服务体系，促进资源下沉。坚持预防为主的方针，做实公共卫生服务项目，健全基层公共卫生体系，落实医疗卫生机构公共卫生责任，创新医防协同机制，织牢公共卫生防护网，有效提升农村应对突发公共卫生事件能力。

（四）强素养

全面提升人民群众健康素养，倡导大卫生、大健康理念，完善健康教育体系，把健康融入所有政策。利用宣传栏、文化墙、广播等多样化的宣传方式，开展宣传教育，增强群众自我健康意识，引导和发动群众积极主动参与健康乡村建设。针对重点人群、重点疾病、主要健康问题和健康危险因素，开展健康教育，普及健康知识，提升农村低收入人口的健康素养、养成健康生活方式和行为方式。同时以新冠肺炎疫情防控和爱国卫生为抓手，改善农村人居环境，提高群众防病能力。

陕西汉中：探索深度贫困县健康扶贫新路径

一、背景情况

汉中市镇巴县地处巴山腹地，总人口28.9万人，是国家扶贫开发重点县和陕西省11个深度贫困县之一。2016年初，全县共有贫困村129个，建档立卡贫困人口19 572户、54 411人，贫困发生率为24.11%。其中因病致贫、因病返贫户为9 862户、22 751人，是脱贫路上的"坚中之坚、难中之难"。经过近几年的探索实践，镇巴县健康扶贫模式助推脱贫攻坚成效明显。全县因病致贫返贫户由2016年初的9 862户到目前已全部脱贫清零，全县在册贫困人口参合参保率达100%。人民网、新华社和央视《焦点访谈》《健康之路》《为了人民健康》等20余家中央、省级媒体赴镇巴深入采访并广泛报道。河北、河南、黑龙江等7省及省内96个县（区）共130余批次到镇巴考察交流、借鉴经验。镇巴县先后荣获"全国优秀家庭医生团队""全国脱贫攻坚奖组织创新奖""全国健康扶贫工作突出县"等殊荣。2017年镇巴县兴隆镇水田坝村签约服务团队荣获了"全国优秀家庭医生团队"；2018年"全国贫困人口慢性病家庭医生签约服务现场推进会"在镇巴召开，该县简池镇大垭村签约医生团队入户服务的照片在"伟大的变革——庆祝改革开放40周年大型展览"上展出。"互联网+健康扶贫"系列项目成果在"第二届数字中国建设成果展览会"上展出。

二、主要做法

镇巴县在深入调研实践的基础上，紧扣"健康中国"规划纲要，树立"以人民为中心，以健康为根本"的健康扶贫观念。聚焦"扶持谁",实行以健康体检为重点的"四步筛查"工作方法,按照制定标准、体检甄别、比对核查、分类评估四步流程,精准锁定了帮扶对象;聚焦"谁去扶",整合重组医疗卫生人力资源,在国家卫健委推行的"1+1+1"模式基础上,创新了"2+2+1"(村医和村卫计专干各1人+镇级医生和公卫专干各1人+县级指导人员1人)家庭医生签约服务模式;聚焦"怎么扶",建立工作体系,搭建服务载体,加强知识宣传,提高健康扶贫的针对性和有效性,让群众享有更高水平、更有保障、更加多元的医疗卫生服务。通过精准识别、精准签约、精准服务和精准救治,靶向破解山区群众居住分散、缺医少药、健康意识差等一系列因病致贫返贫难题,最终实现脱贫摘帽,探索出了深度贫困县健康扶贫的新路径。

(一)开拓实施"四步筛查"工作方法,因病致贫得到精准识别

为摸清全县因病致贫返贫底数,实现精准识别、因人施治,2017年在新一轮数据核查中,镇巴县率先推行"四步筛查"工作方法。第一步,制定标准。出台《健康扶贫"四步筛查"实施方案》,统一体检标准、筛查方案、组织培训、抽调人员和调配设备,保证筛查识别有章可循。第二步,体检甄别。按照"县主导、镇组织、村协助"原则,采取镇卫生院集中体检、行动不便患者上门体检等方式,组织县内40名专家、骨干医师,邀请西安交通大学第一附属医院和陕西省肿瘤医院17名博士专家提供技术支撑,对全县20个镇178个村因病致贫人员进行全面体检筛查。第三步,比对核查。组织县镇村三级逐人逐户核查会审,并与扶贫管理系统数据进行比对,厘清致贫主次原因,经公示最终确定因病致贫返贫7 450户、18 625人,较甄别前分别下降26个和19个百分点,为精准帮扶、靶向施策奠定了坚实基础。第四步,评估分类。筛查确认的贫困患者由县镇村三级医生联合开展分析评估,精准分类。确定全县贫困人口中患病人员9 162人,其中大病2 526人、慢性病6 326人、重病310人,逐人建立电子健康档案,并按

照大病集中救治、慢性病签约管理、重病兜底保障的"三个一批"策略实行精准救治。

（二）探索推行"2+2+1"家庭医生签约模式，健康管理不断提质增效

为了让优质医疗资源下沉到贫困山区最深处，满足群众的基本健康需求，镇巴县探索推行"2+2+1"家庭医生签约服务模式，全县慢性病规范化管理率、控制率分别提高到70%和45%以上。一是组建签约团队，明确职责任务。整合全县卫健队伍和医疗资源，抽调县镇村886名医生组建178个家庭医生签约服务团队，规定签约服务内容和服务频次，实行队长负责和持证上岗制。明确县级负责技术指导、业务培训，镇级负责进村服务、入户随访，村级负责送医送药、组织体检；每月聘请国内知名医学专家来县授课，提高签约医生服务能力。二是提升服务内涵，规范服务流程。将签约服务与分级诊疗相结合，落实双向转诊制度，引导患者在基层首诊。上转患者住院连续计算起付线。赋予签约医生一定比例的二级医院专家号源、预留床位，对贫困人口开通预约诊疗、医保代办等特色服务。明确入户服务、慢性病管理、出院随访、县对镇村工作指导等相关流程，实现贫困人口签约全方位服务。对签约患者实行"一病一方"和"一户一策"服务管理，高血压、糖尿病、严重精神障碍、结核病规范化管理率分别达83.3%、83.4%、72.7%和100%。三是强化考核激励，提升服务质量。为激励家庭医生团队更好地提供签约服务，镇巴县在财政自给率不到5%的情况下，在陕西省率先落实家庭医生签约服务经费。整合医保、公共卫生和财政资金290万元，按照因病致贫每人每年80元、其他贫困人口50元的标准，核定签约服务费。开发村级公共卫生公益性岗位178个，按照每月500元标准落实服务报酬，稳定村级签约服务队伍。将签约服务纳入卫健系统目标责任考核，按月评选签约服务"星级团队"，作为评优树模、个人职称晋升的重要参考依据。

第一章 健康扶贫：力阻"病根"变"穷根"

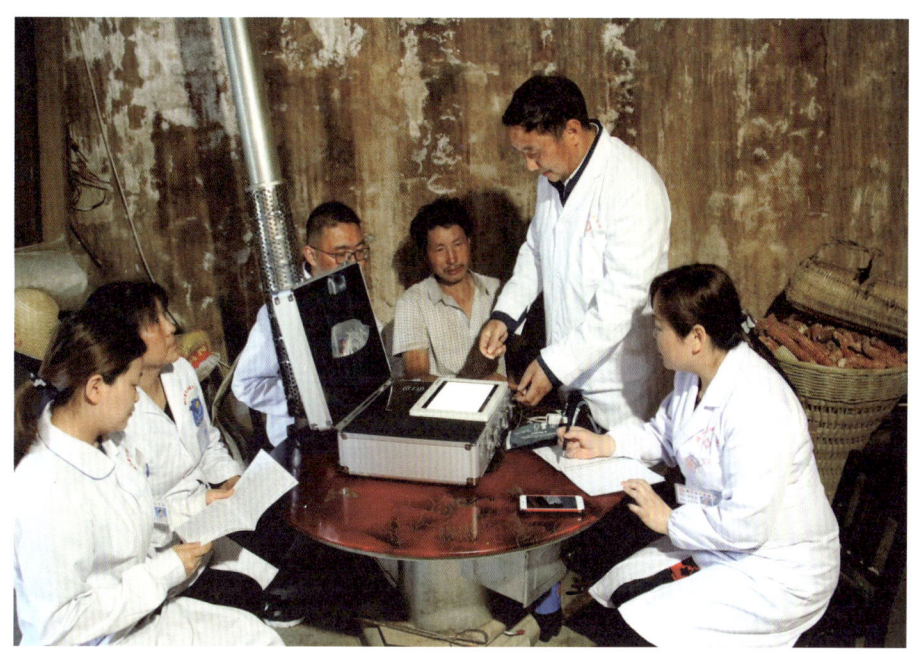

■ 家庭医生签约服务团队在村民家中随访

（三）试点先行"互联网+健康扶贫"项目应用，信息技术提升扶贫效能

镇巴县积极开展"互联网+健康扶贫"探索，建成移动家庭医生签约服务系统，让大山深处28.9万名群众享受最新医疗科技福利。一是构建"互联网+健康扶贫"数据平台。围绕"一网一轴四纵"构建大数据平台，在全国率先实现本县居民健康档案、电子病历、医疗结算与健康扶贫业务数据的互通共享，开展数据分析和研判，构建贯穿居民生命全周期的健康数据链。并依托数据平台，建立贫困人口电子健康档案，使居民健康管理向无纸化推进。二是开发移动家庭医生签约服务管理系统。推进"互联网+健康扶贫"的创新应用，开发家庭医生签约服务管理和电话跟踪随访系统软件，专门用于家庭医生签约服务信息传递。增加贫困户就诊即时通功能，家庭医生通过手机App就能掌握群众的就医动态，开展健康档案信息查询、预约服务和医患交流等，签约服务真正实现了信息化、智能化管理。三是大力开展远

程诊疗服务。利用互联网优势，推进医疗卫生信息平台建设，为基层医疗机构提供预约诊疗、远程培训、远程医疗等服务。为贫困人口建立电子档案，实行在线慢性病管理；让农村群众在家门口就能享受到上级医院专家的诊疗服务。四是倡导社会力量参与。引导社会力量参与健康信息化建设，与中国人口与发展研究中心、北京大学中国卫生研究发展中心、复旦大学、西安交通大学等科研院所、企业签订战略合作协议，减少政府投入，降低研发成本。以此推进健康乡村建设和医养结合等健康产业发展，实现"让信息多跑路、让群众少跑腿"目标，让群众有更多的获得感。

（四）开展健康文艺"双下乡"活动，全面普及健康扶贫政策及健康知识

为破解群众对卫生健康政策知晓率不高、普及率不广、理解度不够等难题，让健康扶贫政策及健康知识深入民心，切实增强贫困群众内生动力和脱贫信心，引导群众建立健康生活方式，进一步提升健康素养水平。2018年5月，成立了由10余名医务人员组成的健康扶贫文艺宣传队，将健康扶贫政策及健康知识创编成八岔戏《扶贫政策扬风帆》、渔鼓表演唱《儿童计划免疫歌》、花鼓《预防碘缺乏》、小品《防治高血压》、快板《全民健康好生活》、打碟子表演《优生优育利国民》、舞蹈《七步洗手很奇妙》等30多个节目，与各帮扶单位的"三送一查"（送医保政策、送医疗知识、送健康知识、检查身体疾病）活动相结合，每年在每个行政村和健康学校、健康社区、健康企业、健康机关至少演出1场，目前累计巡回演出145场次，受益群众达20余万人。宣传内容涵盖健康促进、健康细胞建设、公共卫生、医政医改、老龄健康、职业健康、医疗信息、政策法规等方面，宣传主题从健康扶贫逐步拓展到脱贫攻坚政策及脱贫领域先进典型案例、乡村振兴、健康中国建设等方面，贫困人口健康知识知晓率提高到90%以上。通过开展"双下乡"活动，既普及了脱贫攻坚政策和健康知识，

第一章　健康扶贫：力阻"病根"变"穷根"

■ 为贫困户免费配送健康扶贫爱心药箱

又丰富了群众的精神文化生活，打通了健康扶贫宣传"最后一公里"，深受群众欢迎。

（五）建立健全"一二五"健康扶贫工作体系，全民健康实现长久守护

镇巴县把全民健康作为脱贫攻坚、实施乡村振兴战略的关键任务，确立健康镇巴这一目标，抓牢"减存量、控增量"两个重点，构建统筹协作、服务保障、能力提升、健康管理、监督考评"五大体系"，形成"一二五"健康扶贫工作体系。一是统筹协作体系。建立县委、乡镇书记主抓，县长、局长、镇长主责，镇村干部、第一书记、帮扶责任人、签约医生"四支队伍"为主体的"234"领导机制，以及县级"三线协作"（党政、业务、协会）、镇级"四个统筹"（工作谋划、业务协调、人员安排、经费保障）、村级"六位一体"（学习办公、开展工作、参加培训、接受督导、共享信息、考核奖惩）的"346"责任体系，形成健康扶贫工作合力。二是服务保障体系。全面推行"基本医保+大病保险+医疗救助保障+其他方式"的"3+X"医

疗保障体系，切实提高贫困人口医疗保障水平，贫困患者住院政策范围内报销比例稳定在80%~85%之间。开展肾透析单病种模式探索效果明显，43名终末期肾病患者得到及时救治，23名强直性脊柱炎患者有了救治保障。三是能力提升体系。筹资近4亿元，实施中医院整体迁建和县医院综合楼建设，扩建6所片区中心卫生院，建成178个标准化村卫生室，统一配备健康管理一体机等医疗设备。县财政每年预算卫健人才专项基金200万元，近三年共引进、培养医学人才460人。与西安交通大学附属口腔医院、汉中三二〇一医院等三级医院建立协作机制，对大病患者进行分类管理、定点救治。四是健康管理体系。以签约医生村村宣讲、创建健康医院、建立智慧卫健等多种形式，强化健康教育和健康促进，落实基本公卫、妇幼保健项目，开展传染病专病专防和地方病综合防治，深入推进疾病防控"八大行动"，让群众"少生病"。与西安交通大学联合开展以居民健康素养、慢性病患病率及危险因素核查为主要内容的国家重点研发计划"精准医学研究"项目，率先在全国启动精准健康工作。五是督查考评体系。把健康扶贫纳入县委、政府工作督查范围，每年组织人大代表、政协委员视察一次以上；注重过程考核，坚持考用结合，将健康扶贫考核结果与干部任用、评优树模、职称晋升和绩效考核挂钩，对出现严重问题的，坚决实行"一票否决"。

三、经验总结

镇巴县紧扣习近平总书记关于卫生健康工作重要论述，认真贯彻党中央关于卫生健康工作的决策部署，积极推进公共卫生和基本医疗服务各项工作，围绕"什么人？得了什么病？需要什么帮助？能提供什么服务？取得什么效果？"五个具体问题，确立"健康镇巴"建设目标，抓牢"控增量"和"减存量"两个重点，对精准识别贫困人口、科学分析致贫原因、快速找到扶贫路径、实现健康长久守护等方面进行了积极探索和大胆创新；在消除当下贫困、阻断贫困的传递和关注贫困人口整个生命周期、全方位全周期保障人民健康方面实现了突破，采取的工作措施对症下药、靶向施策，既有系统的工作思路，又有可操作性强的具体方法，既符合党中央把人民健康放在优先发展战略地位的总体部署要求，又满足了人民群众看病就医的根本需求，能够被借鉴和复制。

（一）强化职责、党政发力，"顶层设计"是实现精准健康扶贫的坚实基础

镇巴县委、县政府把全民健康作为脱贫攻坚、实施乡村振兴战略的关键任务，确立"健康镇巴"战略目标，从顶层设计和决策层面强化职责、落实责任。把卫生健康工作融入县委、县政府中心工作系统考虑，把健康扶贫工作融入全县各项政策统筹安排，构建大卫生、大健康格局，实现党政统筹、党政同责、人人健康、共建共享，为精准健康扶贫提供了强有力的组织保障。

（二）凝聚共识、部门合力，县镇村"一盘棋"齐抓共管是实现精准健康扶贫的重要方法

镇巴县着力于调动全社会参与卫生健康工作的积极性、主动性和创造性，强化部门协同，建立党政主导、卫健部门牵头、各部门配合的健康扶贫工作机制，各司其职、各负其责、相互沟通、协调联动，"一盘棋"齐抓共管，既充分发挥了健康扶贫的桥梁纽带作用，拉近了党群、政群、干群关系，又有效保障了健康扶贫工作顺利开展。

（三）优化服务、全员聚力，干部"一条心"苦干实干是实现精准健康扶贫的力量源泉

家庭医生签约服务是实现基层首诊、落实分级诊疗制度的突破口。镇巴县把健康扶贫作为激励卫健系统干部践行初心、担当作为的

有效载体，充分发挥卫计深度融合、人才综合分配、资源高度整合的作用，创新"2+2+1"家庭医生签约服务模式，优化服务方式，提升服务水平，明确县镇村三级职责，切实引导优质医疗资源下沉，充分发挥健康"守门人"作用，靶向破解山区贫困患病群众看病难问题。

（四）创新载体、借智借力，"信息化、智能化"是实现精准健康扶贫的创新动力

如何创新医疗卫生服务模式和提高基层医务人员服务水平，为城乡居民提供立体化、连续性的健康管理和基本医疗服务，信息化和智能化是动力、也是趋势。镇巴县借力西安交通大学联合开展精准医学研究，利用全国"互联网+健康扶贫"应用试点项目有利契机，开发"健康镇巴手机应用软件"，建成"互联网+健康扶贫"大数据平台，让信息多跑路、群众少跑腿，实现了卫生健康工作信息化、智能化管理。

（五）整合资源、善用巧力，小钱办大事是深度贫困县落实健康扶贫工作的有效渠道

镇巴县着力于整合资源、善用巧力，把钱花在刀刃上，花小钱办大事。每年整合财政、医保、公卫资金共计约290万元作为866名签约医生服务报酬。落实公益性岗位经费106.8万元，用于178个村卫计专干的健康扶贫工作劳务报酬。组建"健康扶贫文艺宣传队"进行健康知识宣传，贫困人口健康知识知晓率提高到90%以上。县域内诊疗水平明显提升，慢性病管理成效明显，使贫困患者疾病得到了有效救治。

（六）构建体系、持续用力，形成长效机制是实现人民健康长久守护的重要保障

镇巴县把健康扶贫工作作为夯实基层党组织建设、树立干部形象、融洽干群关系的有力抓手，坚持问题导向，确立"健康镇巴"建

设目标，强化预防控增量，让没患病的不患病，让患慢性病的少转成大病；精准救治减存量，有医生、有场所、有设施设备、有技术，让群众看得上病、看得好病。强化党政统筹，确保健康扶贫工作认识到位、责任到位、落实到位；强化服务保障，确保设施到位、人员到位、投入到位；强化能力提升，确保技术到位、人才到位、设备到位；强化健康管理，确保信息到位、教育到位、预防到位；强化监督考评，确保督查到位、考评到位、制度到位，最终构建起"一二五"健康扶贫工作体系，形成长效机制，实现人民健康的长久守护。

四川简阳：筑牢医疗保障防线让贫困群众有"医靠"

一、背景情况

简阳市是成都市代管的县级市，位于四川盆地西部、龙泉山东麓、沱江中游，共有58个乡镇（街道），791个行政村、55个社区，常住人口82.7万人。2019年，建档立卡贫困人口共2万余户、5.8万人。根据医保数据显示，全市贫困人口中，患有大病、长期慢性病等各种疾病因病致贫的比例为51.2%（2.97万人），残疾的比例为15.5%（0.9万人）。2017年至今，全市累计资助建档立卡贫困人口参加城乡居民基本医疗保险26万余人次，建档立卡贫困人口参保率为100%，联网结算住院11.7万人次，发生费用5亿元，累计报销4.5亿元，平均报销比例达88.8%；门诊就医联网结算158.9万人次，发生费用1.8亿元，医保基金报销1.6亿元；医疗救助2 328人次，救助资金57.7万元，有力助推全部贫困人口提前脱贫，全部贫困村提前摘帽。

自开展健康扶贫工作以来，简阳市医疗保障局牢固树立"没有全民健康、就没有全面小康"的工作理念，对标"两不愁三保障"中的"基本医疗有保障"目标，把健康扶贫作为精准扶贫、精准脱贫的重要抓手，紧紧围绕贫困群众"看得上病、看得好病、看得起病、少生病"等关键环节，严格落实各项健康扶贫医疗保障政策，创新推出"两提一兜底三取消"改革举措，构建"2456"健康扶贫工作模式，相关经验做法受到全国健康扶贫工作现场推进会与会代表的一致好评。

二、主要做法

（一）强化组织体系建设，医保扶贫不落一人

充分发挥医保扶贫的兜底作用，不断完善医保组织体系，动态精准掌握贫困人口情况，切实做到医保扶贫路上不落一人。一是压紧压实工作责任。成立医保脱贫工作领导小组和挂牌督战专项领导小组，科学制定和细化医疗保障专项脱贫实施方案，实行分管领导挂片包村责任制，组织专门力量逐人逐户排查并落实贫困人口参保工作。二是部门联动形成合力。加强与卫健、民政、残联、扶贫、税务等部门的沟通协作，构建起"衔接紧密、配合到位"的联动工作机制，相关数据及时共享，工作动态及时互通，实时动态核准建档立卡贫困人口与参保人数，确保不漏一人。三是建立动态管理机制。每月与市扶贫移民服务中心进行贫困人口信息比对，定期动态跟踪新增贫困人口，动态管理，同步置标，保障新增贫困人口及时享受医保待遇。

（二）构建多维度保障体系，为群众全方位减负

构建多层次医疗保障体系，推动各类医疗保障措施互补衔接，全方位多角度为群众减轻看病就医负担。一是实施"两提一兜底三取消"倾斜支付政策。将建档立卡贫困人口全部纳入城乡居民基本医保、大病保险、医疗救助制度，给予倾斜性支付政策，即"提高门诊费用报销比例""提高简阳市域外住院报销比例""住院医保目录内费用全兜底""取消建档立卡贫困户门诊和住院报销封顶""取消建档立卡贫困户简阳市域内健康扶贫定点医疗机构住院报销起付线""取消建档立卡贫困户简阳市域内健康扶贫定点医疗机构就诊住院押金"。二是实行"先诊疗后结算"。建档立卡贫困人口住院不缴纳住院预付款，诊疗结束后，由医疗机构凭相关证明材料与医保、大病保险、医疗救助等各类经费保障机构直接结算，住院医疗个人合规费用自付不超过10%。三是建立分级诊疗机制。执行"基层首诊、双向转诊"分

级诊疗制度，贫困患者首先到乡镇卫生院就诊，基本无条件诊治的，再开具转诊单转往市级医疗机构，待病情好转后再转回基层康复治疗；确需转到市外的医疗机构诊治的，由市三级甲等医院履行转院转诊手续，报医保局备案后转诊。四是积极推动商业健康保险。积极完善居民医疗保险制度，推进生育保险和职工基本医疗保险合并实施，推进深化长期照护保险制度试点工作，开展全市老年人意外伤害保险统保工作，鼓励医药企业、保险公司为建档立卡贫困人口赠送"惠蓉保"商业健康保。五是大力实施"村医工程"。联合商业保险公司，依托"村医"工程，募集了心电检测仪、监测一体机、制氧机等医疗器械捐赠给贫困村卫生室，有效提升基层医疗服务水平，真正实现小病不出村。

（三）打通服务"最后一公里"，增强群众幸福感

着眼提高群众的获得感和满意度，优化服务流程，实现贫困人口无障碍就医。一是全面实行"一站式"结算。全市定点医疗机构实现"就医五有"，有机构和人员、有贫困人口患病情况台账、有贫困人口就医绿色通道、有贫困人口门诊和报账窗口、有贫困人口优惠政策宣传栏和报账费用公示栏，实现贫困人口无障碍就医，确保建档立卡贫困人口"一站式"报销基本医疗、大病保险、医疗救助。二是开通村卫生室报销。推进村卫生室医保联网结算工作，开通一体化管理的村卫生室门诊医保报销业务，提升全市医疗机构联网结算覆盖率，增加可即时结算村卫生室，确保贫困人口患者小病诊疗不出村，打通贫困人口医疗保障的"最后一公里"。三是精准结对帮扶。建立结对帮扶工作机制，通过派驻入村工作组和结对帮扶责任人，对贫困人口进行动态监测、重点人群跟踪预警，及时协调解决存在的困难问题，在重点贫困村同合乡秀阳村派驻了入村工作组，37名职工分别与平泉街道太阳村、石钟镇黄连村100户建档立卡贫困户结成对子，同时与全市28个乡镇（街道）建立了动态联系机制，实施跟踪掌握信息，确保建

档立卡贫困户因病致贫返贫实现动态清零。

（四）加强医保扶贫宣传，提升政策抵达率

把医保政策宣传工作贯穿于医保政策落实全过程，积极创新宣传方式，有声有色讲政策，确保医疗保障扶贫政策宣传到村到人。一是组织专题培训。组织定点医疗机构、乡镇（街道）医保干部、驻村第一书记赴村（社区）开展医保政策知识培训，对医保政策进行全方位宣传解读。二是广泛宣传推广。制作医保参保、报销、异地转诊流程及报销流程情境对话式录音等通俗易懂的宣传产品，依托官方网站、电视、村广播、微信公众号等平台，直观生动地传递给广大群众。三是走访入户送政策。充分利用驻村工作队、帮扶责任人、家庭签约医生、乡村医务人员等工作力量进村入户等契机，面对面解读医保政策。

（五）重拳出击强化监管，守护好群众救命钱

把管好用好医保基金作为首要职责和使命，强化医保扶贫监管力度，确保各项医保政策"执行无偏差、落实不走样"。一是完善监管组织体系。成立由医保局领导班子及中层干部组成的监管领导小组，建立健全建档立卡贫困人员医疗费用日常监管的长效机制，定期核查监管财政扶贫资金投入和使用。二是从严执行相关制度。严格执行医疗费用控制定期通报、约谈制度和医疗处方、医嘱、检查单点评制度，落实重点监控药品管理制度，杜绝大处方、滥检查、挂床住院等过度医疗行为。三是深入一线摸实情。开展脱贫攻坚挂牌督战工作，采取入户督战和医保"坝坝会"相结合的形式，面对面与贫困户座谈，宣传医疗保障扶贫政策，及时发现解决医保不严不实、不精不准、脱贫质量不高等问题。四是加强日常监管。在网上实时监管和适时实地稽核基础上，强化基金运行分析，开展有针对性的专项检查，不定期现场抽查定点医疗机构发生的建档立卡贫困人员的住院医疗费用明细，核实建档立卡贫困人员医疗费用真实性。

三、经验总结

健康扶贫,就是要让贫困群众看得起病、看得上病、看得好病,同时,还要防患于未然,让群众少得病,简阳市医保局创新构建"2456"健康扶贫模式,让贫困群众不再为看病犯愁。

(一)"2"即"两个零",就医保障"零限制",医疗服务"零距离"

降低贫困人口医疗保险报销门槛,全面落实贫困人口"十免四补助"医疗扶持政策,提高贫困人口的医疗保险报销比例,确保贫困群众能通过多种途径实现就医费用"微支付"。为实现医疗服务"零距离",全面实行"先诊疗后结算"制度和"一站式"结算,各定点医疗机构均设立了贫困人口"一站式"服务窗口,优化服务流程,专人负责,优先为贫困患者办理就医、检查、治疗、取药、费用报销等事项,为贫困患者提供温馨服务,为残疾及行动不便的贫困人口提供上门服务。

(二)"4"即"4纵深",纵深推进医疗设施建设,纵深推进卫健队伍能力素质建设,纵深推进优质医疗资源共享,纵深推进分级诊疗制度

按照"基础设施标准化建设,医疗设备标准化配置,村卫生室公有化和标准化建设"的要求,全市105个贫困村全部建有标准村卫生室并配有合格村医,46个乡镇(街道)均建有达标卫生院,城区拥有市人民医院、市中医医院两所"三级甲等"县级医院,贫困患者县域内就诊率达99.9%。持续开展住院医师规范化培训、全科医生转岗培训、乡村医生定期培训,提升医务人员的业务水平,加快学科建设步伐及新技术推广应用,不断提升医疗服务水平,近年来柔性引进留美博士后、华西医院教授等高级医学专家、工程技术专家12人,通过专家下沉基层医疗机构,让群众在乡镇就能看上专家门诊,享受专家服务。明确县乡村医疗机构的功能、职责、任务,建立基层首诊、双向

转诊、急慢分治、上下联动的分级诊疗模式，实现"小病在基层、大病去医院、康复回社区"，提升医疗资源利用率。

（三）"5"即"5个一"，"一村一团队""一人一医生""一人一档案""一月一随访""一季一上门"

市乡村三级医疗机构组成175支家庭医生服务团队，采取"1+N"模式，与贫困村和贫困人口建立帮扶关系，实行一对一上门服务。为每一名贫困人口落实一名责任医生，按照"无病防病、有病管理"的原则建立签约服务关系，贫困人口家庭医生签约服务率达100%。为每一名贫困人口建立一份完善的个人健康档案，建档率达100%。责任医生每月对联系帮扶贫困对象进行随访，医疗服务团队每季度进村入户，开展疾病筛查、健康体检、巡回义诊、慢性病管理等服务。

（四）"6"即"6覆盖"，疾病预防控制全覆盖，公共卫生服务全覆盖，健康教育全覆盖，环境卫生整治全覆盖，健康体检全覆盖，中医药服务全覆盖

加大传染病、地方病、慢性病防控力度，扩大农村癌症筛查早诊早治覆盖面，对严重精神障碍患者进行筛查登记、救助救治和服务管理。将贫困人口作为公共卫生服务重点人群，精准实施基本公共卫生服务。建立村级健康教育阵地并配备健康管理员，深入实施全民"健康100计划"，实现户户有一个健康明白人。对照"四好村"标准，深入实施城乡清洁美丽工程，持续深化城乡环境综合治理。组织贫困人口健康体检，确保每一个贫困人口在一个脱贫周期内都接受一次免费健康体检。普及中医养生保健知识，各乡镇卫生院、村卫生室分别可运用10种、4种以上的中医适宜技术为群众防病治病，满足群众的健康需求，不断提高群众的健康水平。

云南昭通：全力推进健康扶贫斗"病魔"拔"穷根"

一、背景情况

昭通市位于云南省东北部、金沙江下游右岸，地处云贵川三省接合部的乌蒙山区腹地，是一个集革命老区、地震灾区、散居民族地区于一体的深度贫困地区。截至2016年末共有建档立卡贫困人口2.75万户、113.37万人，其中因病致贫、因病返贫的贫困户有43 445户、182 461人，是全国贫困人口最多的地级市。昭通市按照党中央和云南省委、省政府脱贫攻坚决策部署强化基层医疗机构基础设施和服务能力建设，实行医保政策倾斜、提高报销比例、大病集中救治等措施，全面提升对贫困群众的健康保障水平。截至2019年底，全市累计减少因病致贫、因病返贫4.7万户、20万人，建档立卡贫困人口"看得起病、方便看病"有效落实，"看得好病、尽量少生病"的目标持续向好。2020年，昭通市7个贫困县已全部实现脱贫出列。

二、主要做法

（一）补短板、强弱项，全面提升基层医疗服务能力

一是加快推进县级公立医院提质达标建设和重点专科建设。共投入中央预算内资金5.37亿元，建设35个医疗卫生项目。随着镇雄县人民医院顺利晋级为三级医院，昭通市于2019年实现了县级公立综合医院提质达标全覆盖。通过省级验收县级卒中中心9个、县级胸痛中心5个、县级创伤救治中心4个；全市危重孕产妇救治中心和新生儿救治中心实现全覆盖，进一步提升了贫困县的医疗急救能力和水平。建成国家级重点专科2个、省级重点专科13个；在建省级临床重点专科33

个。二是加快推进乡镇卫生院实施慢性病管理中心及心脑血管救治站建设。累计建成慢性病管理中心84个、心脑血管救治站66个,初步搭建了覆盖全市急性胸痛和脑卒中患者的一线快速救治网络,提高了乡镇卫生院慢性病管理和心脑血管疾病救治能力,对提高救治成功率、降低死亡率和减少致残率起到了积极作用。三是加快推进重大传染病救治能力和疾控机构核心能力提升工程,共投入企业债券资金5.04亿元,规划建设昭通市传染病医院1所、镇雄县传染病医院1所、10县市改扩建感染性疾病科及疾控机构提升改造和设备补充项目,目前正按计划加快推进。四是开展县乡村三级医疗机构达标验收。严格对照"基本医疗有保障"标准,对县乡村三级医疗卫生机构及易地扶贫搬迁点逐个逐项排查验收。经过县级验收、市级抽查、省级备案,昭通市11县(市、区)县级综合公立医院均达到二级综合医院以上标准;146个乡镇和1 343个村实现医疗设施标准化建设全覆盖;所有集中安置点均有达标医疗机构提供医疗服务。

78岁的罗某、76岁的张某夫妇正在昭阳区中医医院心肺病科接受治疗,医生告诉二老,再过一周就能出院,老人的脸上露出了久违的笑容。两位老人家住昭通市昭阳区北闸镇北坡塘大队16户社,老年丧子,2017年纳入建档立卡户,患有脑梗、高血压、风湿等病症,以前没钱看病、不敢看病,得益于国家健康扶贫政策的实施,现在可以先诊疗,后付费,住院治疗报销比例达90%。老人坦言虽然丧子,但党的政策让他们感到温暖,不仅加固了房子,党员干部还经常到家里看望慰问他们,身体不适住进昭阳区中医医院后,医生热情耐心,病房温暖干净,还不用担心住院费用,心里很踏实。

(二)建机制、压责任,明确健康扶贫实施路径

一是出台一系列政策文件,全面实行建档立卡贫困人口的医疗保险待遇、医疗费用报销、县域内先诊疗后付费、一站式即时结报、医疗救助、大病救治、家庭医生签约服务等全方位的政策和措施,切实

保障建档立卡贫困人口"看得起病、方便看病、看得好病、尽量少生病"。二是压责任、补短板、攻难点、清死角，推动健康扶贫政策精准到村到户到人。聚焦"基本医疗有保障"中存在的突出问题，强化统筹协调，形成条块结合、协同作战的工作机制，实行挂牌作战。同时，建立防止因病致贫返贫长效机制，明确部门职责，持续开展因病致贫返贫风险人群动态管理监测。

（三）抓重点、多举措，抓实基本医疗保障服务

一是稳步推进"三个一批"工作。实施大病救治一批，36种大病建档立卡贫困患者33 622人，已救治33 369人，救治进度达99.25%。实施慢性病签约一批，将常住建档立卡贫困人口纳入家庭医生签约对象，对四类重点慢性病建档立卡户患者实现"应签尽签"，落实签约后的履约服务。截至2020年10月底，四类重点慢性病卡户签约165 496人，履约165 472人，履约服务占比达99.99%。实施重病兜底一批，全面落实重病兜底保障报销政策，有效降低建档立卡户医疗负担。二是优化办事流程。通过加大政策宣传力度、提升管理服务水平、简化待遇申报流程、缩短业务办理时限、落实用药保障、扩大结算范围等多种措施扎实做好贫困人口疾病保障服务，确保贫困患者及时享受待遇，减轻医疗费用负担。三是落实保障措施。严格落实建档立卡户患者分类救治政策，对标对表国家和省有关要求，抓实大病救治工作，做到"发现一例，建档一例，救治一例"。全面落实健康扶贫医疗保障政策和县域内"先诊疗后付费"、定

■ 医务人员为建档立卡患者做义诊

点医疗机构"一站式,一单式"即时结报等便民惠民措施,符合转诊转院规范的住院患者实际报销比例达90%以上,因病致贫返贫得到有效遏制。

"感谢大病医疗政策,让我们农村人得了大实惠。"49岁的韩某,家住鲁甸县梭山镇埂底村。2014年在广东打工,诊断出患有尿毒症,由于外地医疗费用较高无法承担,转至昭通市第一人民医院进行手术治疗。按照基本医疗报销政策,原本20多万元的手术费用,韩某个人只承担2万元的自付费用。终末期肾病需要长期做血液透析治疗,以前县级医院不具备医疗条件,韩某只能忍受反复穿刺的痛苦。2018年,鲁甸县人民医院引进动静脉内瘘穿刺技术,韩某不仅可以在家门口做透析,而且通过大病救治保障政策,原550元/次的透析费用,个人只需自付17.2元。

三、经验总结

昭通市深入开展健康扶贫,从提升医疗服务水平和质量、完善监测预警机制、常态化抓健康扶贫三个方面下功夫,实现"三个持续提升",为打好打赢健康扶贫攻坚战,持续巩固健康扶贫成果奠定了坚实基础。

(一)在基础保障上出"实招",持续解决"基本医疗有保障"突出问题,着力提升基层医疗服务水平和质量

对乡村两级基本医疗有保障情况实行动态监测,根据大数据分析结果,找准攻坚点位,强化工作举措,确保基层医疗卫生机构和人员"空白点"动态清零,持续巩固基本医疗有保障成果;完善公共卫生体系,持续推进传染病、地方病的综合防控,加强健康促进、妇幼保健,深入开展爱国卫生运动,建立健康危险因素防控的长效机制,全面巩固健康扶贫成果。

（二）在完善监测预警机制上用"妙招"，提升事后保障向事前预警转变的能力

针对因病致贫返贫风险，昭通市从最困难的群体入手、从最突出的问题着眼，深入基层专题走访调研，系统研究、思考对策，及时制定出台针对性政策措施，对有因病致贫风险的非建档立卡贫困人口、有因病影响脱贫、因病返贫风险的建档立卡贫困人口进行排查，确保有效遏制因病致贫、因病返贫。

（三）在久久为功上见"真招"，持续推进工作方法由集中攻坚向常态化转变

通过出台慢性病卡办理方面的系列文件，让符合条件的患者的慢性病卡办理全覆盖成为常态化工作、扩大结算范围等多种措施，扎实做好贫困人口慢性病保障服务。

昭通市的健康扶贫工作虽然取得了一些成绩，但为人民群众提供优质便利医疗服务的重任依然任重道远。昭通市将总结健康扶贫取得的经验，结合乡村振兴战略，依托紧密型医共体建设，持续提升医疗服务能力，推动全市卫生健康事业稳步发展。

第二章

教育扶贫：让每个孩子都有人生出彩的机会

我们紧紧扭住教育这个脱贫致富的根本之策，强调再穷不能穷教育、再穷不能穷孩子，不让孩子输在起跑线上，努力让每个孩子都有人生出彩的机会，尽力阻断贫困代际传递。

——习近平总书记在全国脱贫攻坚总结表彰大会上的讲话，2021年2月25日

首都师范大学：借力"首都教育远程互助工程"助力和田脱贫攻坚

一、背景情况

新疆维吾尔自治区和田市南倚昆仑山，北临塔克拉玛干沙漠，曾是全国"三区三州"深度贫困地区的典型代表。历史上，受自然灾害频发、资源禀赋贫瘠、语言交往隔阂等因素影响，和田市教育水平相对落后，全区7县1市中以维吾尔族为主的少数民族占总人口的97%，是一个少数民族高度聚居的地区，至今部分偏远乡村的学校还无法开设国家通用语言文字课，也极大地影响了其他学科的学习。2018年开始，为响应教育部、国家语委提出的原则上到2020年特殊困难县域的普通话普及率不得低于50%的要求，北京市开始了对口帮扶和田地区少数民族干部群众学习、掌握、使用国家通用语言文字，为筑牢社会稳定根基和脱贫致富打好基础。首都师范大学受北京市教委委托，承担起首都教育扶贫特色品牌"首都教育远程互助工程"的具体实施工作。

首都师范大学利用现代化信息技术手段，加大对和田地区师资培训力度，依托"双优云桥—乐智悦读"大数据平台，从专家双师在线指导、师范生线上"一对一"交流、App每日任务推送和精品微课教学四个方面开展"首都教育远程互助工程"和田地区教师国家通用语言能力提升培训，严格落实精准调研、因材施教、平台支撑、档案激励，天天对话、陪伴成长、同声共情、共圆中国梦；努力实现"讲好普通话""教好普通话"，切实提高了710位和田教师的国家通用语言运用能力。经过两年的探索和试点推进，参与培训的710位教师中，有661位教师培训后成绩较培训前成绩明显提高，占比达93.1%平均提高了17.28分，45.45%的教师提升率超过平均值，真正实现了小切口、高效能，通过普通话完成自我超越和变革，构建了具有"首都教育扶贫"特色的新型师范生培养模式。项目成果于2020年10月被教育部征集为推普助力脱贫攻坚优秀典型案例，同时入选了教育部"第三届省属高校精准扶贫精准脱贫典型项目"。

二、主要做法

（一）全面精准调研，制定针对性方案

首都师范大学"乐智悦读"项目团队对和田地区在编教师数量、特岗教师数量、少数民族教师数量、普通话不达标的中小学教师和幼儿园教师数量等实际情况进行了摸底调研；针对和田参训教师进行了一次全面的培训前口语测试，测试内容包括单音节字词、多音节字词、朗读短文、命题说话四个维度；对和田教师积极参与国家通用语言培训的主要需求进行了一对一采访调研；对和田地区教师普通话水平不高的原因和概况进行了摸底调研。通过全方位了解参训对象后，"乐智悦读"专家团队制定了一套具有针对性的培训方案。

（二）专家"一对五"指导，沉淀资源产出数据

项目实施过程中，一方面，聘请首都师范大学语言文字方面的专家对每位参训学员进行情况摸底，实施"一对五"的针对性课程方案，并通过普通话App随时检测学员的学习情况和解决学员遇到的问题。另一方面，"双优云桥—乐智悦读"资源平台邀请专家录制了一批名家的朗诵音频，提供给和田教师欣赏和模仿练习，推进中国优秀传统文化宣扬和传播。互动平台、资源平台和任务平台的所有数据在"双优云桥—乐智悦读"大数据平台上实现同步，供管理者随时随地了解参训学员的学习情况；项目组为每一位学员出具学业报告，供学员查缺补漏；以上资源也同步上传至和田地区的信息化平台，供更多教师学习和广泛应用。

（三）师范生"一对一"交流，陪伴成长联动共赢

语言氛围的创设对掌握一门语言是非常重要的，"乐智悦读"项目团队对首都师范大学师范生进行了专业培训，为师范生提供了"学习强国"话题，让他们与参训教师组成了"一对一"在线交流互动小组，每日进行不少于20分钟的日常对话。同时，建立助教组长管理机制，每位组长负责对师范生助教进行业务培训、软件应用培训和答疑辅导工作，以"传帮带"的形式为项目全面推广培养了一批经验丰富的新型师范生队伍。内孜古丽·吐尔洪老师经常利用课程间隙与师范生聊天；海日古丽·亚森老师是一位孕9月的准妈妈，她态度坚决地参加了培训并取得了优异的成绩，她说她很轻松，躺在床上就可以"打电话"学习。

（四）大数据分析评价，成长档案提质增效

依托首都师范大学语言文字方面优质专家资源和优质师范生资源，"乐智悦读"项目团队开发了"双优云桥—乐智悦读"普通话大数据测评系统。系统包括听、说、读、写四大模块，从可扩展性维度，通过"测试—诊断—反馈—提升"四个阶段，创设语言情境，丰富线上线下活动，拓展课内语言学习资源，助力普通话学习效果的提升。AI智能评价系统实时跟踪、精准测试、即时诊断；专家团队根据数据分析结果制定个性化解决方案，有效反馈、针对性提升，以平台为支撑，线上线下多角度、多层次、实时跟踪问效、全过程数据记录，通过基于大数据的分析评价为推普攻坚提质增效。和田教师只需一部手机，就可以不受时间和空间限制，随时随地开展学习。为加强对参训教师的过程性激励，显化培训效果，项目组设立了参训教师成长档案机制，通过对教师训前测、随堂测、期中测、期末测等各阶段数据的采集，形成综合评价反馈报告，让每位和田参训教师直观地了解自己的每一次进步。

（五）资源开放共享，手拉手传帮带

培训中，90%以上的和田教师表示希望能持续性地参与相关培训。"乐智悦读"项目团队通过三个方面帮助和田形成本地队伍。第一，两个月培训结束后，继续开放普通话应用平台。第二，和田教师们自发形成了学习小组。比如墨玉县北京中学，第一期与第二期培训都有来自该学校的教师，他们在北京专家的指导下，自主形成了学习兴趣小组，营造了语言交流氛围。第三，和田输送了10位基础较好的汉语教师，由项目组邀请专家为他们提供普通话教学指导与朗诵练习技巧指导，从而带动当地维吾尔族和少数民族教师，发挥手拉手传帮带的作用，将自主学习国家通用语言的能力在本地可持续地落实下去。

三、经验总结

项目实施以来，"首都教育远程互助工程"和田地区教师国家通用语言能力提升培训项目已累计线上辅导33 200次，累计辅导时长17 592小时，平均每天辅导时长146.6小时，每日同时在线学习的教师不低于120位，进而取得了落地、落细、落实的成果。回顾培训过程，探索出了四个独具特色的"首师大扶贫经验"。

（一）发挥首师优势，创新帮扶形式

项目认真贯彻2019年教育部、国务院扶贫办印发的《关于进一步充实教育部直属高校定点扶贫工作力量的通知》中强调的"发挥高校优势，创新帮扶形式"的要求，积极发挥首都师范大学普通话教学资源丰富、师资力量雄厚等优势，在充分调研的基础上，立足个性化提升需求，进一步宣传推广了国家通用语言文字和中华优秀传统文化。

（二）科技赋能教育，援助转型升级

项目利用"互联网+教育"新技术，创新培训模式，优化培训机制，从"大水漫灌式"培训向"精准滴灌式"培训转变。整个培训过程全数据记录，完全贴合受训教师的需求，紧密结合教学实践，实时跟踪教师的学习情况，有效解决了和田地区现有在岗教师日常课时量大、离岗培训困难的现状。

（三）创新人才培养，强化联助共赢

项目通过"互联网+教育"的手段达成双向互助，促进两地教师共同成长。首都师范大学创新了双向互助的人才培养模式，让优秀师范生参与到和田地区教师国家通用语言能力提升专项培训中来，一方面发挥了师范生的专业能力和优势；另一方面使师范生在项目参与过程中，充分感受到作为人民教师的光荣与责任，为探索未来新型师范生培养模式奠定了基础。

（四）转变培养模式，实现低耗高效

项目进一步强化低耗高效的生态理念，利用本校优质的科技资源、优秀的师范生资源及北京地区丰富的师资储备，为高校专家、一线教师、师范生和中小学生提供了多元交流的研修平台，不仅有效利用资源、节约成本，还为两地师生提供了更丰富的学习场景、研修环境、资源配给；构建了完善的两点教育均衡发展体系；实现了线上线下融合、课内课外融合、集中分散融合、点与面融合，组建双地或多地区域教育发展共同体和学校发展共同体，使培训效益增倍。精准滴灌、隔空对话的线上项目培训模式不仅效果显著，还大幅节约了培训经费与成本。

为促进国家通用语言培训项目长效开展，项目组提炼出四点建议：一是进一步拓展教育协同发展资源观和环境观。面向2020年之后协同化援助，要促进教育治理体系和治理能力的现代化，切实实现高质量教育资源供给和高质量的教育服务，把集中供给、持续供给、个体供给和实时供给结合好，把绵绵用力和集中发力结合起来。二是进一步优化完善供给端和消费端。把教师的供给和师范生的供给统筹起来，把高校的思政课、基层制度建设统筹起来，把教师在线的实时服务和人工智能的精准服务统筹起来，力争形成供给端的综合供给、一举多得；对于和田地区消费端治理能力的效能提升，争取扩大培训规模，让和田教师参加更多的实践活动，形成高质量的发展机制。三是进一步关注成果的固化。注重培训项目衍生产品的创设，制定普通话过关和巩固的时间表、路线图，共同开展"书法比赛、演讲比赛、朗诵比赛、辩论赛"等活动，同时开设一些互动课堂，邀请和田教师给北京孩子讲新疆的风土人情和文化，助力新疆一批骨干教师和特色教师能够脱颖而出，率先成长起来。四是进一步深化人工智能应用开发。为和田地区教师建立专项数据库，每周、每月做定期的视频、音频的自动采集和比对，同时自动发出系统的分析报告和定期的预警性信息，整合其他一系列的专业力量，使培训成果固化。

江西安义：教育扶贫精准施策点亮希望之光

一、背景情况

安义县地处南昌市西郊，总面积666平方公里，辖7镇3乡1管理处，人口30.4万人，其中农业人口22.4万人，是市辖三县中人口最少的一个县。"十三五"时期共有13个省级贫困村，建档立卡贫困户2 823户、6 981人。安义自然资源缺乏、工业基础薄弱，多数群众靠外出打工谋生，收入不稳定，造成留守儿童多、适龄少儿失学辍学现象时有发生。鉴于此，在国家乡村振兴、扶贫攻坚方针政策指引下，安义立足教育均衡发展，加大农校薄弱学校改造力度，同时对学生资助工作进行精细化管理，切实做到不落一户不少一人，广泛开展党员教师与贫困学生结对帮扶活动，让1 364位建档立卡贫困学生能继续安心坐在教室读书，为孩子们燃起希望之火，助少年儿童长大成材。

二、主要做法

（一）全力确保贫困学生应助尽助、应补尽补

在县委县政府的坚强领导和县教育扶贫工作推进指挥部的组织推动下，县教体局严格按照"双线摸排、多方比对、动态调整"工作机制，认真做好家庭经济困难学生精准识别工作。一方面，每学期之初，县学生资助管理中心向全县所有中小学（幼儿园）学生家长发放《致家长一封信》，并借此逐班逐生进行摸排，努力做到识别精准、分类精细。另一方面，采取学校包村、教师包生办法，进村入户逐一走访摸排建档立卡学生信息，县学生资助管理中心汇总比对后，经相关部门共同审核确定，建立精准的安义县建档立卡学生信息库，并定期

进行动态调整。2017年以来共资助家庭经济困难学生23 417人次，发放各项学生资助金1 559万余元，其中资助建档立卡家庭经济困难学生1 520人，发放教育资助金743.45万元。

此外，为全面落实异地就读学生资助政策，每学年初各中心学校以乡镇政府名义向学生就读学校寄送公函，提请落实教育资助政策。同时，县学生资助管理中心主动向异地就读建档立卡学生所在的县（市、区）学生资助管理中心寄送公函，了解异地就读学生在学籍地享受学生资助情况。根据回函、回电并主动与有关学校电话联系核实，包村学校与行政村再次逐户共同核实，对经确认没有在学籍地享受学生资助的，根据"双负责"原则，由政府出资进行兜底资助，从而确保了建档立卡学生教育资助全覆盖。

（二）全力确保没有一人因贫失学、因困辍学

县教体局以对义务教育失学辍学"零容忍"的坚定态度，充分用好用足用活教育扶贫"双负责制"，认真执行"联控联保、动态监测、行政督促、书面报备、精准帮扶"的控辍保学工作机制。县教育扶贫工作推进指挥部多次调度进行专题部署，局主要领导与各学校校长签订控辍保学责任书进一步压实责任，各校主动联系乡（镇）村（社区），上门入户做好劝学工作，近年来先后成功劝返了8名因厌学而短时辍学的初中学生。同时，对全县54名建档立卡适龄残疾儿童，因人制宜分别采取"特殊教育学校就读、普通学校随班就读、送教上门"等方式予以安排，其中实行送教上门7人，有效保障了适龄残疾儿童接受义务教育，从而确保了没有一位义务教育适龄少儿失学辍学。

（三）全力确保工作落实落细、争优创特

一是办学条件改善成效显著。近年来，安义县教体局总共投入资金1.57亿元，积极实施农村办学条件改善计划，全县10个乡镇全部建成示范性中心幼儿园，解决了农村幼儿"无园上"问题；大力实

施"全面改薄"和"均衡发展"等教育项目，全面改善农村义务教育薄弱学校基本办学条件，特别是对13个贫困村所在学校在项目、资金安排方面给予重点支持。2020年继续投入446万余元，实施车田小学周转房、京台小学校园维修等14个项目，目前各项目正在顺利推进中。同时，加强农村教师配备力度，对13个贫困村在1∶1.5班师比的基础上再增加1名教师给予倾斜配置，最大限度优化提升贫困村学校均衡发展水平，2020年定向培养乡村教师岗位计划51个（小学教师30人，幼儿园教师21人），其中小学教师30人中有16人参加音体美培训计划，占小学定向培养计划的53%，此举大大缓解农村小学专业教师不足问题。安义县先后荣获"全国义务教育发展基本均衡县（市、区）""推进义务教育基本均衡发展积极贡献集体"荣誉称号。

二是励志培智活动各具特色。安义县教体局在全县范围内组织一千余名党员教师与贫困学生开展"心连心"结对帮扶活动，每学期帮扶老师至少上门家访两次，了解学生家庭状况，宣讲教育扶贫政策，从生活、学习、心理等各方面关心贫困学生，特别是留守儿童，让他们不因贫困而失志、不因贫困而离群。全县13个贫困村学校根据自身情况，积极组织开展丰富多彩的励志培智活动，如马源小学开展

■ 社会力量支持品学兼优贫困学生励志游学活动

了向"中国好人""三风"榜样教师宗友银学习活动，乔乐小学开办了关爱留守儿童中心，果田小学开辟了国学及瓷文化教育，湖溪小学开设了太极拳、京剧特色教学等。与此同时，深圳市游友教育公益事业发展中心、青湖同乡联谊会、江西金鑫发铝业有限公司等社会各界，通过各种方式对贫困学生进行资助激励，让受助学生真正得到志智双扶、健康成长。特别是安义（北京）商会党总支资助18名品学兼优贫困学生赴京开展"筑梦远航"研学活动，在同学们心中深深种下了强学报国的远大志向。

三、经验总结

（一）把握原则是前提

始终坚持正确的政治方向，紧扣学习宣传贯彻习近平新时代中国特色社会主义思想、党的十九大精神和习近平总书记关于扶贫工作的重要论述，突出主旋律，传播正能量。严格执行教育扶贫资助政策，做到标准不高不低、对象不错不漏、学生一个不少。

（二）强大组织是保障

成立由分管副县长任总指挥的教育扶贫推进指挥部，做到高位推进。县教体局将以前分散在有关股室的学生资助职责整合起来，成立安义县学生资助管理中心，同时由县教育扶贫领导小组办公室统一协调组织全县教育扶贫工作。明确各校校长为学校教育扶贫工作责任人，成立学校教育扶贫办公室，有专人负责教育扶贫工作。

（三）整合资源是捷径

落实贫困学生资助政策和控辍保学是教育扶贫的两大基本任务，但单靠教育部门一家是难以做好的。县教体局以各乡镇中心学校为纽带、实行学校包村办法，认真落实教育扶贫"双负责制"，充分发挥属地党委和政府作用。同时与扶贫、民政、残联等相关部门加强协作、分工负责，动员社会力量积极参与，形成团结协作、融合共享的工作格局。

（四）励志培智是关键

教育的最终产品是培养出德才兼备的人，所以"扶贫必先扶智，治穷必先治愚"是教育扶贫工作的关键，县教体局组织安排一千余名党员教师对全县建档立卡贫困学生实行结对帮扶、关心关爱，根据各校实际开展各具特色的励志培智活动。经过几年的帮扶，贫困学生精神面貌焕然一新、综合素质明显提高，升入大学的人数也逐年提高，其中不乏研究生。

在脱贫攻坚转向乡村振兴之际，安义县将更加注重家庭经济相对贫困学生，更加注重从"授鱼"到"授渔"、变"输血"为"造血"，尽一切努力提升全体学生各方面的素质，培养昂扬向上志向，为彻底阻断贫困代际传递作出更大的努力！

宁夏：让山区孩子享有城市学校教育资源

一、背景情况

宁夏回族自治区中部干旱带和南部山区是全国有名的贫困地区，属于国家六盘山集中连片特困地区，总面积1.68万平方公里，常住人口近300万人，素有"苦瘠甲天下"之称。境内包括原州、西吉、隆德、彭阳、泾源、同心、红寺堡、海原和盐池9个县区及中卫、中宁县部分乡镇，区域占宁夏的半壁江山，宁夏90%的贫困人口居住生活于此。由于受历史、文化传统、经济和自然等因素的制约，基础教育事业发展缓慢，教育基础尤其薄弱，每个县城仅有一到两所高中学校，且由于师资水平不高，义务教育基础薄弱，学生流失严重。2003年，自治区党委、政府在首府银川为宁夏南部山区农村孩子建设优质学校——宁夏六盘山高级中学。作为我国西部省区第一所扶贫启智的学校，宁夏六盘山高级中学肩负起促进宁夏基础教育均衡发展、提高宁夏南部山区人口素质、加快贫困地区经济发展的历史重任。2006年，自治区党委、政府为进一步加快宁南山区脱贫致富步伐，加大宁南山区人才培养力度，提高贫困地区人口素质，维护民族团结稳定，促进社会和谐发展，在总结六盘山高级中学成功做法的基础上，在首府银川开工建设第二所大型教育扶贫普通高中——宁夏育才中学。建校以来，育才中学在推进教育教学改革、创新德育教育、开展教育扶贫等方面，取得了优异的成绩并形成了自己的特色，为自治区的教育发展作出了突出贡献，获得了社会的广泛关注和认可。

二、主要做法

（一）坚持教育扶贫的初心，让山区孩子接受优质教育

宁夏六盘山高级中学自创办以来，始终坚持扶贫教育的办学特色。学校专门招收宁夏南部六盘山区学生，对建档立卡贫困家庭学生适当照顾录取，让贫困家庭的学生到城市接受优质教育；所有录取学生免收学费、住宿费，并给农村户口学生每年提供1 000元的生活补助费；全校40%农村户口学生每人每年享受国家助学金1 500~2 500元，每年国家助学金和农村生活补贴达1 095万元；学校还联系爱心企业、爱心人士捐资助学，创办了各种资助班，其中"联想进取班"每年资助50名学生，每人资助4 000元，已有150名学生受到资助，共计150万元；"劲牌阳光班"每年资助50名学生，每人资助4 000元，已有200名学生受到资助，共计180万元；"燕宝班"每年资助300名学生，每人资助2 000元，已资助3 000名学生，共计600万元；"杉树班"每人每年资助3 000元，已资助520名学生，共计378万元；"黄河银行班"每年资助100名学生，每人资助2 500元，已资助400名学生，共计275万元；"中信银行班"已资助150名学生，共计40万元；宁夏宝丰集团燕宝慈善基金会还为该校考入本科学校的学生每人每年资助4 000元，每年资助金额1 600余万元，从2015年至今资助总额共计5 841.6万元。

宁夏育才中学面向宁夏南部山区八县一区及生态移民区招生，学生全部免学费、住宿费，每人每年享受1 000元的自治区政府生活补助，另有40%的学生享受生均每年2 000元的国家助学金。学校积极争取区内外各种慈善基金的资助，已经建立了十一个学生资助项目，资助面涵盖了所有家庭困难的学生，学校老师也自发成立爱心基金会，帮助贫困生完成高中学业。截至2020年底，总资助金额达15 729.79万元，受助学生达67 936人次。建校以来，没有学生因家贫而退学，学校为阻断南部山区的贫困代际传递作出了应有的贡献。

第二章 教育扶贫：让每个孩子都有人生出彩的机会

■ "燕宝助学金"发放仪式

两所学校目前已经形成了政府补贴、国家助学和企业捐资三个层次的资助体系，即政府补贴所有录取学生免费入学，国家助学激励贫困家庭优秀学子成才，企业捐资保障特困家庭学生完成学业。这三个层次的帮扶措施和奖助体系，使来自山区的优秀学子高中三年的学习生活得到保障，帮助家庭贫困学生顺利完成高中学业，跨入高等学府，实现人生理想。

（二）开展丰富多彩的教育活动，提高山区学生的综合素质

为了充分体现教育扶贫的办学特色，落实教育扶贫攻坚的具体措施，提高教育扶贫攻坚的效果，宁夏六盘山高级中学结合学校实际，开展了丰富多彩的教育活动。一是实施学生成长健康导师制。由于学校学生全部来自山区，有很多学生甚至没有去过县城。为了帮助学生尽快适应寄宿制学校生活，及时帮助学生解决成长中遇到的困难和困惑，做学生思想上的指引者、心理上的疏导者、学习上的辅导员、生活上的指导员，学校在建校初开始实施学生健康成长导师制，即每

位教师在自己所任教班级负责10名左右学生的生活学习，实行"包干制"，跟踪关注学生的精神生活质量与个性化学习需要。经过多年的修改完善，现行的《宁夏六盘山高级中学"学生健康成长导师制"实施方案》形成。"学生健康成长导师制"是学校层面制订的集体行动纲领，它标志着对学生成长的关爱被纳入了学校的规章制度，作为一种制度固定了下来。二是开展"无教师监考"诚信教育，让山区学生学会诚实守信。学校自建校以来就实施"无教师监考"诚信考试，即每次考试教师只负责分发试卷和收缴试卷，考试过程全程不监考。无教师监考，承载了尊重与信任的人文关怀，创设了宽松宁静的考试环境，建立了新型平等的师生关系，激活了学生自主自爱的责任意识，这种在宁夏独一无二、即使在全国也屈指可数的做法，当初曾引起各新闻媒体的关注报道，该案例先后被教育部评为全国中小学社会主义核心价值观教育优秀案例和全国中小学德育工作优秀案例。三是开设课余党校，让山区学生志存高远，追求进步。学校于2004年开办了学生课余党校，自主编写教材，聘请政治课教师和党员领导干部讲党课，内容涵盖党史教育、国情教育、国防教育、时事教育等，努力提高学生的政治素养。至今已连续举办15届业余党校，有2 649名学生培训结业，有24名学生成为中共预备党员。四是开设新闻课，让山区学生关注国家发展。六盘山高中是一所寄宿制学校，除寒暑假外，学生全部寄宿在校，为了丰富学生的校园生活，提高学生的国家意识和主人翁意识，学校给每个班级配置了多媒体一体机，把观看中央电视台《新闻联播》节目作为学生的一门必修课。每天晚上收看《新闻联播》节目后，学生对自己感兴趣的内容和社会热点问题进行集体讨论，发表看法，老师进行点评、引导。五是开展感恩教育，让山区学生学会感恩，回报社会。学校注重对学生的感恩教育，广泛开展社会公益活动，深入社区、敬老院、孤儿院等送去温暖，经常给资助企业写感谢信。一些受助学生大学毕业走上工作岗位后，又资助像他们当年一样贫困的孩子，感恩情怀和回报社会的优秀品质在六盘山高中

第二章 教育扶贫：让每个孩子都有人生出彩的机会

■ 六盘山高中学生课余党校党课专题讲座

代代相传。六是开设校本课程，让山区学生开阔视野。在调整、开齐、开足国家必修课程和选修课程的基础上，根据学校自身资源条件，针对学生个性特长和兴趣爱好，每学年都要开设30门左右的校本课程，内容涉及语言与文学、人文与社会、科学、技术、艺术、体育与健康和综合实践等新课程八大学习领域，覆盖面广，学生选修的积极性高。同时选送优秀学生赴国内外研学交流、开展社会实践调查等形式，全方位、多层次满足不同学生的需求，提高他们的综合素质。

（三）科学规划发展之路，促进学生全面发展

宁夏育才中学走过了"规范+合格""合格+提高""提高+特色"的科学发展之路，学校的中心工作——教学工作也是这样一步一个脚印、一阶段一种效果地创出了特色。一是开展教学改革，助推教学成绩稳步提升。学校紧跟时代步伐，大力促进信息技术和课堂教学的深度融合，在教师网上集体备课、翻转课堂教学、微视频辅助

教学、教师个人空间建设几个方面取得了显著成果。教师建立的网络个人空间，提供了丰富的学案、教学微视频、解疑释难微视频等学习辅助材料，供学生随时在线学习。各学科教师还尝试制作微视频，内容涉及重难点知识点、试题讲解、演示实验和校本课程等，为不同层次的学生提供丰富的学习辅助资源。学校先后在三个年级进行"云教学"实验探索，在"互联网+"时代背景下，将云教学平台和翻转课堂"完美嫁接"，改变了传统教学中师生"教"与"学"的形式，真正体现了"先学后教"的新课程理念，实现了"因材施教"。二是开辟德育教育新途径，促进学生全面发展。学校创新德育方式，以"第二父母行动"为载体开展"学生发展指导"、心理健康教育。学校参与了由华东师范大学科教合作研究中心等共同举办的"普通高中学生发展指导"课题研究工作，从生活、学业和生涯三方面开展"学生发展指导"教育活动。学生发展指导的实施，帮助育才中学的学生养成了文明的生活习惯、掌握了科学的学习方法，学会了对人生进行初步规划，从而提升了学生的幸福指数，促进学生健康成长。学校自建校伊始就实施"第二父母行动"，并将"第二父母行动"与学生发展指导有机地结合起来，在经济上帮助孩子、生活上照顾孩子、学习上指导孩子，服务学生、帮助学生、成就学生。在实施学生发展指导的同时，学校将德育教育课程化，组织学生参观博物馆、科技馆、生态绿博园等，开阔学生的眼界，增长学生的见识；每年举办田径运动会和趣味运动会，分学期举办"文化月"和"科学月"活动。邀请区内专家、本校教师为学生开展丰富多彩的系列讲座；从2012年起，每年举办"科学家进校园"活动，邀请国家老科学家科普演讲团的专家教授来学校开展为期三天共计36场讲座；开展"高雅艺术进校园"、校园文化艺术节等活动丰富校园文化生活。另外，学校每年都开展学生研究性学习成果汇报展示，学生的动手能力和自主学习能力有了明显提高。

（四）潜心育人，教育扶贫成果显著

建校以来，六盘山高中在宁夏南部山区九县区和川区移民"吊庄"共招收初中毕业生29 450名，2006年至2020年共有十五届23 510名学生毕业，有22 584名学生考入本科院校，其中13 885名学生考入一本大学，有39名学生考入北京大学和清华大学，高考本科升学率达到96%，一本大学升学率每年超过70%。宁夏六盘山高级中学每年毕业的学生基本实现了人人有大学上的梦想！

宁夏育才中学自2009年首次参加高考以来，高考上线率逐年提高，2020年报考总人数为2 307人，总分600分以上人数为10人。一本上线人数在2019年突破1 300人的基础上，2020年达到1 484人，一本上线率为64.33%。其中：理科上线人数为1 178人，一本上线率为67.86%；文科上线人数为306人，一本上线率为53.59%。学校本科上线人数为2 191人，上线率为94.97%。自建校至今，已有十二届共24 120名学生顺利完成高中学业，23 080名学生进入大学深造。大规模学校的办学效益显著，基本实现升学率大面积提高和优等生培养不断提升的双丰收。

自2003年建校以来，宁夏六盘山高级中学已为南部山区13 000余户农民家庭每家培养了一名大学生，为落实教育优先发展战略、促进宁夏基础教育均衡发展，提高宁夏南部山区人口素质、加快贫困地区经济社会发展、构建和谐社会、实施教育精准扶贫作出了重要贡献。目前，从宁夏六盘山高中毕业考入大学已经毕业的学生有16 000余名，80%回到宁夏，回到西海固地区，这些学生正在或即将改变他们的家庭、他们的家乡世代贫困的面貌，他们不但使自己的家庭实现了脱贫，还带动了当地经济社会发展。宁夏六盘山高中实现了"培养一名大学生、脱贫一个家庭，致富一个村庄，带动一个地区发展"的办学目标。学校先后获得全国三八红旗集体、全国教育系统先进集体、全国五一劳动奖状、全国民族团结进步模范集体和全国民族团结进步示范学校等荣誉称号。中央电视台、《人民教育》《中国教育报》《新华每日电讯》等新闻媒体曾报道过学校的办学情况，学校办学成绩和办学效益倍受社会各界的广泛关注。

宁夏育才中学24 000余名毕业生都通过知识改变了自己的命运，走上不同的人生道路。一个家庭往往因为出现一个大学生而摆脱困境，一个落后地区可能因为培养一批掌握科技知识的人才而改变面貌。育才中学为宁夏的教育扶贫事业作出了积极贡献。建校以来，学校获得了全国民族团结进步模范集体、全国教育系统先进集体、全国关心下一代工作先进集体、自治区"9·10"教育奖状、中国教育之声论坛暨卓越校长年度盛典2012年最具幸福感的学校称号、教育部全国中小学心理健康教育特色学校、教育部"普通高中学生发展指导项目"优秀学校、自治区校务公开工作达标单位、自治区三八红旗集体、自治区模范集体等荣誉称号。

三、经验总结

在新时代，宁夏六盘山高级中学、宁夏育才中学继续以习近平新时代中国特色社会主义思想为指导，坚持立德树人，培养德智体美劳全面发展的社会主义建设者和接班人，为乡村振兴作出新的更大的贡献。

一是科学制定学校规划。坚持认识找差距、工作找短板、措施找弱项、落实找问题、安全找盲点，全面总结"十三五"教育的成绩经验，突出前瞻性思考、全局性谋划、战略性布局，精准衔接宁夏教育现代化2035奋斗目标，科学制定学校发展规划，为开启全区教育现代化建设的新征程开好局、起好步。

二是持续做好学生资助工作。学校学生除免费接受高中教育外，每人每年还享受1 000元的自治区政府生活补助，另有40%的学生享受生均每年2 000元的国家助学金。同时学校还设立有中国教育发展基金会奖学金、宗初（未来）理科教师奖学金、劲牌阳光、联想基金会、新华百货奖学金和燕宝奖学金等多个学生资助项目。学校严格管理和发放各项资助，并安排专职人员负责，做到学生资助专人管理，各项资金精准发放。

三是坚持扶智和扶志相结合。除了在经济上扶贫以外，来自山区的学生更需要的是高质量的教育帮扶。学校积极响应习近平总书记扶贫不但要扶智更要扶志的要求，从科学文化方面开展深层次扶贫。始终秉承高素质下高质量的理念，在让所有山区学生的综合素质在三年的高中教育中得到提升的前提下，追求优异的教育教学成果，让所有来自贫困家庭的孩子在高中三年的成长过程中，思想得到启迪，眼界得到开阔，心灵得到净化，人格得到完善，学识得到提高，身心得到健康，让每一个学生得到充分发展。

四是不断提升教学质量。近年来，有数十名国家领导人莅临视察两所学校，全国各大新闻媒体广泛报道，成为全区甚至全国有名的学校。学校将秉承教学质量是学校的生命线的理念，不断提高育人质量，培养优秀人才，在扶贫教育、民族教育和优质教育等方面取得更加优异的成绩。

山东临沂：让沂蒙老区每一个孩子享受优质公平的教育

一、背景情况

临沂是山东省人口最多、面积最大的市，也是著名的革命老区。受经济基础和发展条件的限制，截至2016年初，全市共有省扶贫工作重点村1 155个，贫困人口51.7万人，被确立为全省两大深度贫困重点市之一。全市共有各级各类学校1 740处、在校生159.46万人，其中建档立卡贫困家庭学生为1.9万人，全市涉贫学校和贫困学生人数均居全省前列。当时全市教育发展困难重重，与城镇学校相比，农村尤其是贫困人口比较集中的贫困村学校（幼儿园）办学（园）条件比较薄弱，仍然存在"上学远、上学难"等问题，远远满足不了贫困群众适龄孩子上学（入园）的需求。另外，受家庭经济条件和传统思想等的影响，一些贫困户家庭子女早早辍学打工，丧失了继续接受教育的机会，全市教育扶贫任务十分艰巨。近年来，在市委市政府的坚强领导下，市教育局积极贯彻落实省教育厅教育脱贫攻坚决策部署，大力弘扬沂蒙精神，蹚出了一条从"有学上、不辍学"到"上好学、成人才"的脱贫攻坚新路子，承办了全省推进"全面改薄"工作现场会，作为临沂市唯一连续两年在全省教育扶贫推进会议上作典型发言的部门，被市委市政府授予"脱贫攻坚先进单位"荣誉称号，光明日报、中国教育报、大众日报、山东电视台等多家媒体报道了临沂教育扶贫的做法。

二、主要做法

（一）补短板，着力改善贫困地区办学条件

大力推进教育均衡发展，让每一个贫困地区的孩子都能平等地

享受优质的教育资源,不输在起跑线上。一是大手笔改造薄弱学校。在落实"全面改薄"原有规划的基础上,保障涉贫学校优先安排、优先施工。2014—2018年,全市扶贫工作重点村"全面改薄"规划共涉及351所学校1 431个项目。截至目前,所有规划项目已全部完成并投入使用。二是大投入建设贫困村幼儿园。积极创造条件,有效增加普惠性学前教育资源供给,为贫困村每一名适龄儿童提供就近接受公益普惠学前教育的机会。2015年以来,全市共规划建设贫困村幼儿园180处。截至目前,所有建设项目已全部完成,共投入资金2.5亿元,新增学位1.9万个。通过组织全市贫困村幼儿园与乡镇中心园开展结对帮扶,组织三期市级贫困村幼儿园园长和骨干教师培训等,不断提升贫困村幼儿园办园水平。王某是岸堤镇柳行岔村建档立卡贫困家庭幼儿,患有先天性肌无力症。父母要做工,村里原来又没有幼儿园,所以该幼儿一直没能入园。2017年,借助教育扶贫,村里建起了幼儿园,该幼儿终于能和其他小朋友一样上幼儿园了。三是大力度提升乡村教师队伍素质。2016年以来,临沂市完成了全市扶贫工作重点村学校校长、教师全员轮训任务,市级培训16 657人次,县区培训52 960人次。完成乡村薄弱学科培训约3 100人。实施公费师范生培养计划,为乡村学校补充"新鲜血液"。通过教师招考招聘农村中小学教师13 250余人。落实西部经济隆起带和三区人才支持计划教师专项计划,选派西部经济隆起带494人、三区人才支持计划教师专项计划994人,接收烟台、济南选派80人。接收2 720余名师范类大学实习生到临沂市农村学校支教。实施农村学校特级教师岗位计划,选聘144名优秀教师到农村学校特级教师岗位任教。推动校长教师交流轮岗,2016年以来临沂市共有1 200余名校长、13 480余名教师参与交流轮岗。四是信息化推动资源共享。推进"三通两平台"建设,有效运用信息化手段缩短城乡差距,提升扶贫工作重点村教育信息化水平。截至目前,所有扶贫工作重点村学校均实现了"网络宽带校校通",所有班级均能正常访问、使用临沂市智慧云平台等优质资源,实现了"优质资源班班通",所有学校实现了"网络学习空间人人通"。举办了两期市级贫困村学校校长和骨干教师教育信息化专题培训班,培训700余人次。五是大范围开展结对帮扶。积极引导城镇中小学与贫困村中小学开展结对帮扶、联建共建。重点做好教育教学帮扶、学校管理帮扶、教师发展帮扶和办学条件帮扶等工作,截至目前,共确定结对帮扶学校638对,贫困村学校帮扶覆盖率达100%。六是大力度推进济南—临沂教育扶贫协作。推进专业人才交流,组织190余名中小学骨干校长教师、幼儿园园长参加济南市举办的业务培训班,组织教育专业人员参加济南市举办的各类培训研讨,接收济南市教师到临沂支教,邀请济南市教育专家参与临沂有关工作。开展两市学校交流,共确立帮扶学校40对。加强教育信息化协作,推动两市优质教育资源共享。

蒙阴县云蒙湖生态区新建幼儿园

（二）兜底线，着力强化关爱就学政策保障

针对贫困家庭学生、留守儿童等特殊群体，实行重点关爱，严格落实教育扶贫政策，确保每个孩子有学上、不辍学。一是精准资助，确保政策覆盖一个不漏。对山东省建档立卡信息管理系统内的学生进行核实，对照扶贫部门提供的教育适龄建档立卡人员名单，分类筛查、入户核查，精准定位每一位建档立卡学生。对建档立卡学生按规定和标准落实从学前到高校各学段各项资助、减免政策，确保应助尽助、资助全覆盖。2016年至今共计发放建档立卡学生资助资金9 245万元，惠及约8.7万人次。县区和学校还为建档立卡学生免除校服费、开展"送温暖"活动、免费提供新冠肺炎疫情期间在线学习流量设备，个别县区和学校还通过免除校车费、免除午餐费等多种方式对建档立卡学生进行资助。此外，临沂市广泛发动社会力量参与捐资助学，对建档立卡学生进行重点资助。陈某是郯城县庙山镇邵庄村一名学生，从小父亲去世，母亲离家出走，姐弟三人跟年老的奶奶一起生活，家庭十分困难。学校在了解其情况后，对姐弟三人进行了资助，按规定和标准落实了各项教育资助政策，还利用"爱心一日捐"资金、免除早餐、午餐、学习资料费等对其进行资助，学校老师关怀和帮助他们的学习生活，解除了姐弟三人的后顾之忧，让他们得以安心上学。二是控辍保学，确保上学路上一个不少。《临沂市义务教育保障工作实施方案》等文件制定印发，将义务教育控辍保学工作纳入对各县区人民政府履行教育职责评价体系和群众教育满意度调查范围，压实各县区责任。建立在校学生入学登记台账，规范学籍管理，重点加强对贫困、留守、残疾儿童等特殊群体的流动情况监测。对适龄残疾儿童采取特殊教育、随班就读、送教上门等措施，保障其接受义务教育。与公安、残联、民政部门建立定期数据比对核查机制，并将核查比对结果及时反馈县区、学校，落实每一名建档立卡贫困学生接受教育情况，对不

在籍或在籍不在校的适龄儿童进行追踪,并按照"一人一案"的原则进行妥善安置。2020年以来,先后组织控辍保学摸排4次,保障了每一名适龄儿童接受义务教育的权利,切实兜住了"义务教育有保障"工作底线。三是倾情关爱,确保留守儿童一个不缺。临沂市的省扶贫工作重点村学校已建成留守儿童关爱室638处,完成率达100%。创新完善农村学校留守儿童关爱室建设管理,在全省率先出台《农村学校留守儿童关爱室建设管理办法》,对留守儿童关爱室的室内外环境、设施配备、人员配备等做出明确要求。各学校建立了贫困村留守儿童信息台账,以动员组织社会力量关爱留守儿童为重点,广泛开展留守儿童关爱活动,学习上优先辅导、生活上优先照顾、活动上优先安排、心理上优先疏导。

(三)重长远,着力推动贫困学生家庭增智就业脱贫

突出教育扶贫的"造血"功能,通过帮助贫困家庭学生接受中高等教育,增强贫困家庭自我发展能力,助推贫困家庭脱贫。一是实施招生扶贫,拓宽贫困学生成才通道。做好面向农村及贫困地区学生专项录取、面向建档立卡贫困家庭学生的高考专项录取招生工作。2016—2020年,完成重点高校专项计划审核6 973人,地方专项计划审核10 751人,高职专项计划审核340人。二是实施职业教育扶贫,推动贫困家庭学生增智就业脱贫。各县区以初中毕业年级贫困户子女为重点,加强招生宣传,选择办学条件完善、教学质量好、就业面广、就业率和就业质量高的中等职业学校实施"定向招生、订单培养、精准脱贫",2016—2019年,全市中等职业学校共招收建档立卡贫困家庭学生1 604人。深化就学就业精准帮扶,各中等职业学校建立贫困家庭学生就学就业档案,对其学习生活、就业创业全程跟踪、全程指导。目前,全市中等职业学校建档立卡毕业生就业率为100%。三是开展职业技能培训,提升贫困人口就业能力。依托各类职业院校、县乡村三级社区教育网络,面向农村新成长劳动力

和拟转移到非农产业务工经商的农村劳动者，开展专项技能或初级技能培训、就业技能培训等各类培训，2016年以来累计培训13万余人次。

三、经验总结

通过几年来实施教育扶贫工作，全市贫困村学校、幼儿园办学条件得到了全面改善，对建档立卡贫困家庭学生实现了资助全覆盖，九年义务教育得到了进一步巩固，教育总体发展水平得到了显著提升，教育服务区域经济社会发展和脱贫攻坚的能力得到了显著增强，为全市打赢脱贫攻坚战作出了积极贡献。回顾脱贫攻坚以来教育扶贫工作，可以概括出以下几点经验。

一是坚持精准扶贫精准脱贫战略。以扶贫工作重点村薄弱学校、幼儿园为主攻方向，以建档立卡贫困家庭学龄人口为主要对象，向贫困对象精准发力，推动贫困村办学条件明显改善，贫困村孩子享受优质公平的教育资源。保障贫困家庭适龄人口受教育和成长成才的机会，推动贫困家庭脱贫，阻断贫困代际传递。

二是突出教育扶贫"造血"功能。发挥教育扶贫的"扶智"和"扶志"功能，通过帮助贫困家庭子女顺利完成学业和实现就业创业，带动贫困人口素质的提升，激发贫困家庭自主脱贫内生动力。

三是强化工作任务落实。攻坚伊始，市县教育部门科学制定教育脱贫攻坚专项工作方案，搭建起了组织架构。工作过程中，适时组织召开教育扶贫工作会议、开展专项行动和工作监督检查，推动教育扶贫政策精准落实落地。通过发放《临沂教育精准扶贫服务项目汇编》、"一封信"等方式加强宣传和提升政策知晓率。

下一步，临沂市将按照省市工作部署，立足教育职能，积极推进脱贫攻坚长效机制建设。持续强化义务教育控辍保学工作，建立完善控辍保学长效机制，通过实施义务教育入学通知书制度、完善控辍保学动态监测制度、健全失学辍学联合劝返机制、依法建立强制入学制度等，推动控辍保学工作常态化、规范化开展。聚焦相对贫困群体，继续精准落实贫困家庭学生资助政策，督促各县区严格落实学生资助标准要求，做好贫困家庭学生认定、助学金申请、发放等各项工作，强化资助政策宣传，确保贫困家庭学生按规定和标准享受各学段资助政策，实现精准资助、应助尽助，持续巩固教育脱贫攻坚成果。

山西垣曲：立德扶志拔穷根 启智授技促脱贫

一、背景情况

垣曲县位于山西省南端，运城市东北隅，是中条山腹地的一个革命老区县、小浪底水库重点淹没县。2016年，全县共有109个贫困村，家庭经济困难学生4 302人，其中建档立卡学生1 020人。全县共有普通高中三所（两所公办，一所民办），在校生4 752人。近年来，垣曲县教育科技局高度重视教育扶贫工作，深入贯彻落实中央、省、市、县脱贫攻坚工作安排部署，始终把教育扶贫作为阻断贫困代际传递的治本之策，坚持"扶贫先扶智、扶智先强教"的理念，精准对接县域教育发展现状和贫困人口实际，特别是教育薄弱领域和教育弱势群体，立足教育科技工作实际，服务脱贫攻坚工作大局，充分发挥教育扶贫在脱贫攻坚工作中的基础性、先导性、根本性作用，以"项目建设、控辍保学、学生资助、师资建设、教育改革、技能培训"六个方面为发力点，强化教育科技扶贫政策落实，为遏制贫困代际传递、打赢打好脱贫攻坚战提供了坚强保障，为全县决战决胜脱贫攻坚贡献智慧和力量。目前，全县义务教育阶段适龄少年儿童入学率为100%，小学阶段巩固率为100%，初中阶段巩固率为99.7%，三类残疾儿童入学率达到97.44%，学前三年毛入园率为99.84%。

二、主要做法

治穷先治愚，扶贫必扶智。近年来，垣曲县坚持把教育扶贫作为摆脱贫困的治本之策，充分发挥其基础性、根本性、先导性、可持续性作用。

(一)抓项目建设,建好教育脱贫"主阵地"

按照国家脱贫"两不愁三保障"要求,教育系统承担着贫困学生从有学上到上好学、享受优质教育资源的重任。面对贫困家庭望子成才和阻断贫困代际传递的期盼,垣曲县紧盯"义务教育有保障"目标,不断加大投入力度,依托项目建设,积极改善学校办学条件,扩大优质教育资源覆盖面,累计投入超过16亿余元,建设"城南、城西、城北"学府苑,不断缩小城乡教育资源设施差距。以实施"全面改薄"工作为契机,投入6 114万元,农村义务教育学校办学条件得到彻底改善,教学环境发生极大变化。以实施学前教育三年行动计划为抓手,不断加大公办幼儿园建设力度,扩大学前教育优质资源,投入1 400余万元,完成全县11个乡镇14所乡镇中心园、6所村级幼儿园和15个幼儿附设班改扩建任务,公办幼儿园基本实现全覆盖。投资8 000余万元,完成城东小学、城东幼儿园和城北幼儿园建设项目,有效解决了进城务工人员子女和易地扶贫搬迁集中安置户子女就近入学问题。进一步优化学校布局结构,实施第二轮撤点并校,共撤并初中、小学、幼儿园33所,有效整合了全县教育资源,提高了学校办学效益,让每一位贫困学子有学上,上好学。

(二)抓控辍保学,筑牢教育扶贫"防火墙"

认真落实《垣曲县进一步加强义务教育阶段控辍保学工作实施方案》和《垣曲县中小学招生工作实施意见》,制定出台《垣曲县教育科技局进一步加强义务教育阶段控辍保学工作实施办法》,进一步加强领导,明确职责,强化措施,做好进城务工人员随迁子女就学工作,依法保障适龄儿童少年平等接受义务教育的权利。认真开展建档立卡贫困家庭义务教育阶段适龄儿童少年未入校就读和已就读学生辍学现象排查工作,对疑似失学儿童数据、建档立卡无学籍人员以及建档立卡与学籍系统姓名不一致的贫困教育人口数据进行核查比对,确保全县义务教育阶段建档立卡贫困家庭适龄儿童少年无因贫失学辍学现象;扎实做好初中阶段辍学学生劝返工作,对辍学学生和随班就读残疾儿童建立"一人一案",对无法到校就读的义务教育阶段重度残疾儿童少年建立学籍并开展送教上门服务,确保全县义务阶段学生无一人失学、无一人辍学,建档立卡贫困学生入学率、巩固率达到100%。

(三)抓学生资助,送去扶贫助学"及时雨"

把精准资助作为教育脱贫的生命线,按照"贫困资助一个都不能少"的要求,全面落实贫困生资助政策,不断健全完善资助体系,修订完善《垣曲县贫困生资助管理办法》,实现建档立卡户学生享受教育资助全覆盖。加强受资助学生信息库建设,完善2015年秋至2020年春各学段享受资助学生信息库建设。向各乡镇、各行政村和所有学生发放《垣曲县学生资助政策明白卡》3万余份,提高群众对教育资助政策的知晓率。严格落实幼儿资助、义务教育寄宿生生活补助、高中助学金、高中免学费、中职助学金发放工作,确保各类贫困学生应助尽助。认真办理大学生生源地信用助学贷款,全力资助家庭经济困难的大学新生。加强"异地就读建档立卡学生未及时享受教育扶贫政策"的整改落实,制定了《垣曲县教育科技局关于异地就学的贫困户不能及时享受教育扶贫政策的整改方案》,组织相关责任股室对义务教育阶段异地就读的贫困学生进行全面摸排,积极与其就读所在地教育主管部门取得联系,发查询函,对全县在异地就学未享受资助的57名贫困学生落实补助,对非垣曲户籍在垣曲就读的未享受资助的13名贫困学生由所在学校落实补助,确保异地就学的贫困家庭学生享受教育资助全覆盖。全县无一名学生因贫困而失学。

(四)抓师资建设,夯实教育脱贫"奠基石"

教师是教育脱贫的关键,垣曲县教科局坚持以建设一支高素质专业化的教师队伍为目标,不断加强教师队伍建设。坚持有编就补,不断完善教师队伍补充机制，2016年以来，通过公开招考、特岗教师计划、"三支一扶"、政府购买服务、引进高中硕士研究生教师和免费师范生等多种渠道，累计招聘教师787人，使教师的学历结构、学科结构和年龄结构等得到了整体优化。坚持师德为先，进一步加强教师队伍师德师风建设，组织广大教师认真学习《新时代教师职业行为十项准则》，开展有偿补课和乱发教辅资料专项整治，广大教师的职业理想进一步坚定、师德素养进一步提升。坚持师能为重，切实加强教师培训工作，认真落实"国培计划""省培计划""市培计划"，组织教师积极参与乡村中小学骨干教师能力提升培训、中小学幼儿园教师全员培训、运城市中小学乡村教师高级研修班，集中培训3 587人次，骨干教师专项培训990人次，校长专项培训300人次，中小学幼儿教师信息技术应用能力远程培训3 948人次；坚持"请进来，走出去"，积极与高端教师培训平台合作，2015—2017年，投资1 000余万元，与北京师范大学合作，实施垣曲县基础教育质量整体提升工程，全县3 000余名教师受益，校长教育领导力显著提升，教师的理论素养和专业能力明显增强，学校特色建设初见成效；2019年，再次投入600余万元，启动实施垣曲县中小学教师能力提升项目，推进青年教师快速成长、中年教师素养再提升、优秀教育后备人才培养，全县教师队伍整体素质和专业水平不断提升。

（五）抓教育改革，安装教育脱贫"助推器"

深入推进县域内城乡义务教育一体化发展，大力实施办学模式改革，采取"强校+弱校""名校+新校""城校+农校"等形式，打通城乡教育壁垒，在城区内成立3个小学教育集团，组建5个覆盖全县义务教育阶段学校的发展共同体，促进优质教育资源向乡村小规模学校和乡镇寄宿制学校流动，确保农村学生在家门口接受与城里学生一样的优质教育。深化"县管校聘"管理改革，2019年，垣曲县以运城市"县管校聘"管理改革试点县为契机，敢破敢立，动真碰硬，不仅建立了"编制总量控制、岗位按需设置、人员统筹使用、学校自主用人"的管理机制,将"学校人"变为"系统人",扫除了教师交流轮岗的体制机制障碍,探索实行教师实际职称岗位等级与档案职称岗位等级并行的办法,打破教师职称岗位等级终身制,彻底解决了"干多干少、干好干坏、干与不干一个样"的问题,极大地激发了教师的工作积极性,为全市教师队伍管理体制改革提供了"垣曲样本"。2020年暑假,又启动实施"县管校聘"2.0版,特别是在教师全员聘任中,以3所县直属初中为试点,将3所学校的所有教职工以学科专任教师、教辅人员、后勤人员进行分类,以年度考核结果、业务考试成绩进行优化组合,真正实现了3所学校教师均衡配置,形成县直3所初中并驾齐驱的办学格局。为了进一步健全完善教师科学规范合理的流动机制,垣曲县还实施了城区学校短缺教师公开选调制,严格审核,公平竞争,择优聘用,充分激发了教师队伍活力。以学校为主体,建立教职工与留守儿童结对帮扶制度,对家庭困难的留守儿童实行精准帮扶;建立"留守儿童之家",健全"三结合"关爱体系,形成共同关爱留守儿童的工作合力;建立留守儿童专项档案,做好留守儿童的成长记录,实现"一人一档",建档率达100%;开通亲情电话,设立专线,为在外打工的父母和孩子架起了一道连心桥。认真组织开展"暖心广播"(住宿生睡前故事)、"暖心房"(留守儿童集体生日)、"暖心一对一精准帮扶"活动,确保农村留守儿童特别是建档立卡户留守儿童不因贫困、学困和身体等因素受到歧视,不发生辍学情况。

(六)抓技能培训,修建扶志授技"快车道"

扶贫先扶志,授技先立德。垣曲县教科局坚持把职业技能培训作为助力脱贫攻坚的重点工作之一,按照围绕产业、围绕就业、围绕创业、围绕市场的工作思路,以新型职业农民培训和"全民技能提升工程"为抓手,采取强力措施,积极开展精准扶贫职业技能培训工作,实现了从"输血"向"造血"扶持方式的转变。在培训过程中,坚持

■ 开展农民教育培训

把德孝文化、勤俭持家、家庭致富、卫生健康等方面的内容渗透到课堂中去，使广大贫困群众克服自卑心理，增强致富信心，培养自我造血能力。县职业中学积极发挥资源优势，为已毕业的建档立卡户学生和家长联系江苏、浙江等企业就业，月均收入达3 500元以上，实现"一人就业，全家脱贫"。

三、经验总结

（一）教育扶贫是拔掉穷根的根本出路

习近平总书记多次强调，没有贫困地区的小康，没有贫困人口的脱贫，就没有全面建成小康社会。到2020年全面建成小康社会，最突出的短板在贫困地区，而教育发展的滞后、受教育程度偏低是老少边穷地区贫困的主要症结之一。由于没有文化、没有技术，劳动者普遍存在着"打工没技术，创业没思路，务农没出路"的状况。要补上贫困地区的短板，让贫困地区的孩子接受良好教育，掌握一技之长，是拔掉穷根、阻断贫困代际传递的重要途径。

（二）教育扶贫是补齐教育短板的重要机遇

教育扶贫既是国家意志的强力推动，也是源自垣曲教育自身发展的迫切需要。贫困地区的孩子普遍缺乏优质教育资源，贫困村所在地的学校办学条件差，教师数量不足，年龄偏大，学科结构失衡，有的甚至不能开齐开足课程。要借教育精准扶贫的东风，迅速补齐上述短板，让广大贫困地区的孩子和城区的孩子站在同一起跑线上，充分发挥教育在促进扶贫、防止返贫方面的基础性、先导性、根本性作用。

四川蓬安：巨龙镇龙云小学校精准帮扶全面控辍保学

一、背景情况

蓬安县巨龙镇龙云小学校是一所农村九年一贯制学校，现有教职工35人、学生240人。在学校党支部的带领下，全体教职工以助力攻坚为"切入点"，以精准帮扶为"着力点"，以夯实作风为"支撑点"，精准摸排数据，倾心帮扶解难，全面控辍保学，共结对帮扶贫困户69户、156人，困难学生60人，全面保障辖区内1 021名适龄儿童少年无因贫失学、家庭无因学返贫。在2019年7月国家脱贫攻坚普查和2020年10月省级成效考核中，该校教育扶贫工作全面达标、受到好评。学校先后被评为县级"六好关工委先进集体""关心下一代工作先进集体"，相关工作受到省、市关工委的肯定，省教育厅《关爱明天》杂志以《爱，温暖的阳光》为题进行了综合报道。12月获评蓬安县事业单位脱贫攻坚集体专项奖、南充市扶贫助学工作先进集体。学校党支部书记、校长的教育扶贫故事先后被"学习强国""四川在线"和《南充日报》等报道，并被县委、县人民政府评为"脱贫攻坚先进个人"。

二、主要措施及成效

（一）健全机制，夯实教育扶贫责任

一是校长负责制。坚持一把手挂帅，天天电话查访、周周现场随访、月月督查督办。2016年春季学期以来，该校校长主动联系村"两委"组织召开村组专题协调会17次。二是过程把关制。由分管领导定期组织召开教育扶贫专题会议，不定时对结对帮扶的69户贫困户进行巡查，实地收集问题，落实整改措施。三是问题销号制。实行"一个

风险点、一个专人、一套方案、一揽子措施"的机制,坚持定期会商,问题整改实行"网格化"销号管理。2020年度,该校收集教育扶贫专项问题31条,"点对点"整改销号31条。四是双向合作制。帮扶责任教师与被帮扶户签订双向承诺。教师承诺真心帮、用情扶,贫困户承诺脱真贫、懂感恩,确保真扶贫、扶真贫。

(二)创新举措,抓细惠民政策宣传

一是走村入户宣传。2019年,先后5次组织全体教职员工走村入户,与贫困群众面对面进行宣传1 356人次,发放、张贴《蓬安县教育资助政策一览表》713份,消除了宣传死角和盲点,提高了政策知晓率。二是师生结对宣传。每名教师结对联系6~8名学生,利用放学、家访等时机向学生宣讲教育扶贫政策,并鼓励学生向家长转述宣传内容。三是依托媒介宣传。依托班级QQ群、家长微信群、乡友群推送教育扶贫信息150余条,利用学校少先队广播站和村二级广播宣传教育扶贫政策200余次。四是借助活动宣传。该校把枯燥呆板的宣传内容改编成歌谣、顺口溜、三句半、相声等易于记忆和传播的艺术形式,在校园文艺演出中宣传,增强了宣传的实效性。

■ 蓬安县巨龙镇龙云小学校资助政策宣传

（三）拓展路径，核准贫困学生信息

一是签订任务书。在数据摸排和教育资助中，学校制订了《各村适龄儿童少年、残疾学生、建档立卡户学生精准核实与应助尽助工作方案》，与党员干部和教职工分别签订了目标任务书，实行班子成员包村组、教职员工包户头，开展"一对一""多对一"核查机制。二是寄发告知函。龙云镇辖区内有30名建档立卡贫困学生在县外就读，每年春秋两季，该镇都要向其就读学校寄发《蓬安县建档立卡贫困户家庭学生证明》，告知对方学校其建档立卡身份，提请协助落实学生资助救助政策。截至2020年底，累计向全国30余所学校寄送《蓬安县建档立卡贫困户家庭学生证明》150余件，累计落实资助金额20余万元，实现了教育资助无遗漏。三是打通关节点。为摸清辖区内适龄儿童少年家底，学校每年秋季开学后都要组织老师进村入户，逐一核实核对适龄儿童少年信息，同时，还积极与民政、残联、医保、社保等部门对接，打通了行业壁垒，实现了数据共享。四是建好数据库。为确保数据精准，学校每年秋季都要对辖区内适龄儿童少年进行摸排，线上线下建立完善3~6周岁、6~15周岁适龄儿童少年台账。

（四）精准方略，筑牢控辍保学屏障

一是资助对象一个不漏。在核准贫困生类别和程度的基础上，学校不仅全面落实了国家资助政策，还主动争取和自筹资金10余万元开展本级资助，扩大资助面，确保了应助尽助。同时实行资助金"打卡直发"，定期开展"大清查""回头看"，杜绝了漏助、错助和资助不到位的现象。二是上学路上一个不少。全面落实控辍保学责任，辖区义务教育入学率达100%、巩固率达100%，建档立卡贫困学生辍学率为零。全面实施特殊学生关爱行动，每月为重度智残生何某、唐某送教上门不少于一次，定期对随班就读的3名残疾生进行物资资助和励志教育。在学校的关爱与教育下，该校初中毕业的残疾生王阳先如今

已成为四川残疾人运动队队员，2018年和队友摘得全国残运会网球项目四肢瘫男女混合双打冠军。三是扶智扶志一个不落。学校坚持全员关注全面发展育人理念，对家困生、学困生实行"六个一"帮扶行动，对留守学生开展"五必访"家校共育（留守学生情绪出现异常变化必访、身体有重大疾病必访、家庭出现重大变故必访、行为出现重大错误必访、学习成绩大幅下滑必访），优化"四个一"成长环境（一个阵地、一部亲情电话、一个书柜、一些活动），建立"三注重三强化"工作常态（注重责任落实，强化教育实效；注重行为管理，强化习惯养成；注重课堂内外，强化素质提升），指导办好李家坪村、柳树垭村"留守学生之家"，助力柳树垭村"留守儿童之家"被南充市关工委评为2020年"优秀留守儿童之家"，动员柳树垭村退伍转业军人唐晓明为2018级学生何某每学期资助人民币1 000元，编导留守学生题材舞蹈《我们的记忆》参加市县中小学生艺术节展演获一等奖。四是经济负担一个不加。高标准全覆盖实施学生营养改善计划，为贫困生提供全免费午餐。在落实国家资助基础上，为贫困家庭子女代购保险、教辅等，确保上学"零负担"。

三、经验总结

（一）党建引领才能聚合力

一名党员一盏灯，一个支部一面旗，党建引领是教育脱贫落到实处的关键。龙云小学校把教育脱贫融入支部党建的方方面面，把扶贫分工纳入党建责任体系，把帮扶效果纳入党建考核指标，把扶贫作风纳入党风廉政建设的重要内容，确保了扶贫路上全校上下一条心、工作安排一盘棋、人人拧成一股绳。

（二）用心用情才能得民心

脚下有多少泥土，心中才有多少真情。困难群众在心中的位置有多高，扶贫的力度和成效就会有多大。只有坚持以人民为中心，才能把自己的一切尽可能地奉献给人民。龙云小学校结合师德师风建设、师生思想政治教育等载体，开展了与帮扶对象一起下厨房、下田间、结亲戚和"扶贫日"捐资捐物献爱心活动，引导全体党员干部和教职工在奉献中坚守初心、诠释情怀，赢得了广泛认可。

（三）苦干实干才能见实效

脱贫攻坚走不了捷径，唯有一步一个脚印，才能丈量出老百姓的幸福路。龙云小学校全体教职员工正是认准了这个理，数年如一日，在统筹好教育教学本职工作的同时，坚持"5+2""白+黑""晴+雨""苦干+实干"，出色地履行了教书育人、致力扶贫的双重担当，为教育撑开千把伞，为脱贫擎起一片天。

河北阜平：坚持"发展职教、志在富民"探索职业教育兴县富民新模式

一、基本情况

阜平县地处河北省西部，辖6镇7乡，209个行政村，1 208个自然村，人口23.04万人，是集太行深山区、革命老区、贫困地区于一体的"三区合一"县。1994年国家"八七扶贫攻坚计划"实施以来，阜平县委、县政府始终坚持把教育事业放在优先发展的突出位置，同年11月，在时任中国扶贫基金会会长大力支持下，阜平县职业技术教育中心正式组建，并确定了"发展职教、志在富民"的办学宗旨，开启了职业教育助力全县扶贫事业的新篇章。2014年建档立卡时全县209个行政村中有164个贫困村，占78.5%；建档立卡贫困人口44 415户、108 121人，贫困发生率为54.4%。2012年底，习近平总书记在阜平考察扶贫开发工作时强调，"治贫先治愚。要把下一代的教育工作做好，特别是要注重山区贫困地区下一代的成长"。在中央、省、市各级领导和社会各界的倾力支持下，阜平县委、县政府更加坚定发展职教、强县富民决心，坚持"立足'活'字办职教、围绕'富'字促脱贫"，优化机制、创新模式，推动职教扶贫工作实现了新跨越。2020年2月29日，河北省政府正式宣布阜平退出贫困县序列。习近平总书记寄予的"让乡亲们过上好日子"的殷切嘱托正在变为生动现实。

二、主要做法

(一)充分发挥企业就业脱贫主渠道作用,产教融合,定向就业,实现培养一人、就业一人、脱贫一家

产教融合、校企合作是职业教育基本办学模式,也是实施职教扶贫的主要平台。2013年以来,在国家机关事务管理局的大力支持下,中国一汽、上汽集团、长安汽车、比亚迪、北汽集团、北京物业管理行业协会等32家企业和行业单位,与县职教中心合作创建了阜平梦翔汽车培训基地、梦翔楼宇智能化实训基地、京东仓储物流中心等企业定向培养基地,优先招收贫困家庭学生。合作企业定期提供岗位需求和标准,提供足量实训设备,设立奖学奖教金,选派技术骨干参与课程改革和教学,企校双主体育人,保障了毕业生的高质量稳定就业,得到了各级领导和广大群众的充分肯定。阜平县槐树庄村村民刘某2012年初中毕业后,未升入普通高中,2013年因家庭贫困随邻村建筑队到北京工地做小工,收入微薄。2015年刘某的弟弟在职教中心学习后,顺利进入南京上汽乘用车公司就业,年收入达5万元以上。刘某得悉后,在父母的支持下,2017年春季入学阜平职教中心汽车专业学习。他逢人常说,一定好好学习,像弟弟一样撑起全家的"致富梦""小康梦"。

县职教中心建校25年来,累计向社会输送技能型人才24 000多人。学校先后被评为国家级重点职业学校、国家首批中等职业教育改革发展示范学校、全国职业教育先进集体、全国教育系统先进单位。据调查统计,职教中心毕业生年收入稳定在20万元以上的有1 120人,年收入稳定在10万~20万元的有4 760人,带动了全县5 017户家庭走出贫困。职教中心毕业生中涌现出一批就业创业明星。自主创业的"小老板"达487人,其中返乡创业的已有298人。2002级汽车专业学生谢英杰的骏达汽贸城、2003级计算机专业学生徐少鹏的华硕电脑等,均成了县内本行业的领军企业;2011级酒店专业张乐乐、2013级汽车专业韩铎等763名毕业生已走上了经理、店长、主管等企业管理岗位。

2014年、2016年学校两次成为燕太片区扶贫攻坚现场会和全国扶贫攻坚现场会分会场。新华社、人民日报社还把阜平职教中心依靠企业帮助贫困家庭孩子靠技术脱贫的做法写成了内参。

（二）充分发挥职业教育主阵地作用，创新模式，灵活办学，实现学一门实用技术带动一家致富

县职教中心作为落实职教扶贫战略的主阵地，建立了"融入区域、对接产业、服务企业、动态调整"的灵活办学机制，实现"四个聚焦"，有效助力全县脱贫攻坚。一是聚焦转移就业促脱贫。瞄准京津冀及东部地区汽车制造产业蓬勃发展、人才需求旺盛的趋势，做大做强汽车专业，实现年招生突破500人，办学规模位居全省前列；瞄准阜平及其周边区域农村电商产业发展迅猛的趋势，新设电子商务专业，适销对路的专业带动大批贫困人口实现就业脱贫。万旭婷是一名家境贫寒的农村女孩，2002年进入阜平职教中心饭店服务与管理专业学习，并以优异成绩被推荐为锦江集团北京福建大厦员工。她凭着精湛的技能和恪尽职守、勤奋刻苦、诚实肯干的品质，在短短几个月，逐渐从中餐厅调到西餐厅，从大堂调到包房，不到一年时间因工作突出，被提升为领班。她一边工作一边自学，考取了大专文凭，成为福建大厦餐饮部经理助理。二是聚焦服务县域产业促脱贫。围绕阜平县内现代食用菌、高效林果、中药材、规模养殖、家庭手工业、生态旅游等六大产业发展需求，整合县内扶贫、农业各类培训资金，集中捆绑使用，发挥职业教育师资、技术优势，灵活采用"职教+企业""职教+合作社""职教+村委"等培训模式、创新"微信+"学习服务模式，坚持把课堂搬到蘑菇大棚、养殖基地、手工业厂房，把技术送到田间地头、锅台炕头。2015年以来累计完成7.2万人、216万人次的农村实用技术培训工作，其中建档立卡学员4.3万人，受训学员均在当地就近就业，年均增收10 000元以上，5 300余人成为当地企业骨干和致富带头人，实现了农民增收致富，促进了县域经济发展。

(三)充分发扬不服输、乐奉献的阜平职教精神,扶贫先扶志,引领贫困家庭坚定致富信念、实现光荣脱贫

只要有信心,黄土变成金。阜平职业教育起源于规模较小的农技中专,创建于原前进机械厂(三线厂)的废墟上,发轫于"发展职教、志在富民"的坚定信念中。25年来,阜平职业教育从无到有,从小到大、从弱到强,培育出"艰苦奋斗、团结奉献、勇于创新、敢于胜利"不服输的职教精神。

扶贫先扶志。阜平职业教育几十年如一日,坚持把老区精神、职教精神、工匠精神、劳模精神渗透到教育教学的每一个环节,沁入到每一个贫困孩子的心田。开辟第二课堂,开设业余团校,设立励志课堂,广泛开展"大国工匠"进校园、企业文化进校园、假期社会实践、校园技能大赛等活动,引领学生树立"技能宝贵、劳动光荣"的信念,小手拉大手,帮助家长坚定靠劳动实现脱贫信心,摒弃"等靠要"思想,实现"教育一人,带动一户、影响一片"的扶志目标。同时利用送课下乡、送教上门,深入贫困农民家庭,培树脱贫信心,共谋致富门路,提供技术帮扶。天生桥镇栗元铺村民孙某通过食用菌技术培训,抛弃了过去"想致富、没信心、等等看"的老思想,贷款承包当地大棚种植香菇,2016年当年就增收了4万多元,并带动周边十几户农民靠香菇种植彻底告别贫困。

三、经验启示

(一)充分发挥政府主导作用,建立职业教育政府统筹发展机制,科学构建县乡村三级职教扶贫网络

2005年全国职教会召开以来,阜平县委、县政府高度重视职业教育,全面落实优先保障投入、优先安排规划、优先落实待遇、优先引进人才的"四个优先"。成立县委书记任组长,县长任常务副组长,

县委、政府、人大、政协四大班子主管领导任副组长,教育、农业、林业、科技等二十多个科局主要负责人为成员的职业教育发展领导小组。建立领导小组定期议事制度,明确相关部门促进和保障职业教育及其扶贫发展的职责,对职业学校改革发展及涉农培养培训给予政策倾斜,共同完成面向县域新生劳动力和城乡劳动者的职业教育和技能培训工作。

县长一直担任职教中心校长,国家机关事务管理局挂职干部任职教中心副校长,将职业教育发展列入政府重要议事日程,每年至少召开一次专题会议,研究解决职业教育改革发展、职教扶贫中重大问题并取得显著成效,每年至少深入基层单位两次,督导检查职业教育及其扶贫工作。

2000年,按照县委、县政府的统一部署,职教中心统揽全县各级各类培训工作,教育局全面整合教育资源,将各乡镇成人学校划归职教中心统一管理,人员编制纳入职教中心序列。同时在各乡镇初中加挂职教中心分校校牌。"流动课堂"定期深入各村田间地头,送课上门、送教下乡,形成了"覆盖全县、校点结合"的县乡村三级职教扶贫网络。

(二)充分发挥县职教中心示范带动作用,辐射带动区域脱贫

2013年在国家机关事务管理局的协调支持下,组建了以阜平为核心、涵盖燕太片区11个贫困县的"9+2"职业教育协作区;2017年底在总结"9+2"职业教育协作区经验的基础上,又成立了以阜平职教中心为核心示范校、覆盖燕山—太行山集中特困地区所有县的北京·燕太片区职业教育扶贫协作区。依托梦翔汽车培训基地,共享优质资源,有力促进连片贫困地区脱贫。截至目前,阜平梦翔汽车培训基地面向阜平及协作区招录学生4 355人,就业人数达2 454人,实习人数达240人。打造了学生"未毕业、已就业"的"无缝就业模式";学生实习就业年收入可达4万~5万元,真正做到了"培养一人,就业一个,脱贫一家"的职业教育扶贫目标。

(三)构建起纵向贯通、横向融通的现代职业教育体系,加快培养服务区域发展的高素质技术技能人才

当前,职业教育弱势地位明显,职校生多为"贫困生""学困生","愿升学""升学难"矛盾突出。阜平职业教育抢抓国家加快构建现代职业教育体系的机遇,在夯实中职教育的基础上,探索实施中职与高职"3+2"、中职与普通本科"3+4"贯通培养模式;探索实施职业教育与普通教育融通发展模式;探索借壳办学、设立高职院校阜平校区办学模式,全力打通中职学生接受更高等教育的"绿色快车道",保障职业教育在"后脱贫时代"持续发力。

职业教育特别是农村职业教育要坚持以习近平新时代中国特色社会主义思想为指导,全面贯彻党的十九大和十九届二中、三中、四中、五中全会精神,以习近平总书记视察阜平重要指示为根本遵循,准确认识和把握"两个大局",着力固根基、扬优势、补短板、强弱项,深化改革,激发活力,整体提升办学水平,提高人才培养质量和就业质量,主动服务以国内大循环为主体、国内国际双循环相互促进的新发展格局,实现创新驱动、融合协调、开放共享的"类型式"发展,为巩固脱贫成效、实现乡村振兴提供优质人才资源支撑。

四川射洪："志智双扶"阻断贫困代际传递

一、背景情况

射洪市现有基础教育学校251所，其中建制幼儿园33所、完全小学60所、单设初中15所、九年一贯制学校22所、完全中学4所、国家级示范职业高中1所、特殊教育学校1所、教师培训学校1所。2014年，射洪市入选首批国家义务教育均衡发展示范县。射洪市教育扶贫始终坚持以立德树人、"志智双扶"和阻断贫困代际传递为根本任务，责任明、目标清、举措细、推进实，开创了"教育资助结算清单""教育扶贫公函""一对一帮扶"等工作亮点。先后荣获"四川省'五个一'帮扶先进集体""遂宁市脱贫攻坚先进集体""射洪市脱贫攻坚先进集体"等荣誉。2017—2019年连续三年在脱贫攻坚省级成效考核中教育扶贫"零问题"，2020年高质量通过脱贫攻坚国家普查，圆满完成教育扶贫目标任务，为脱贫攻坚决战决胜贡献了教育力量。

二、主要举措及成效

（一）高度重视，坚守政治站位"新高点"

始终以习近平总书记关于扶贫开发的重要论述精神为指引，坚决贯彻执行各级脱贫攻坚决策部署。射洪市委、市政府每年召开专题会议审议教育扶贫专项实施方案，及时足额落实各类专项经费，给予强大支撑和保障。教育系统建立健全教育扶贫领导机构和工作机制，坚决实行"一把手"责任制，层层压实责任，将教育扶贫纳入年度目标考核，形成了政治站位高、思想统一好、责任压得实、工作举措细、扶贫成效好的工作态势。

(二)压实责任,筑牢控辍保学"新防线"

健全"市长、镇长、村长、校长、家长"共同负责的"五长责任制",建立局、区、校、村、户"五级"工作机构,层层落实控辍保学责任,实现了建档立卡家庭义务教育无一人辍学。每年3月、9月开展摸底排查,"一村一村地查""一户一户地过",掌握学生入学资助情况,精准建立市、镇、校、村四级台账。建立了射洪市控辍保学工作领导小组、射洪市残疾人教育专家委员会等工作机构,全面落实学生入学动态监测、残疾人教育入学评估制度和辍学学生劝返、登记和书面报告制度,开展联控联保工作60余次,累计劝返学生近100人。

(三)加大投入,打造优质均衡"新环境"

持续推进"改薄提档"行动,近年来累计投入资金近1.3亿元、推进项目99个,建设校舍6.6万平方米、运动场4.1万平方米、教师周转房248套,购置设施设备7.7万台(件、套),新增学位4 500余个。投入资金880万元,实施教育信息化工程和"三通两平台"建设,校均接入带宽不低于100兆,建成云网络教室、智慧教室20余个,实现"校校通""班班通"。深入推进"师培教改"行动,健全教师专业化发展培养培训体系,建成名师工作室16个,免费培训中小学骨干教师8 000余人次、农村薄弱学校教师1.3万余人次,实现中小学教师全员轮训,选派优秀校园长、骨干教师轮岗支教800余人次。创新实施集团化联盟化办学模式,实现了城乡、校际教育资源优质均衡。

(四)用好政策,夯实资助救助"新保障"

健全了从学前到大学的资助体系,严格落实国家政策标准,累计发放资金1.4亿余元,惠及学生近23万余人次;设立建档立卡教育扶贫救助基金，发放740余万元，受助学生5 000余人次；开通助学贷款绿色通道，协助建档立卡家庭学生办理助学贷款470余人，累计发放贷款3 520余万元。2016年首创"建档立卡家庭子女教育资助结算清单"制度，由学校将学生享受的相关资助政策、标准、金额以清单形式送到贫困户家中，家长签字认可，落实了政策宣传，做到了数据准确，实现了公示公开，家长明白认账，政策入脑入心，受到高度评价和推广。2018年创新实施"教育扶贫公函"，由射洪教体局将在异地就读的建档立卡学生信息以公函形式寄送至就读地县级教育主管部门，提请协助落实学生资助救助，累计向全国600余所学校寄送"扶贫公函"3 100余件，累计落实资助金额130余万元，实现了"助学帮扶零距离"。

（五）发挥职能，实现育人质量"新突破"

坚持"扶志立德"，把社会主义核心价值观、脱贫攻坚政策、社会公德、传统美德等内容贯穿教育帮扶全过程，扶思想、扶观念、扶信心，让学生明大德、守公德、严私德，近年来先后评选表彰"孝心少年"30名、"脱贫攻坚模范少年"260余名、"扶贫·感恩"征文、书画等主题创作优秀个人530余名。坚持"扶智强学"，实施师生结队帮扶、优困生组队提高、假期志愿辅导、建档立卡学生一对一帮扶等措施，落实学业辅导和智力扶持，累计表彰建档立卡学生学习优秀奖、进步奖、综合表现奖1 300余人次，发放奖励资金18.8万元，近年来建档立卡家庭初中毕业升学率达93%、高中毕业升学率达85.3%，考入北京外国语大学、北京理工大学、中央美术学院等重点高校学生达110人。坚持"扶技促能"，大力发展职业教育，创新实施职业教育活动周宣传活动，建设5个国家级、3个省级、4个市级重点专业，推进校企合作、工学结合，积极推行"3+2"联合办学模式，开展职业生涯规划，建立学生创业工作室，近5年培养中职毕业学生9 500余人，其中建档立卡中职学生965人，培育产业大户5个。

（六）同频共振，贡献教育扶贫"新力量"

组建了射洪市教育脱贫宣教团、宣教队，扎实推动脱贫攻坚进校园、上街道、入村社，以文娱演出、主题作品创作、海报展板、广播传单等方式开展政策宣教30余场次，发放、张贴政策传单10万余份，在各级媒体刊载教育扶贫报道近60篇。统筹优秀教师660余人参与农民夜校教学，建立师资库和教材库，累计开展教育教学活动4 600余课时，惠及群众15.3万余人次。向贫困村派出骨干教师54人担任驻村工作队员，严守"全脱产"要求、强化"全方位"保障，落实经费110余万元，强化业务培训260余人次。联系结队帮扶贫困村1个，派出第一书记1名，机关帮扶干部34人。统筹经费90余万元进行基础设施建设、集体经济培育、入户帮扶慰问，助力"户脱贫、村退出"。

三、经验总结

（一）提高政治站位是决战决胜脱贫攻坚的思想前提

脱贫攻坚是以习近平同志为核心的党中央坚持以人民为中心的发展思想，从全面建成小康社会要求出发作出的重大部署和安排，是最大的政治任务、最大的民生工程、最大的发展机遇。射洪市教育扶贫始终把"义务教育有保障"作为目标任务，坚持局长、校长"一把手"亲自抓，从思想上、责任上、行动上严格与各级党委政府安排部署保持高度一致，做到了统一思想高站位，凝心聚力听指挥，务实推进有成效。

（二）建强机制体系是打赢脱贫攻坚战的有力保障

教育扶贫始终注重有效工作机制的探索和建设，结合"义务教育有保障"标准和射洪市教育实际，进一步完善了控辍保学体系，深化"五长责任制"、义务教育入学监测机制、建档立卡家庭学生入学责任机制、控辍保学工作机制、一对一帮扶机制。严格执行国家资助政策，健全了从学前到高等教育的各类学生资助体系，制定了学生资助管理办法和教育救助基金实施细则，建立了建档立卡学生资助结算清单、教育扶贫公函等工作机制和残疾人教育专家委员会，健全了残疾青少年儿童教育评估、分层分类教学机制，使教育扶贫工作有法可依、有章可循，有条不紊、有序有力。

（三）坚持精准扶贫方略是打赢脱贫攻坚战的根本遵循

精准扶贫方略是习近平总书记扶贫开发工作理念的核心，"六个精准"是一套完整的具有很强针对性和可操作性的工作体系，更是射洪市教育扶贫工作有序有力推进的科学方法保障。射洪市教育扶贫建立局、区、校、村、户五级工作机构，做到了"责任精准"，有效解决了"谁来扶"的问题；建立适龄学生入学台账机制，全面核实建档立卡学生入学和资助情况，建立市、镇、校、村四级台账，对建档立卡家庭学生入学和资助进行动态监测，精准解决了"扶持谁"的问题；落实"一对一帮扶""送教上门""精准资助""特殊关爱""扶贫公函"等措施，通过"扶志立德"强思想、"扶智强学"促升学、"扶技促能"助就业的工作方式，解决了"怎么扶"的问题；比照义务教育保障标准，完善义务教育达标认定实施细则，健全教育扶贫考核机制，完成"如何退"的问题。

习近平总书记强调"扶贫先扶志、扶贫必扶智"，射洪市坚决执行脱贫攻坚决策部署，充分发挥教育职能，志智双扶、立德树人，持续用力、接续奋斗，为实现两个一百年奋斗目标、实现中华民族伟大复兴的中国梦贡献教育蓬勃力量。

江西萍乡：以红色培训带动贫困乡村脱贫致富

一、背景情况

萍乡市莲花县地处罗霄山连片特困地区，是井冈山革命根据地和湘赣革命根据地的重要组成部分。在党的领导下，老区人民为革命胜利作出了巨大的牺牲和贡献，也涌现出了许多可歌可泣、感动后人的先进人物。其中，"不当将军当农民"的甘祖昌事迹在20世纪60年代曾被列入小学语文课本，深深地影响了几代人。他的夫人龚全珍弘扬将军精神，扎根乡村从教几十年，坚持乐于助人、甘于奉献，获评全国道德模范、全国优秀共产党员、"感动中国2013年度十大人物"等光荣称号。甘祖昌、龚全珍的事迹得到了习近平总书记的充分肯定与赞许，并强调："就是要把这样一种革命传统精神弘扬下去，不仅我们这一代人要传承，我们的下一代，也要一代一代地传承下去。"2016年10月以来，甘祖昌干部学院把红色教育培训作为推动革命老区脱贫的有效抓手，打破传统封闭办学模式，充分依靠群众、组织群众、发动群众，开创了"课堂在田野、吃住在农家、人人当教员、百姓齐参与"的新模式，开辟了抓红色培训助脱贫致富的新路径。截至2020年底，学院已累计接待培训学员5万余人，沿背村村级集体经济收入增收380余万元，当地村民累计增收1 350余万元，成了全省脱贫攻坚的"样板村"。

二、主要做法

（一）从"封闭"到"开放"，增强脱贫攻坚造血功能

一是把甘祖昌干部学院建在农村，让群众广泛参与。严格践行群众路线和勤俭办事业理念，不搞大投入，不搞大拆大建，充分利用原

址原貌、民居民俗,稍加改造或完善,就地建设而成,把甘祖昌当年带领村民建好的水库和桥梁、绿化的荒山、冬水田等改造成教学点,把村民住宅改造成学员宿舍,真正让群众参与到学院建设发展中来。在民政部的帮扶和支持下,争取到中国福利彩票发行管理中心捐赠100万元用于修缮甘祖昌当年开凿的龙潭水库,方便当地群众生产生活并作为学院的红色教学点;运用中国社会工作联合会捐赠的100万元有效整治村容村貌。二是把课堂设在田野,与群众深度融合。坚持开放式办学,把课堂放在农村的第一线,引入群众这个源头活水,使"现场变课堂、素材变教材、讲解变教学",实现红色培训与群众"零距离"。"农民老表"转身一变成为"红培"老师,每人每年不仅有1万~3万元不等的讲课收入,而且他们质朴的讲述具有更震撼人心的党性教育效果。三是把收益让利于民,使群众得到实惠。大力发展培训民宿,甘祖昌干部学院从一开始就没有统一新建学员宿舍,而是把学员安排到农户家中吃住,通过"村民自营+学院指导"的办法,鼓励和引导当地群众兴办"培训民宿"。四年多来,沿背村55户民宿总收入达680万元。同时,在民政部的帮扶下,争取到中国扶贫基金会捐赠300万元帮助困难群众增建民宿103间。

(二)从"扶贫"到"扶志",激发脱贫攻坚内生动力

一是党建引领聚合力。指导沿背村党支部改设为党总支,下设红沿合作社支部、演出队支部、沿背民宿支部等6个支部,将支部建在产业链上,为脱贫攻坚工作提供了坚强的组织保障。二是标杆引路树新风。注重发挥老党员、少先队员、志愿者队伍等示范作用,通过举办民宿户主厨艺大赛、讲红色故事大赛,组建龚全珍志愿者协会,成立小学生卫生督查小分队等多种形式,引导村民讲文明、讲卫生、树新风,村民思想观念、精神状态发生了嬗变。三是宣传引导增动力。以甘祖昌将军、龚全珍阿姨感人事迹为题材的32集电视连续剧《初心》,在中央电视台一套黄金时段播出。同时,在民政部办公厅支持下,对

接新华社、人民日报等中央媒体来莲花县采访,并在《旗帜》等核心媒体刊发介绍学院的专稿,不断扩大影响力。

(三)从"单一"到"多元",实现脱贫攻坚倍增效应

学院始终秉持开放、合作、互利、共赢的发展理念,积极与新疆军区、井冈山、湖南韶山、长沙、株洲等地联系协作,以红色培训带动罗霄山脉片区脱贫攻坚。一是新的实践——军地共建。充分借助甘祖昌将军的老部队——新疆军区的力量,推动学院实现更好更快的发展。新疆军区先后9批次派出干部和英模代表32人次来到学院开展共建活动,建立了驻地军代表制度,军地共建赋予了甘祖昌干部学院更强的生命力和鲜明特色。二是新的探索——随营学校。借鉴传承我党在战争年代加强干部教育培训的经验做法,探索创办了新时代红色文化流动的教学阵地——随营学校。随营学校由当地农户提供房间,学院配送被褥,学员自背行囊,真正做到学员走到哪里,学院就办到哪里,培训就进行到哪里。三是新的平台——湘赣红色培训联合体。主动与周边红色教育培训机构对接,着力打造"韶山—长沙—安源—莲

■ 随营学校学员正在开展培训

花—永新三湾—井冈山"的湘赣两小时红色培训圈，在资源共享、课程研发、师资培训、后勤保障等方面建立长期合作共享机制，大力推广以红色培训助推脱贫攻坚的新路径，为全国其他脱贫攻坚片区跨区域合作创造了经验。

三、经验总结

（一）破除观念藩篱

甘祖昌干部学院是"轻资产"办培训的典范，它给人的启迪是：搞红色培训，并不见得非要大投入、大建设，搞成"重资产"。要摒弃"先圈地建楼后搞培训"的思维定式，放宽视野，把目光转向农村的广阔天地，轻装上阵。

（二）统筹项目资金

甘祖昌干部学院的建设、沿背村基础设施的提质改造，在资金筹措上主要是通过新农村建设和美丽乡村、特色小镇、旅游风情小镇、乡村旅游点等方面的创建工作，来争取扶贫口、农口、建设口、旅游口等的项目资金。"红色培训+乡村振兴"，做好资源整合，统筹各类项目资金，集中力量办大事，形成聚焦效应。

（三）坚持共建共享

甘祖昌干部学院与沿背村始终坚持"不让老板进来，要让百姓受益"的运营理念。甘祖昌干部学院、村委会、村民三方合力共建，成果共享。这种共建共享突出体现在民宿发展上，甘祖昌干部学院提供客源并统一配置床上用品、餐具等，村里负责民宿管理，村民提供服务，三方各尽其责，按比例分成，村民得大头。村里将学员满意度的高低作为民宿客源分配的依据，只有学员满意度高的民宿才能从村里得到更多的客源。村民既是民宿老板，又是服务员，还是义务讲解员。因为服务质量与切身利益直接相关，所以村民们都特别投入，特别负责。

（四）精心开发现场教学课程

现场教学课是红色培训的核心竞争力所在，它不是高深的理论课，不能走高大上的路子，而应该接地气，为受众喜闻乐见。要学会讲故事，通过一个个小典型来讲明大道理，通过一处处小细节来展现大情怀，真正做到晓之以理，动之以情，易懂易记，富于感染力。在授课主体选择上不拘一格，既可以是专业教师，也可以是革命后代或各类先进人物，还可以是普通老百姓。在教学方式上灵活多样，既可以有课堂讲授，也可以有情景模拟，还可以有体验教学等。

（五）先启动后完善

甘祖昌干部学院是因陋就简，因地制宜，从场地要求不高的党委中心组学习场所、主题党日活动场地、"两学一做"实践基地、同吃同住同劳动锻炼基地做起，一步一步发展起来的。完善的硬件和优质的服务是开宾馆、搞旅游的必备条件，开展红色培训则不必强求一步到位、一蹴而就，而可以先易后难、由简到繁，先把这项工作做起来，而后逐步规范和完善。一方面，因为游客是来体验生活的，学员是来接受教育的，吃苦教育是红色培训的题中应有之义。另一方面，甘祖昌干部学院在开展培训工作的过程中不断发现问题，不断改进，不断提高，以培训实践倒逼设施完善、倒逼课程开发、倒逼服务提升。

吉林龙井：让每个孩子都能享受到优质教育资源

一、背景情况

龙井市辖区面积为2 208平方公里，总人口为16.7万人，其中朝鲜族人口为11.08万人，占总人口的66.3%。现辖5镇、2乡及1个社区建设管理委员会。龙井市是延边文化教育的摇篮和中国朝鲜族文化的发源地，教育历史悠久，文化底蕴浓厚，至今仍保留着最为完整的朝鲜族教育和民族文化传统，是中国朝鲜族居住最集中的城市，享有"延边文化摇篮"的美誉。全市现有各类学校21所。其中，职业教育中心1所、普通高中2所、初中3所、小学5所、九年一贯制学校8所、幼儿园2所。根据《中共龙井市委 龙井市人民政府关于打赢脱贫攻坚战三年行动的实施方案（2018—2020年）》文件精神，龙井市坚持以"保障义务教育"为核心、以"确保精准扶贫"为根本、以"实施智志双扶"为抓手，认真贯彻落实方案精神，教育脱贫攻坚行动取得阶段性进展。2016—2020年实施的"雨露计划"共发放补助29.7万元，惠及全市中高职在校的贫困学生198人次，市政府出台实施建档立卡贫困生补助政策，累计发放市级补助78.37万元，惠及建档立卡贫困生395人次，实现了各教育阶段建档立卡贫困家庭学生"全覆盖"的资助目标。

二、主要做法

（一）精准贫困生人数

依据属地管理原则，由11所乡镇学校为包保单位，定期入村、入户、入校，对贫困生进行走访慰问、谈心帮扶、政策宣传。为确保信息精准，教育局每学期通过扶贫库、学籍库和建档立卡库三向比对，开展贫困生信息识别，严守"该进则进、该出则出"的原则，做到精准帮扶、应助尽助、不落一人。经核查，义务教育阶段无一人因贫辍学或失学。

（二）教育政策应助尽助

在全面实施"两免一补"，严格执行"营养餐工程"，坚决执行落实"雨露计划""普通高中国家助学金"等国家各项助学政策的基础上，2017年起，龙井市政府相继出台《龙井市人民政府办公室关于实施建档立卡贫困生补助标准的通知》（龙政办发〔2017〕114号）、《龙井市人民政府办公室关于印发〈2017年度秋季学期建档立卡贫困生补助方案〉的通知》（龙政办发〔2017〕115号）、《龙井市人民政府办公室关于印发〈龙井市建档立卡贫困家庭学生资助工作方案〉的通知》（龙政办发〔2018〕18号）、《龙井市人民政府办公室关于教育扶贫领域规范使用乡镇扶贫效益资金的通知》（龙政办发〔2018〕60号）等建档立卡贫困生补助政策，实现了各教育阶段建档立卡贫困家庭学生"全覆盖"的资助目标。

（三）确保教育优先发展

一是大力改善薄弱校办学条件。2015年，龙井市顺利通过国家义务教育基本均衡发展评估验收。在此基础上，围绕"全面改薄"工作重点，2016—2020年，累计投入6 617万元建设61所学校的82个项目，大大改善了教育教学环境。共投入7 914万元，其中中央预算内资金为3 350万元，地方资金为4 564万元，完成5所学校新建教学楼项目，新建面积达25 500平方米。项目建成后，将极大地改善办学条件，为学生提供基本的学习和卫生环境，让他们享有最起码的平等接受基础教育的条件，为他们的健康成长和全面发展奠定良好的基础。项目的建设不但解决了龙井市中小学教学楼破旧，配套设施不齐全的问题，

第二章 教育扶贫：让每个孩子都有人生出彩的机会

■ 龙井小学新建的教学楼

而且对完善龙井市的教育结构体系具有积极作用，将使龙井市的各级各类教育结构更加完整，对全面推进素质教育具有重要意义。项目建设竣工并交付使用后，将从根本上改善龙井市各中小学的硬件设施，提高学校的整体功能。使学校办学环境达到标准化、规范化，确保学前教育能够走上健康和可持续发展的轨道，有利于容纳更多的学生。对于提高国民素质、建设稳定和谐的社会、促进教育事业的协调均衡发展将起到积极的作用。

加大农村义务教育学校办学条件改善力度，不断推进优质资源向乡镇薄弱学校倾斜，积极推进农村中小学标准化和寄宿制学校建设。优先实施教育信息化2.0行动计划，同步共享优质教育资源。全市中小学校均建立了多媒体教室，实现100兆宽带上网，通过吉林教育专网、互联网访问国家、省、州教育管理公共服务平台和教育资源公共服务平台，使优质教育资源覆盖每个班级，"校校通"覆盖率达100%，"班班通"覆盖率达100%，"人人通"注册开通率达100%。截至目前，"一师一优课、一课一名师"活动中累计晒课199节，126名教师荣获州级优质课荣誉，23名教师荣获省级优质课荣誉，15名教师荣获国家级优质课荣誉。

二是加强乡村师资队伍建设。2016—2020年，实施"特岗教师招聘计划"50人，"银龄计划"7人，选派优秀教师57人到边境农村学校支教，推动城乡教师合理流动。切实保障乡村教师待遇，乡镇教师按每人每月300元标准安排生活补助，农村小学及教学点按每人每月500元标准安排生活补助。

三是招生倾斜促进教育公平。建立保障乡镇学生接受优质教育机制，全市高中教育招生计划向乡镇倾斜，市区2所高中对农村中考考生实行降低50分录取政策，扩大贫困家庭学生入学比例，让贫困家庭学生有更多机会接受高中教育，有利于促进教育公平。

四是优秀教育资源全面覆盖。以教育扶贫全覆盖行动为工作重点，全面构建全领域结对帮扶关系。通过系列城乡中小学校、幼儿园"手拉手""一校带多校"教育联盟等形式，在教学指导、设备支持、教师培训、科研引领等方面给予支持，改善农村学校办学条件，有效促进优秀教育资源全覆盖。

（四）扎实开展贫困劳动力培训

强化中职实训基地建设，突出"就业为导向、脱贫为根本"的理念，扎实开展贫困地区农村劳动力实用技术培训。同时，教育局订制培训书籍开展上门送教活动，实现培训实效最大化。

三、经验总结

（一）组织措施扎实有力

认真贯彻落实中央、省、州、市关于教育扶贫工作的有关要求和会议精神，拟定工作思路、工作计划以及相关工作制度，细化《教育脱贫攻坚工作任务分解表》，明确了各科室、各学校、幼儿园所承担的工作任务及要求；成立教育扶贫工作领导小组，层层压实责任，形成了全市上下联动，校校重视、校校参与教育脱贫的良好局面；设计制作包含教育扶贫任务分配、作战体系、阶段目标、贫困生分布等内容的"教育脱贫攻坚作战图"，实行统一指挥，挂图作战，亮明了教育系统"咬定目标、打赢脱贫攻坚战"的自觉自信。

（二）东西携手助力扶贫

一是积极落实东西两地对口帮扶协议，2018—2020年宁波象山县累计为龙井拨付100万元龙象公益基金，45万元教育发展基金用于资助龙井市教育局添置教学设备、奖教助学和教师培训等。二是加强人才交流，象山县教育局派往龙井挂职人员15名，龙井赴象山挂职锻炼1人，两地互访互学、人才交流160余人次。三是安置建档立卡贫困学生，职业教育中心选派4名建档立卡贫困生到宁波学习。

（三）创新政策宣传模式

一是强化"四宣形式"，确保教育扶贫深入人心，即一村一个教育扶贫政策宣传板，一户一张教育扶贫政策明白卡，一生一份受助情况明细表，一个教育阶段一个帮扶群。二是丰富教育扶贫报道渠道，营造浓厚的扶贫氛围。将相关教育资助政策上传到"龙井市政务信息网""龙井教育"微信公众号等平台，并组织、倡导各单位及时报送教育脱贫攻坚工作方面的新闻信息，借助电视台、报刊等主流媒体及微信公众号、美篇等网络新媒体，将教育扶贫政策、工作成果及时全面地予以宣传，争取最广大人民群众的理解与支持，传导正能量。

第三章
就业扶贫：让贫困劳动力端稳就业"饭碗"

要优先支持贫困劳动力务工就业，在企业复工复产、重大项目开工、物流体系建设等方面优先组织和使用贫困劳动力，鼓励企业更多招用贫困地区特别是建档立卡贫困家庭人员，通过东西部扶贫协作"点对点"帮助贫困劳动力尽快有序返岗。

——习近平总书记在决战决胜脱贫攻坚座谈会上的讲话，2020年3月6日

福建漳州：就业扶贫+助老公益 激发村居脱贫内生动力

一、背景情况

漳州市原有建档立卡贫困户6.1万人，占户籍人口的1.17%。通过追加扶贫资金支持产业发展、发放小额贷款提供资金保障、建立"一户一方案"帮扶措施，6.1万人实现全部脱贫。针对新冠肺炎疫情影响，提供公益性岗位、安排资产收益扶贫项目、落实临时救助措施、发放副食品补贴，防止出现返贫现象。2020年，漳州市创新"就业扶贫+助老公益"机制，以"人社出钱，民政办事，乡镇村居用人"模式，投入就业基金和开发公益助老员岗位，同步破解脱贫与养老两大难题，有效激发了村居内生动力。

二、主要做法

（一）岗位托底，助力劳动就业脱贫攻坚

漳州市坚持把就业作为最大的民生问题，摆在"六稳""六保"的突出位置，创新开发村（居）助老员公益性岗位，为贫困群众实现就业脱贫提供新路径。

一是设立专人专岗。以符合法定劳动年龄，且有强烈就业意愿并具有劳动能力的就业困难人员、建档立卡贫困户和城乡低保对象为对象，特别是大龄失业人员和零就业家庭人员，针对性地开发设置岗位，方便困难人员就近就业，实现脱贫。如芗城区桃林社区林某，2018年从漳州职业技术学院毕业后，因行走不便，就业困难，被聘为社区助老员后，实现就近就业的同时解决了家庭经济困难。2020年以来，已开发村（居）助老员公益性岗位444个，首批录用的助老员已

全部走上工作岗位。

二是加强资金保障。2020年以来，共投入就业补助资金800多万元，按最低工资标准每人每月1 720元确定村（居）助老员公益性岗位工资，并为符合条件的聘用人员依法缴纳社会保险。同时，明确村（居）助老员公益性岗位补贴期限最高可达3年，累计安置次数最高可达2次。

三是提升服务能力。投入村（居）助老员业务培训专项资金14.5万元，开展岗前培训12场，由闽南师范大学、居家养老机构对助老员提供老年人心理、安全知识、服务技术、服务技巧等针对性帮扶服务指导，不断提升助老员的业务能力和服务水平。

（二）人才依托，助力养老服务提档升级

把开发村（居）助老员公益性岗位作为强化基层养老力量、提升服务质量的重要抓手，解决养老事业人才短板问题，有效增强养老服务质量，提升困境老人幸福感。

一是按需配置，提升养老服务设施利用率。养老服务照料中心配备2名公益性助老员，社区居家养老服务站、农村幸福院配备1名公益性助老员。助老员在村（居）"两委"领导下，运营管理养老服务设施，构建养老服务网络。开发公益性岗位后，养老服务设施运营率提高了26个百分点，日开放时间提高60%。

二是建档立卡，完善养老服务数据体系。建立托底、困境和重点保障三类群体信息档案，努力做到"一人一档""一户一档"。公益性助老员通过与服务对象沟通交流，掌握老年群体生活状况、心理状态和精神需要，了解服务需求，并承接数据采集、紧急救援任务，做好服务记录，及时反映居家社区养老中出现的新情况、新问题、新需求。目前，已建立养老档案12 000余份，为养老政策提供数据支撑。

三是精准服务，有效解决养老"刚需"问题。承接一线民政工

作,每月定期走访留守、孤寡、空巢等重点保障群体,及时对接家庭成员和服务机构,提供生活照料、医疗保健、代买代办、安全守护、信息传达等服务;组织文娱活动,根据老年群体需求,联系卫健、文化、教育部门和志愿团体、社团机构,组织义诊、义演、送教下乡等活动。开发公益性岗位后,专职村(居)助老员由215人增加到659人,实现结对服务更精准。

(三)建章立制,激发村居发展动力引擎

由市民政、人社、财政等部门联合成立村(居)助老员公益性岗位开发工作小组,加强组织领导,着力齐抓共管,为乡村振兴提供制度保障。

一是部门联动,形成合力。民政部门负责牵头制定岗位职责、考评管理制度,组织信息发布、资格审核、考评管理工作;人社部门负责指导签订劳动合同,约定权利义务,组织就业登记和用工备案,申领岗位补贴和社会保险;财政部门负责岗位补贴标准和补贴期限设定,及时核拨补贴资金;用人单位履行主体责任,承担日常考勤和管理。

二是严格程序,规范管理。根据开发计划和岗位条件,民政部门发布岗位招聘信息,实行公开招聘。各村(居)报送推荐人员,就业服务中心组织资格审查,经人社部门公示无异议后,正式确定聘用人员。本着"谁用人谁管理"的原则,人社部门监督招聘过程,民政部门检查安置情况,用人单位落实管理制度。

三是持续发力,互促共进。进一步加大开发力度,健全完善村(居)助老员公益性岗位选聘、培训、考核、奖惩机制,细化优化岗位职责和管理、激励办法,整合资源、提升服务;进一步加大技能培训,推动助老服务更加精准,发挥公益性岗位在扶持就业、助力脱贫、为老服务等方面的积极作用。

三、经验总结

一是严把关口,真正惠及贫困群众。严格资格审查关。按照"稳就业、托底线、救急难"的原则,区分本市户籍、本省户籍和建档立卡农村贫困家庭劳动力三种类型,对招用人员的范围和条件做出了具体明确规定,优先安置弱劳动力的脱贫不稳定人员,消除返贫风险,确保岗位安置的社会性和公益性。严格招录流程关。按照属地就近录用的原则,根据"申请、推荐、审核、公示、招聘"的程序,严格执行公益性岗位操作流程,信息发布、资格审核、公示聘用,实行全程透明、公开招聘,杜绝"人情岗""关系岗"的产生。严把补贴拨付关。依照岗位补贴的发放对象、标准、期限和申领程序,由人社、财政部门共同负责监督检查用人单位的补贴资金使用情况,以确保补贴资金按时发放、足额到位,保证优惠政策切实落到实处。

二是规范使用,真正服务老年群体。规范岗位要求。公益性助老员必须坚持文明用语、诚实守信,严守法律法规和职业道德,提升工作形象和心理承受能力,具备良好的工作心态。明确岗位职责。作为村(居)助老员,必须坚持关爱老人、热心服务,做好沟通交流、签到登记,负责卫生安全,提供助洁、助浴、助医、助餐、助行、助乐"六助"服务。提升岗位技能。对招录完毕、即将上岗村(居)助老员,民政、人社部门组织集中授课,帮助上岗人员掌握基本的业务技能。村(居)助老员要做到服务工作日常化、主题活动常态化,按照"天天有活动、周周有公益、月月有主题"的思路,组织兴趣小组、提升老年人生活品质。

三是严格管理,真正发挥岗位效益。加强日常管理。结合工作任务和岗位特点,落实考勤制度,引入退出机制,对不能胜任岗位要求、不能坚持正常工作、不能服务日常管理的,及时解聘并通过其他渠道增加其收入。签订劳动合同。漳州市明确了劳动合同主体是用人单位,养老服务照料中心聘用岗位由乡镇(街道)与从业人员签订劳动合同，社区居家养老服务站和农村幸福院聘用岗位由社区（村）与从业人员签订劳动合同，解决了用工主体不明确、劳动关系管理不规范、缺少明确的权责条款问题，有效维护了用人单位和从业人员的权益。明确监督责任。按照"统分结合、各负其责"的原则，实现管理与监督分离。用人单位做好工作记录，民政部门做好月度考核，人社部门加强监督检查，对检查考核不合格、整改不达标的停止用人单位公益性岗位使用资格。

宁波海曙：劳务协作助力对口帮扶地区贫困劳动力就业

一、背景情况

　　浙江省宁波市海曙区为东海之滨的文化经济强区，贵州省贞丰县和义龙新区为黔西南风景秀丽的山城。两地分别位于祖国东部和西南部，以对口扶贫、携手合作为契机，共同演绎了跨越两千多公里的互助山海情。自2018年起，海曙区坚持以人才支援、资金支持、产业合作、劳务协作为抓手，与贞丰县和义龙新区积极开展合作交流。相关部门紧密协作，聚焦脱贫攻坚，多方联动协作，强化责任落实，在多领域、多层次开展不同程度的协作帮扶取得显著成效，全力推进扶贫协作向纵深发展。截至目前，全年接收对口地区劳动力超过1 000人，其中建档立卡贫困劳动力529人，任务指标完成率达503.81%，同比增长106.64%，精准培训1 082人次，累计选派111名、接收95名专业技术人才开展对口帮扶和学习交流活动。扶贫劳务协作复工包机、技能扶贫家政育婴培训项目等工作多次获得中央级媒体关注，并在市级活动中进行经验交流，相关单位获评黔西南州脱贫攻坚先进集体。

二、主要做法

（一）政府牵线，搭建协作桥梁

　　深化东西部扶贫协作领导小组机制，完善全局研究谋划、领导带头推进，两地党政互访对接，建立多方联动协作机制，以"劳务协作站""专业第三方""临时党支部"两地三方齐向发力，全方位对接劳务用工信息，畅通劳务就业合作渠道。一是信息互通更趋完善。严格落实日常工作通报、一月两报、跨区域就业信息发布和来甬就业人员信息互通四项制度。开展多轮重点企业劳务用工需求排摸，加强人岗适配，积极开发爱心岗位，加大扶贫协作资金投入，确保劳务协作出实招、见实效。二是线上线下有序输送。2020年初，结合对口扶贫地区新冠肺炎疫情风险低的"利好"，两地人社部门主动对接，联合宁波坤创人力资源有限公司等第三方人力资源驻点专人，开展精准排摸和宣传发动，研究制定"点对点"输送、"一站式"返岗劳务输送方案。开全市先河，首次包机接回黔西南州复工人员155人，促成员工顺利返岗，取得良好效应，被中央、省、市级媒体广泛报道。三是创新模式助力就业。疫情得到有效控制后，结合当地"赶集"文化，在贞丰县和义龙新区两地密集举办了11场次的东西部扶贫劳务协作招聘活动，并将"宁波市民营企业招聘月"概念带给对口扶贫地区的求职者们，有效推动当地建档立卡贫困劳动力、易地扶贫搬迁劳动力及有就业意愿的群众实现充分就业。

（二）老乡引路，帮带就业脱贫

积极培育劳务协作带头人，出台招工新政鼓励企业员工"以老带新"，通过发挥"人缘、地缘、血缘"关系作用，以组团帮扶形式，实现助力脱贫攻坚和保障企业用工的双赢局面。截至目前，已发放以老带新招工补助15.6万元，惠及企业103家次，312人次。广博集团李桂花作为海曙扶贫典型人物，通过企业培养和自身努力，一路从学徒做到压痕组长，从企业"新员工"再到明星"招工员"，吸引帮助30余名曾为贫穷所困的乡亲来甬务工，相关事迹多次在省市级媒体上宣传报道。还有创业失败辗转到广博上班的89年小伙刘维罡，他与老乡兼工友李桂花一起卖力宣传，带了10余名老乡来宁波工作。由于疫情影响，海曙企业无法参加现场招聘会，通过推广"以老带新"招工模式，老员工细致介绍公司的招聘条件、务工地点、薪资待遇、福利保障等信息，打消老乡外出就业顾虑，有效带动当地求职者实现就业，2020年以来又有100余名当地务工人员到海曙爱心企业就业。

(三)志智双扶,激发内生动力

在与对口地区开展劳务协作过程中,海曙区坚持扶贫扶智相结合,"引进来"和"输出式"交流培训并重,累计选派111名媒体宣传、农林水利、土木工程、教育卫健等领域专技人才赴受援地开展送教、送医等帮扶活动29次,共计接收95名贞丰县、义龙新区专业技术人员来海曙挂职学习,开展专业技术人才培训625人次。为建档立卡人员送岗位、送信息、送培训、送政策,以"技能需求班""企业订单班"等形式累计培训1 082人次。海曙多家企业已形成政府组织招聘为主、自主灵活招聘和社会化委托代聘为辅的招工模式,岗位需求包含一线普通操作工到基层管理员、设计员、中高层管理员等多层次工种,并积极与当地职业技术院校建立合作,灵活制定岗位计划。2020年新吸纳贞丰县29名职技院校的毕业生到广博集团就业实习,提供免费食宿,确保综合待遇普遍超过4 000元/月,适时启动壮大扶贫车间,两地轮岗就业见习,多渠道开发挖掘,以提高就业组织化程度和留用率。

(四)专业驻点,持续关爱稳岗

加强对在岗人员的动态跟踪管理,为身处异乡的务工人员提供用心用情服务。一是积极发挥劳务协作站桥梁纽带作用。持续开展结对共建活动,建立局领导带队基层服务小分队,以点扩面联系对接辖区企业,扎实做好用工监测、余缺调剂、权益维护等工作。先后赴艾森饰品、兴华灯具、君禾泵业、帅特龙等企业了解务工人员工作生活情况,共同应对稳岗发展问题。二是重点关注深度贫困村务工人员就业状况。联合民政发动社会组织对深度贫困村贞丰县卡务村贫困劳动力开展走访慰问,开发用工门槛低薪资待遇有保障的爱心岗位,并对工作不适应的贫困劳动力进行岗位余缺调剂。三是多举措并行诚意留岗。端午、中秋和国庆期间,海曙区人社局领导分赴广博集团等地对务工人员开展节日慰问活动,并召集建档立卡劳动力进行稳岗座谈,组织搭建企业活动阵地和亲情连线,在生产生活、子女入学等方面提供更多社会关爱,让海曙真正成为黔西南务工人员的"第二故乡"。同时,切实强化政策帮扶,对招用对口地区建档立卡贫困人员的企业给予劳务协作补助和爱心岗位补贴等资金支持。截至目前,已发放扶贫各类补贴惠及企业54家次,518人次,共计174万余元,有效提高企业开发就业扶贫爱心岗位、吸纳扶贫地区建档立卡贫困劳动力的积极性。

三、经验总结

存在问题:一是组织化输转程度有待提高。由于地域气候和生活习惯等因素影响,贞丰县等地外出务工人员普遍偏好选择东阳、义乌等老乡聚集区就业,加之受新冠肺炎疫情影响,许多务工人员更多地选择就近就地就业,两地对口劳务协作组织化输转工作难度逐步加大。二是就业结构性矛盾依然存在。一方面,许多贫困劳动力文化程度不高,缺乏一技之长,只能从事一些简单普工类岗位或难以找到合适工作,而另一方面企业部分技术工种又面临招工难等问题。三是关爱稳岗和后续跟踪服务有待加强。受编制职数影响,目前从事扶贫劳务协作的基础力量仍稍显薄弱,加之目前扶贫系统信息化建设相对滞后,在贫困劳动力后续服务、信息比对确认等方面还存在一些薄弱环节。四是在岗员工长远职业规划有待合理化。目前在岗人员多集中于劳动密集型制造业,日常多从事机械化流水工作,虽对未来职业生涯有所期待,但因社会因素和个人能力因素,实现职业晋升存在较大难度。

下一步,一是持续提升组织化输转程度。努力发挥劳务机构和人力资源中介组织作用,不断拓宽供给渠道,优化供给服务,强化精准对接,保障有序流动调剂,提高人岗适配度和组织化留用率。二是多元化探索劳务协作新渠道。坚持产业扶贫、技能扶贫多方发力,在持续开发爱心岗位的同时,积极探索校企合作、定向委培等方式,大力推广以老带新等经验做法,多元化扩宽劳务协作渠道,进一步促进扶贫劳动力高质量就业。三是多方合力持续加强稳岗关爱。持续通过政策激励、市场引导等方式,协调鼓励企业提高建档立卡人员工资待遇、生活保障,促进稳定就业。借力两地干部挂职交流,进一步充实扶贫劳务协作工作力量,加强稳岗关爱工作。积极建议完善国家级扶贫信息系统,加强信息共享,优化大数据比对,进一步提高贫困人员信息服务的精准度。四是积极推进"因材施教"模式。建立紧密联系,探索动态分层、层级递进的培训模式,对有提升就业技能意愿的务工人员,积极介绍合适培训机构,鼓励员工再回炉再改造,真正做到提升自身软实力,为下一步晋升做好充分准备。帮助有创业计划的务工人员对接相应平台,引导这类务工人员参加创业培训,帮扶他们实现自己的创业梦。

厦门好慷：推动家政服务标准化 助力贫困县就业脱贫

一、背景情况

家政服务业事关千家万户福祉，是"一举多得"的新兴产业，对促进就业、精准脱贫、保障民生具有重要作用。随着逐渐规范化和规模化的发展，家政服务行业已经成为贫困县居民就业的新领域。2018年商务部、发展改革委等五部门印发《关于全面推进"百城万村"家政扶贫工作的通知》。

作为"百城万村"家政扶贫的参会企业，厦门好慷家政服务有限公司（以下简称"好慷在家"），是一家专注家庭服务与家庭场景运营的互联网家政企业，公司以"员工制管理+标准化服务"为经营特色，率先实现100%线上闭环交易。所有分支机构均为直营机构，业务已覆盖全国30个城市，服务600万家庭，为近2万名劳动者提供了稳定的工作机会。2018—2020年，好慷在家积极响应党中央、国务院号召，大力开展家政扶贫对接工作，着重在安徽省、河南省、四川省、湖南省开展对接，共为100个国家级贫困县居民提供2 429个就业岗位，参与家政服务的贫困劳动力人均年收入达61 252元。

二、主要做法

（一）建立覆盖全国的业务培训体系，为贫困地区劳动者就业打开窗口

好慷在家致力于于家政服务标准化，输出业务包括家庭保洁、家电清洗、做饭保姆、收纳服务、月嫂服务、宠物服务等十余项服务。引入国际先进标准服务体系，将家庭分为厨房、卫生间、客厅、卧

室、餐厅、阳台六大区域，并细分为40个大项、108个小项，对应到家庭场景中的每一项物品，都有具体的服务要求。建立覆盖全国30个城市的业务培训体系，倡导标准化岗位技能培训。在全国设立了近200个培训站点，为员工提供80小时的带薪岗前培训，培训合格后100%持证上岗。先后在厦门、上海、广州、成都、西安、深圳6个城市建有1万多平方米的大型培训站，在佛山、东山县创建家政养老职业学院。现有资深培训师近200人，累计培训数万劳动者，并为不同基础的劳动者提供完善的职业技能和进阶培训，打通他们的职业晋升路径。

（二）凝聚行业力量，大力开展职业技能培训，帮助贫困地区劳动者走上就业岗位

2019年11月，好慷在家家政扶贫专项培训工作走进湖南，与湖南省邵阳市锦程职业培训学校、湖南省永州市金誉职业培训学校、湖南省常德职业技术学校、湖南省桃江县鸿兴职业学校、湖南省怀化职业技术学院、湖南省湘潭市银海家政服务有限公司等6所当地培训学校及机构合作，开展8场家政专项技能培训，参加人数达300人。培训对象主要针对40岁以上周边贫困县居民，由多名好慷在家资深培训导师系统输出标准化的服务体系和服务流程，改变学员对于家政行业过往的认知，提升职业认同感。通过"培训+就业"一站式解决方案，实现双方合作共赢与共同发展。

（三）完善公司福利，设立专项奖励，解决贫困地区劳动者的后顾之忧

好慷在家坚持自有员工制，除体检、保险等基本福利以外，成立"86家政人员关爱基金会"，为需要大病医疗救助的一线员工提供补助，累计为近百名员工提供超57万元补助款；设立"好慷随借"，为需要小额资金周转的员工提供秒到账服务，累计为近两千名员工提供超过222万元周转金。此外，还提供专属于一线服务人员的专项奖励，

对春节过后返岗的一线服务人员提供1 000元至2 000元返岗补贴；并根据一线服务人员的入职时间，对应提供500元至10 000元的"年年发"司龄奖。值得一提的还有"招好多"奖，对一线服务人员推荐亲朋好友成功入职的予以奖励。好慷在家坚信要实现贫困地区的脱贫和发展，授人以鱼不如授人以渔！

三、典型故事

家政服务业，一头托着贫困家庭的脱贫梦想，一头连着城镇居民提升生活质量的美好愿望。如今的家政服务业不仅是惠及千家万户的朝阳产业，而且已然成为贫困地区剩余劳动力实现精准脱贫的新路子。

（一）放弃不难，但坚持一定很酷，来自贫困县的小人物也有大事业

来自安徽省寿县的黄盼盼，于2018年3月5日加入好慷在家。之前她曾在宾馆前台工作7年，卖过衣服、卖过鞋，虽然工作不累甚至挺轻松，但工资低且收入不稳定。加入好慷在家的初衷就是想通过自己的双手多挣点钱，改善自己和家人的生活品质。不负所望，加入好慷在家后她的工资不仅翻了一番，还通过一年业务的稳扎稳打，从一线服务人员晋升为上海浦东区三林站的站长，得到客户和公司双向认可。从2019年1月到2020年7月初，她积极参与公司"招好多"活动，在家人和同事的支持下，为公司招来79名优秀保洁师，拿到超过11万元的奖金，成为好慷在家当之无愧的"招聘王"。

（二）坚守信念，用心打磨专业技艺，持续学习和反复思考，是好慷人成长进步的唯一途径

来自四川省南江县的严嘉，是上海浦东收纳一站的一名收纳师，2018年11月抱着对收纳事业的无限热爱与期待，细心而富有想象力的

她加入好慷在家。在2019年累计服务190个家庭，241个订单，被45个包年客户确定为固定收纳师。能把自己擅长且热爱的事变成工作，严嘉是幸运的。任何成功，一定离不开"专注"，而严嘉能够获得客户和公司的认同，除了天赋和机遇，更多靠的是脚踏实地的专注。尽管订单量爆满，严嘉还是在工作之余参加各类专业培训课程，并顺利通过结业考核。

（三）新一代的家政从业者和家政行业，有态度更有温度

来自河南省淮滨县的刘敏，于2019年7月6日加入好慷在家，是南京新管家广场的一名家务师。在来好慷在家之前她从事餐饮行业，每天上班时长达十几个小时，且工资较低，无论是物质条件还是时间精力都无法很好地照顾到家庭。一次偶然的机会，好慷在家的员工赵影来到刘敏店里吃饭，言谈之中聊起工作的事，向她介绍了好慷在家。刚开始她还不相信天下有这么好的事，朝九晚五，一天八小时工作制，月收入可达六千元。在好慷在家工作了一段时间后，她满意地说："好慷在家是一个有态度更有温度的公司。公司为我们缴纳社保、购买保险，除了基本服务薪资外，还提供了学习平台'乐学'，让大家在下班之余学习专业技能和交流生活日常。每年8月6日我们还有自己专属的节日，不但给我们放假一天，还邀请我们的家人一起游玩。"好慷在家深知公司的发展离不开每一个人，尤其是一线服务人员的辛勤付出，因此公司希望用实际行动表达对他们的尊重。

四、经验总结

（一）依靠人民群众，建立贫困地区和家政企业供需关系的有效平台

借用贫困地区员工春节返乡的契机，结合公司"招好多"奖励，在一线员工家乡设立报名点，将招聘信息和培训宣讲入驻农村，建立贫困地区和家政企业供需信息的有效对接平台。一方面，由一线员工

向农村居民介绍，通过同样的立场和角度，更好地帮助他们了解家政，提高对行业的认可度；另一方面，通过资深培训讲师专业授课，促进农村居民掌握职业技能，开拓就业的窗口。

（二）好慷在家将通过自动调度系统技术革新，在城市建设员工宿舍，解决劳动者交通和住宿问题

在家政扶贫工作中，最大的现实问题是贫困群众"不愿走出来"，归结原因在于交通和住宿问题。好慷在家在继续拓展全国各城市各区域的前提下，通过技术革新，最大化实现就近调度，节约服务人员的交通时间。同时，将在城市建立员工宿舍，解决员工的住宿问题。真正帮助贫困地区劳动者走上就业岗位，实现"一人就业、全家脱贫"目标。

（三）实现贫困地区的脱贫和发展，更主要的要靠内生动力，靠自我的发展能力

好慷在家通过招募贫困地区劳动者，帮助劳动者就业，提高劳动者专业技能，增加劳动者收入，从而帮助他们通过自己的双手去创造财富和幸福。好慷在家深知家政服务业发展的潜力巨大，不仅是促进农民工就业增收的重要渠道，也是改善民生、扩大内需、调整结构的重要举措，是一项利国利民、一举数得的民生工程。未来，好慷在家将继续发挥家政服务业在脱贫攻坚、巩固扶贫成果方面的作用，助力家政行业精准扶贫，为全社会提供力所能及的支持和力量。

上海新户家："订单式"按需培训助力沪遵、沪滇劳务"直通车"致富更智富

一、背景情况

从2017年开始，为响应、落实国家和上海对口帮扶贵州遵义、云南要求，加强"黔女""云嫂"家政就业基地建设，引进贵州和云南劳动力入沪就业，助推当地群众脱贫，上海新户家集团积极参与对接贵州、云南家政精准扶贫项目，在上海、遵义两地人社局支持下，与遵义市余庆、赤水、湄潭、正安、桐梓、道真、凤冈、务川等8个县市签订劳务合作协议；与云南红河自治州对接，输送"云嫂"103人入沪就业。通过"订单式"按需培训和沪遵、沪滇劳务协作，打造"黔女""云嫂"就业"快车道""直通车"，确保"一人就业，全家脱贫"的愿景实现。新户家经过三年实践，探索出从家政扶贫到就业扶贫两步走战略，与务川、仁怀人社局合作建立务川自治县、仁怀市人力资源市场，在遵义市设立遵义市富宇职业培训学校和贵州省富宇人力资源开发有限公司，举办大小型招聘会122场，培训家政从业人员2 353人，本地解决就业2 630人，输送"黔女"439人入沪就业。

二、主要做法

（一）深入挖掘贫困劳动力资源

1. 与地方政府形成合力

在务川当地政府部门的大力支持下，成立务川子公司。同时，公司积极争取由政府免费为学员提供培训期间的食宿，并提供培训人员

引导费和培训期间的误工费，免费提供学校培训场地、实训设施设备。在对接过程中，政府各部门一同监督，从招收、培训、就业全过程参与管理。

2. 入户了解贫困劳动力详细情况

新户家派出的每个就业援助员负责两个乡镇，与驻村扶贫干部一起走访建档立卡贫困户，深入了解每个家庭的具体致贫原因，帮助他们一起搬走压在身上的"贫困大山"。

3. 设立子公司推进

新户家在当地招聘人员进行公司管理、运营。公司就业援助部安排8名就业援助员，负责分管务川县的两个乡镇和街道，与乡、镇、村扶贫干部实现点对点对接，施行片长制网格化管理。

4. 制定个性化脱贫方案

每个就业援助员进入建档立卡户家庭后，对家政行业发展趋势和就业前景开展耐心细致的宣讲，培育贫困户就业意向，并根据每户具体致贫原因制定相应的脱贫解决方案。

（二）业务培训在实效上求突破

1. 输出上海经验

借助政府提供的场地设立上海仁济专修学院分校，将上海仁济专修学院比较成熟的家政培训经验复制到当地。先期派上海仁济专修学院的老师配合当地的助教老师，逐步培养务川师资力量，增加当地就业。并结合市场需求，设立母婴护理、催乳师、育婴师、早教师、养老护理员、家政服务员、家电维修等专业学科。

2. 做到因人施教

针对年纪偏大，学历不高的人员，实施家政、养老护理培训；针对已婚已育的妇女，进行家政、育婴师培训；对未婚、有一定学历人员，开展早教、小儿推拿等培训；针对个别男性成员，组织进行家电维修、养老护理培训。

3. 注重上岗培训

开展通识类岗前培训课程，注重结合输出劳动力自身特点，开展基础培训。培训内容主要包括普通话、上海话、礼仪礼节、职业道德、上海文化等通用技能。

4. 重点带教实习

养老护理（医疗照护）专业培训结束后，需安排7~10天的医院实习，将所学理论知识用于实践。新户家对接当地有关部门，安排人员进入医院进行护工实习操作。

（三）供需对接在精准上求实效

培训结束后，对培训人员进行意向调查，了解其倾向于当地就业、周边就业还是入沪就业。同时，主要从四个方面做好就业引导。

一是立足当地就业，联合当地政府和企业，解决有意在当地就业人员的就业问题。二是利用上海新户家集团所属上海松宇人力资源公司，帮助贫困户联系工厂就业渠道。三是引进到上海家政就业。学员经过培训、考核合格后从事相关岗位工作，同时其信息被录入公司开发的网络平台，通过平台拓展就业。四是上海家政扶贫联盟支撑就业。结合入沪人员就业意向，联合上海知名家政企业、养老院、护理院、护理站、居家照料中心、餐饮企业、生鲜配送企业、知名快递公司等众多企业，实现资源共享，共同为有意向入沪人员提供就业岗位。

（四）稳定就业确保就业人员不返贫

1. 建立保障机制

贵州、云南劳动力入沪前与公司签订劳动合同，购买相关保险，提供为期3~6个月的带教与辅导。同时，在包食宿的前提下，工作初期保障每月3 500元的最低工资。

2. 建立沟通机制

公司通过沟通机制，定期对"黔女"进行回访，"黔女"在沪遇到的问题能够及时得到协调、解决。公司还为她们提供了免费的心理、法律咨询服务。

三、经验总结

一是加大宣传树立典型。"黔女"入沪典型舒继兰,是贵州省务川自治县建档立卡贫困户。2017年9月,作为首批"黔女"引入上海,量身定向培养,参加养老护理(医疗照护)培训合格后,于2018年3月进入公司所属护理站,缴纳社保后,到手薪资可达8 000~10 000元/月,实现"一人就业,全家脱贫"目标。

二是积极探索"家政扶贫模式"。公司积极参与商务部"百城万村"家政扶贫和上海市商务委组织对接云南、贵州家政精准扶贫项目,逐步探索出可复制推广的"精准对接、按需培训、择优引进、就业扶贫"模式。

三是复制经验规模化运作。新户家共与4个省份的8个县签署对口帮扶协议,复制"务川模式",属地化推进家政就业基地建设,在10个贫困县设立家政就业基地。积极响应"长三角一体化"建设,陆续在扬州、盐城、徐州、宁波、温州、潜山等地推进基地建设,向外省市辐射"新户家家政"以居家为基础,以社区、机构为依托的发展模式。

四是"互联网+"信息化平台建设。在务川先行试点,通过远程网络开展培训,在当地运用网络面试、职业推荐、线上信息登记等现代化高效手段,定期开展针对贫困人员的招聘会。利用网络公司资源,打通所有培训就业人员的信息流,让整个培训、就业、脱贫流程可视化,实现信息链的全程数据化。

广东广州:"南粤家政"羊城行动助推毕节就业扶贫

一、背景情况

2020年是全面建成小康社会目标实现之年,是全面打赢脱贫攻坚战收官之年,改善民生尤为重要。"南粤家政"工程是广东省委、省政府高度重视、高位谋划、高质推进的爱心工程、民生工程,是做好"六稳"工作、落实"六保"任务的着力点、突破点。为贯彻落实"南粤家政"工程,2019年11月,广州市人社局、广州市妇联等八部门联合印发《广州市实施"南粤家政"羊城行动工作方案》(穗人社发〔2019〕28号),正式启动"南粤家政"羊城行动。广州市各有关部门通过打造广州市家政服务综合平台、培育家政行业"领跑者"、举办家政竞技大赛、助力毕节就业扶贫等具体举措,推动"南粤家政"羊城行动落地落实。

围绕决战决胜脱贫攻坚和全面建成小康社会目标任务,广州市妇联在广州对口扶贫地区贵州毕节打造了首个"南粤家政"花城人家(毕节)家政实训基地,围绕母婴服务、居家服务、养老服务、医疗护理等家政服务四大板块建立实训室,开办10个订单班,推动实现"招生即招工、入学即入群、毕业能就业、就业即脱贫",预计未来至少可直接提供2万个就业岗位,将当地巨大的人口红利转化为广州家政行业充沛的人力资源,实现家政服务和脱贫攻坚"双促进""双丰收"。在毕节七星关易地搬迁人口集中区建立了首个"南粤家政"花城人家(毕节)服务站,利用广州市家政服务综合平台,更好对接和共享各种资源,助力搬迁群众"稳得住""能致富"。

二、主要做法

（一）落成首个"南粤家政"（毕节）家政实训基地

为根本解决技能水平提升、群众就业困难等问题，建立长效人才输送渠道，2020年4月以来，广州市有关部门多次深入毕节市开展南粤家政扶贫对接工作，实地调研毕节职业技术学院、毕节工业职业技术学院，与毕节职业技术学院签订《"南粤家政"广州-毕节家政对口帮扶战略合作协议》，发动企业加入家政扶贫工作，力争最大化整合政府、企业、高校资源打造家政实训基地。2020年6月10日，广州市在毕节打造的首个实训基地"南粤家政"花城人家（毕节）家政实训基地正式落成，基地围绕"南粤家政"母婴服务、居家服务、养老服务、医疗护理等四方面内容，建立"仕馨母婴（母婴服务实训室）""51家庭管家（居家服务实训室）""谷丰健康（养老服务实训室）""颐家（医疗护理服务实训室）"四大实训室，为各类有家政就业需求的人员提供全方位培训，预计可提供2万个就业岗位，推动家政技能和家政知识助力脱贫。

（二）打造首个"南粤家政"花城人家（毕节）服务站

为促使扶贫工作真正惠及社区基层群众，在广州市荔湾区东西部扶贫协作工作组的牵线搭桥下，广州市妇联联合毕节市妇联、七星关区妇联、柏杨林街道办事处合作共建"南粤家政"花城人家（毕节）服务站，利用广州市家政服务综合平台，将广州市优质家政资源与安置群众达3万余人的柏杨林易地扶贫搬迁安置点人力资源有机结合，帮助扶贫搬迁安置点群众参与"南粤家政"工程就业创业，促进劳务输送，实现稳定就业。

服务站依托广州市唯一一个具有公益性、权威性、安全性、专业性等特点的家政平台——广州市家政服务综合平台，链接广州优质家政资源，通过在线找工作、在线培训、远程面试等服务功能，打造

"培训、就业、创业"一体化的一站式专业家政服务平台。结合柏杨林易地搬迁户人员结构和就业需求,以"短期培训+长期定向培养"的形式,以毕节职业技术学院订单班为阵地,实现订单入学、定向就业,扶持安置点居民短平快就业,助力搬迁群众"稳得住""能致富",致力于将家政服务办成"爱心工程"。

谭克琴和张万先是第一批通过服务站从毕节来穗的家政就业人员。两人来穗后参加了市妇联组织的家庭服务技能系统培训,均被推荐至广州市家政企业就业,备受雇主好评。谭克琴还参加了2020年"南粤家政"羊城竞技大赛的家庭保洁项目竞技,并进入决赛。她表示,经过培训和竞赛,自己的综合水平大大提高了,还认识了业内很多优秀从业者,非常感谢有机会参与培训,将继续提升技能,为雇主提供优质服务。

2020年7月,广东省党政代表团一行30多人考察毕节市七星关区易地搬迁安置点时,来到市妇联打造的首个"南粤家政"花城人家

■ 广州市增城区-毕节市金海湖家政服务培训

（毕节）服务站，参观了家政岗位发布区、远程面试系统、居家清洁服务、母婴服务、养老服务、医疗护理等培训展示区，详细了解了"服务站"利用广州市家政服务综合平台打造资源共享平台，链接广州市优质家政资源、引入优秀师资技术帮扶、开展"南粤家政"工程培训、培育优秀家政人才、促进劳务输出等方面的情况，充分肯定了"南粤家政"工程对口帮扶工作在毕节市落地的成绩。

（三）创建10个"南粤家政"品牌订单班

按照政府主导、行业主推、校企主办、双元育人的模式，以共育"家政服务技能型人才"为核心，依托"南粤家政"实训基地，与毕节职业技术学院共同打造了"南粤家政·花城人家仕馨班""南粤家政·花城人家谷丰班""南粤家政·花城人家巧禧班"等10个品牌订单班级，拟招收学生240名，建档立卡贫困生100人，定向培养专业家政服务与管理人才，通过"2+1"的培养方式，积极开展两地劳务协

■ 广州市荔湾区-毕节市金沙县家政服务培训

作，加强脱贫技能培训，实现订单入学，定向就业，扩大贫困群众就业渠道，助力毕节市全面打赢脱贫攻坚战。

（四）组织实施"粤传技能，就业奔康"线上线下系列招聘活动

联合广州市总工会和共青团广州市委员会组织开展"粤传技能，就业奔康"——穗毕三大工程云招聘活动和"粤传技能，就业奔康"2020年穗毕"百企对口帮扶"专场招聘会暨贵州工程应用技术学院2020届毕业生就业"百日冲刺"校园招聘会活动，精选优质家政企业参加云招聘、赴毕节高校开展现场招聘会，累计提供岗位近4 000个。

三、经验总结

经过推进"南粤家政"扶贫工作，特别是在落实贵州毕节家政实训基地、建立家政服务站的实践中，广州市妇联对妇联组织在家政扶贫服务工作中的经验进行了总结。

一是坚持党建引领，服务为先。广州市妇联是党领导下的群团组织，是党和政府联系妇女群众的桥梁和纽带，在新时代担负着团结引导各族各界妇女听党话、跟党走的政治责任，以围绕中心、服务大局为工作主线，开展家政扶贫攻坚工作要坚持强化思想政治引领，聚焦作风建设，在关爱服务中履行妇联干部以人民为中心的使命担当，在统筹推进社会公共领域扶贫攻坚和妇女工作中贡献巾帼力量。

二是坚持校企合作、共建共创。推动技工院校、培训机构与家政服务社会组织、行业龙头企业开展深度合作，共建家政服务人才培养基地，打造校企合作示范项目。设立培训基地，开展灵活多样的家政技能培训，创新嵌入式技能培训模式，采取"以工代训、工学一体化"的岗位教学模式、"互联网+"线上培训模式、"技工院校+工作站实训"产学研融合模式，为家政服务从业人员、失业人员、新成长劳动力、社区群众提供家政服务类技能培训。

三是坚持为民服务、深入一线。坚持以服务群众为根本导向，根据群众多元化服务需求，做实服务群众（尤其是困难群众）的工作，在帮扶高龄老人、独居老人、失能老人、残疾人、困境儿童等特殊群体上担起责任。发挥社区服务站的功能，为辖区群众特别是困难群众开展社区服务、节假日集中服务、结对帮扶服务、定点设岗服务、进社区入小区宣传等多种形式的服务。打造家政就业点，吸纳辖区内就业困难人员、高校毕业生；以"培训+就业"的模式，扩大辖区内剩余劳动力从事家政行业服务，逐步打造"就业扶贫安置基地"，吸纳对口扶贫地区的人员来穗从事家政服务工作，扩大广州市家政服务供给。

四是坚持科技赋能，互通共享。充分发挥家政综合平台的作用，通过平台将广州市的家政就业信息与扶贫地区的劳动力资源结合起来，实现资源整合，促进就业创业。同时，利用平台集成服务供给，以群众需求为导向，整合党建和社会服务资源，建设线上线下一体化综合居民服务平台，打造"一门式""一站式"便民服务，集成推进家政服务供给，为群众提供居家、母婴、养老、医疗护理和转介服务等五大服务内容，形成"优质家政服务圈"。

浙江台州：路桥·朝天携手 推进东西部扶贫劳务协作平台

一、背景情况

近年来，浙江省台州市路桥区和四川省广元市朝天区抢抓新一轮东西部扶贫协作机遇，以劳务协作为突破，通过在路桥、朝天分别建立劳务协作工作站，探索推行市场化运作模式，打造集就业帮扶、权益保障、教育培训、亲情服务等多项功能于一体的劳务协作综合服务平台。2018年以来，朝天区共转移建档立卡贫困劳动力3 291人，其中转移到浙江就业648人，占全区贫困劳动力的19.7%；转移到浙商企业就业742人，占全区贫困劳动力的22.5%。实现人均增收4 550元，同比增长12.5%。

■ 路桥·朝天劳务协作工作站揭牌仪式

二、主要做法

（一）建立"一库三名单"，确保招聘就业有平台

一是建立企业用工需求库。2018年以来，路桥、朝天两地劳务协作工作站先后对浙江省1 100家用工企业和四川省内602家企业进行走访调查，收集掌握用工需求信息11 205条，成功筛选有效岗位信息6 210条。按照企业信用好、工作环境好、薪资待遇好、生活保障好、发展前景好的"五好"要求，筛选出杭州娃哈哈集团有限公司、三鸥机械有限公司、信溢农业机械有限公司等76家企业（其中台州市内企业26家），开展定点劳务转移输出。

二是完善贫困劳动力就业"三名单"。对朝天区25个乡镇214个村的劳动力逐户进行排查，实行劳动力求职信息实名制登记，采集建档立卡贫困劳动力名单14 079人、已转移到企业就业贫困劳动力名单3 291人、有转移就业意愿和能力未实现转移劳动力名单468人。通过组织专人对"一库三名单"信息逐一比对，精准匹配就业岗位。

（二）推行"一化三精准"，确保转移输出有门路

一是坚持市场化运营。建立"政府搭台、市场唱戏"的市场化工作机制，由专业劳务经纪公司入驻劳务协作工作站，开展劳务协作对接招聘、定向培训、服务保障等工作。广元市工立方人力资源公司、台州市百度人力资源公司各落实4名专职工作人员，为朝天籍务工人员提供前端招聘和后方安置等服务工作，有效解决朝天区"就业难"和路桥区"招工难"难题，优势互补，实现共赢。

二是开展精准招聘。实行"线上+线下"统筹推进，朝天工作站负责前端招聘、路桥工作站负责后方安置。"线上"利用"农民工工作站"微信公众号、招聘网站等平台，发布招聘求职信息2 000余条；"线下"通过专场招聘、巡回招聘等方式，开展各类招聘活动26场次，并确定每月1号、15号为集中劳务输出日。针对浙广劳务协作对口援

第三章 就业扶贫：让贫困劳动力端稳就业"饭碗"

■ 朝天区"夏季攻坚"暨东西部扶贫劳务协作专场招聘会

助企业，开通"绿色"招聘和就业通道。目前，浙广劳务协作对口企业吸纳朝天籍劳动力398人，其中广元启力饮料基地（娃哈哈二期）吸纳36人。

三是实行精准培训。根据企业岗位条件和劳动技能等需求，采取"企业订单+劳动者选单+定向培训+定点就业"培训模式，开展订单式、前瞻式、综合式培训，实现转移就业供给需求无缝对接。依托路桥沃尔沃生产基地、三鸥机械等大型基地和企业组建对口劳务帮扶产教联盟，围绕电工、机械工等20项高需求工种，定向式、订单化培训，已将58名取得培训合格证的学员优先推荐到联盟企业就业。开展校企合作，与朝天职业中学合作开办"绿田机电班"，采用"2+1"（2年学校培养+1年企业实习）培养模式，已帮助44名学生实现就业。2018年以来，共举办培训专班38期，培训1 136人次。

四是落实精准指导。组建"劳务经纪人团队"对转移劳动力"一对一"开展免费职业规划、就业指导等跟踪服务，帮助其提升技能，增加工资收入。成立由知名技师和杰出工匠组成的宣讲团，对转移就业人员常态化进行宣讲，分享自身成功经验、介绍职业规划路径，帮助务工人员树立职业化发展理念。2018年以来，共免费为1 200余名劳动力开展职业规划和就业指导，开展宣讲活动64场次，惠及贫困劳动力2 562人。

（三）强化"一跟三保障"，确保就业岗位稳得住

一是完善"跟进式"服务保障体系。建立日常巡视监察机制，完善工资支付监控制度，有效监控企业工资发放和规范用工情况，保障务工人员权益。开展岗前学习，讲解安全生产和劳动法等知识17场次，提升务工人员法律意识和自我保护意识。适时开展个性化服务，落实专人帮助务工人员解决各类困难和问题20余个，保障务工人员安心就业、长效增收。

二是强化政策保障。针对转移到路桥的务工人员，朝天区在2018年出台《劳务转移专项奖补政策》，对人力资源服务机构、劳务经纪人、村代办站给予100~1 100元转移补贴，对稳定就业三个月以上的劳动力给予1 500~2 500元稳岗补贴。落实农民工子女教育政策，帮助协调异地就学难问题。出台免费培训政策，为朝天籍务工人员免费提供师资力量，提升专业技能，为企业培养优秀人才和业务骨干。通过政策保障，帮助朝天籍327名务工人员实现长期稳定就业。

三是强化服务保障。实施"前方+后方"全方位亲情服务行动，广泛开展节日慰问、定期回访。加强对外出务工人员家庭留守老人、儿童的人文关怀，帮助他们解决具体困难和问题，为其消除后顾之忧。2018年以来，已开展劳务人员集中专项回访慰问15次、员工家属走访慰问12次，为20多个家庭送去"娘家人"的温暖。

三、经验总结

自2018年以来，台州市路桥区、广元市朝天区抢抓新一轮东西

部扶贫协作机遇，以劳务协作为突破，通过在路桥、朝天分别建立劳务协作工作站，探索推行市场化运作模式，打造集就业帮扶、权益保障、教育培训、亲情服务等多项功能于一体的劳务协作综合服务平台。通过劳务协作平台建设，进一步加强了两地劳务承接转移，有效解决了路桥区劳务"招工难"和朝天区劳动者"就业难"问题。

一是打造劳务协作平台，解决企业和劳动者之间的衔接，通过"一库三名单"信息逐一比对，为求职者精准匹配就业岗位，确保了招聘就业有平台。二是利用市场化运营模式，通过"政府搭台、市场唱戏"，将政府、市场、就业群体有效衔接，实行精准招聘、精准培训、精准指导，优势互补，实现共赢，确保了转移输出有门路。三是强化"一跟三保障"，通过"跟进式"服务保障体系，出台专项奖补政策，实施"前方+后方"全方位亲情服务行动，帮助就业者消除后顾之忧。

浙江温州：家政服务行业帮扶贫困家庭就业促增收

一、背景情况

近年来，温州市深入贯彻党的十九大精神和习近平总书记关于打赢脱贫攻坚战的重要论述，持续发力精准扶贫，锚定攻坚精准脱贫，前往鄱阳、南充、恩施等省外城市，深入永嘉、洞头等市内区县，以精神扶贫为落脚点、以就业扶贫为主心骨、以技术扶贫与产业扶贫为辅助手段，用好用足发展家政服务行业这一具有巨大潜力的扶贫手段。随着新冠肺炎后疫情时代的来临，温州市家政扶贫工作加速、加码，实现四川、江西、陕西等地家政技能扶持"零就业"家庭1 600多人次，其中近200人来温州市就业；同时组织家政服务企业建立职业技能"爱心学校"，就业率高达95%，帮助永嘉、洞头等市内区县500余户"零就业"家庭实现就业增收。

二、主要做法

（一）培根铸魂谋民意，摸清情况，精神扶贫走在前

温州市深入贯彻习近平总书记关于"扶贫先扶志"的系列重要讲话精神，走入村口大门、家户小门、群众心门。一是进入村镇实行摸查走访，了解致贫原因。组织家政企业与有关部门积极对接劳动力、家庭妇女，总结导致贫困的多种内因与外因，坚持问题导向，帮助贫困群众走出困境，共出动人员5 000多人次。二是走入家门进行脱贫宣传，讲解脱贫政策。采取最接地气的宣传形式，依托村务公示栏等公共平台向贫困村民宣传政策，开展村民集中宣讲会，邀请人员分享脱贫经验，广泛宣传脱贫致富的典型人物和先进事迹，帮助他们树立

脱贫信心。三是主动担当，企业负责人亲自出马。各家政企业负责人均深入一线，给承诺、摆方向、谈待遇，为贫困人员打好坚实的信心基础。

（二）纲举目张解民忧，搭建平台，就业扶贫画底色

面对贫困人群实现就业面临的"信息渠道闭塞""交通条件匮乏""技能水准不足"三座大山，温州市梳理出了相应的解决办法，初步搭建贫困富余劳动力公共就业平台。

一是发挥专业示范市场效能。温州市家庭服务市场作为全国领先的示范性家政服务市场，不仅为温州市民提供安全、放心的家政服务，还作为一个坚实的堡垒，为全市内外有意愿从事家政工作的贫困人员提供各项从业支持，例如公安审核、技能培训、身体体检和补贴政策等，目前已接待贫困求职人员2 000余人。

二是供需接洽"传信息"。积极动员温州家政服务企业提供招聘信息，为有意愿成为家政服务人员且具备一定技能水平的农村妇女联络接洽雇主。同时，依托与当地建立的跨省劳务协作机制和温州设立的家政机构，发布各类企业用工信息，指导贫困地区求职人员通过电话、视频和网上远程招聘等方式进行人岗匹配，共帮扶对接人员200人次，组织家政机构8批次30余家，提供岗位信息2万余个。

三是建立基地"送岗位"。温州市引导企业在培训、就业基地建设方面做出积极探索，鼓励温州家政机构前往当地开设培训学校，为来自贫困地区的家政服务人员提供先进的家政知识技能和良好的学习、工作条件。例如温州贵宝贝母婴护理服务有限公司前往四川、江西设立专业培训学校，自主研发适应当地情况的教材和家政服务就业平台，发布专属的招工信息，提供更多的就业岗位，扩大市场容量的同时增强人员稳定性，帮助低收入妇女8 000多人，实现当地家政人员收入翻三番。

（三）前瞻务实纾民困，培训技能，技术扶贫强根基

为加强脱贫攻坚精准度、持续性和有效性，温州市将扶贫与扶智结合起来，通过职业技能培训，增强贫困群体自身的"造血"能力，提高脱贫致富的本领。一是组织专业教学团队。成立有责任担当、能吃苦耐劳、高职业素养的专业性家政服务业培训教师团，上至高山、下至海岛，在边远山区和靠海渔村等地开展多场教学活动，传授家政服务行业简单易学的技能知识，至今共组织公益家政教学培训会200余场，帮扶各类妇女9 000多人次。二是建立温州市独有的家服驿站。温州市积极布点，设立了100个家政服务驿站，为经市场登记又无住宿条件的贫困地区来温州市家政从业人员提供免费临时住宿，目前共接待521人次。三是保障后续人文关怀。对于从温州蓓蕾家政职业培

■ 温州企业赴鄱阳开展技能培训

训学校毕业的劳动者们,学校给予充分的后续关怀。一方面,以当面交流和电话咨询的方式,实时帮助其解答工作过程中遇到的难题;另一方面,建立"劳动者权益保护小组"和家政联合工会,随时为家政从业人员提供维权服务,保障其合法劳动权益,共帮扶家政人员5 000人次。

45岁的周建红是浙江省永嘉县(温州地区原挂牌贫困县)西源乡梅坦村一位普通的农村妇女,原来从事简单的农业工作。家里有三个孩子,丈夫因病花费巨大,家庭经济负担很重。2005年通过温州蓓蕾家政职业培训学校培训就业,周建红从一个贫困的农村妇女变成了一名高收入的金牌月嫂,十几年后的今天,她依靠月嫂获得的酬劳一方面还清了债务,盖了新房,另一方面还与朋友一起在村里投资种植铁皮枫斗,如今已初具规模,短时间内实现了脱贫致富。

(四)守正开新惠民生,打造品牌,产业扶贫增亮点

温州市全力支持家政企业打造独具温州特色的家政产业和品牌,温州市蓓蕾家政服务有限公司以"帮万人就业、助万家脱贫,帮万名用户、助万家幸福"为己任,于2018年与永嘉县妇联、人社局合作,共同打造永嘉县"楠溪保姆"品牌。一方面大力开拓本土资源,借助方言的优势进入温州市区家庭服务与医院陪护市场,让整个温州市的家政服务业消费者认识到这一优质、可靠、放心的贫困地区家政服务从业人员群体,为贫困地区输出更多求职人员铺平道路;另一方面坚持市场运作与政府引导相结合,促进"楠溪保姆"市场化、产业化、社会化发展,切实提高"楠溪保姆"的思想政治素质、业务工作能力,举办"2018永嘉金牌月嫂技能大赛",以赛促练,将50余名低收入家政人员纳入品牌培养计划中。该公司打破了城市家政服务消费群体对贫困地区家政服务人员的陈旧认知,用以人为本、诚信第一、质量至上的服务理念,以久久为功的努力,保障扶贫工作始终具有充沛动力。

三、经验总结

（一）剖析人口结构，因人制宜决定扶贫方向

温州市发展贫困地区家政服务业的努力基于对当地人口结构的剖析，由于青壮年劳动力流失，留在当地的贫困人群以中老年为主，性别比例失衡，妇女远多于男性。经调研，这些妇女具有一定劳动能力，且有从事家政工作的意愿，因此家政服务业成为最适宜的脱贫方向。

（二）做好市场调研，适应社会制定扶贫战略

温州市常住人口有930万人，家政行业需求与发展潜力十分巨大。据测算，全市家政服务市场需求量为29万人，紧密型家政服务人员需求量为6.8万人，家政服务领域存在供不应求、供不适求的情况。招聘吸引劳动妇女进入温州就业，既能提高贫困地区人员就业率和生活水平，又能更好满足市区消费者生活需要。据不完全统计，2018年至今已吸引外地低收入人员约2 000人在温州市从事家政服务。

（三）强化政策导向，开放福利增添扶贫动能

近年来，温州市大力开展技能提升行动，将家政技能提升作为技能培训的重要板块。2020年温州市出台了《温州市区职业技能提升行动培训补贴管理办法》，为家政从业人员培训提供了充足的经费支持，且家政服务人员参加"茶艺师""保育员"和"育婴员"职业技能大赛获得资质的同时还能申领补贴。为吸引更多人员投入家政行业，温州市还将为家政人员提供来温州市路费、临时住宿、免费体检和商业保险等各项补贴，为家政人员提供"一站式"就业服务。

（四）深化政企联动，各取所长提高扶贫效率

温州市有关部门与家政服务"领跑企业"勠力同心，加强联动合作，建立家政便民服务点，受理求职登记与需求登记；同时由人社

部门给予资金支持并进行资质审核，帮助企业创办家政培训学校、培训基地。据不完全统计，每年温州市培训的家政学员不少于10 000人次。此外，人社部门还免去了家政服务人员的体检费用，2020年以来免费体检11 062人。

广东潮州：稳就业脱贫有岗 强技能脱贫有道

一、背景情况

2016年以来，潮州市深入学习贯彻习近平总书记关于扶贫工作重要论述，把就业扶贫、技能扶贫等工作作为重要民生工程和首要政治任务抓紧抓好，充分发挥人社部门的职能优势和平台力量，牵头有关部门多措并举，通过开展精准扶贫"1+4""就业扶贫助复工"等行动，建立健全就业扶贫、技能扶贫等长效机制，有力实现贫困劳动力就业收入持续稳定。截至2020年11月16日，潮州市建档立卡贫困劳动力（不含在校生的系统数）为13 285人，实现就业12 497人；累计开发公益性岗位1 394个，已落实公益性岗位安置1 137人（其中目前仍在岗的建档立卡贫困劳动力为1 077人），组织有务工意愿及

■ 潮州市开展招聘到镇人岗对接活动现场

培训意愿的贫困劳动力参加技能培训和岗前培训13 266人。2020年以来，在做好新冠肺炎疫情防控的情况下，潮州市各级人社部门自3月起陆续举办48场小规模分散式现场对接活动，深入开展"招聘到镇，送岗到村，服务到人"的"三到"服务活动，组织疫情防控物资生产及用工紧缺企业到镇村。此外，共举办"就业精准扶贫专场网络招聘会"6场，有106家企业提供适合贫困劳动力的就业岗位2 112个。"村村通"就业信息平台共推送就业信息42期，658家企业在远程招聘平台提供适合扶贫对象的就业岗位8 006个，实现跨县转移就业3 257人，占实现就业人数的26%。中山对口帮扶资金受理贫困劳动力申请补贴人数80人，涉及补贴金额40 930.5元。

二、主要做法

（一）建立健全领导机制和工作机制，做好深入督导调研

潮州市人社局成立由主要负责同志任组长的扶贫工作领导小组，下设办公室和就业扶贫、技能扶贫等多个专项组，加强组织领导，并明确各专项组工作职责和人员构成，形成工作明确到组、责任落实到人的工作机制。局主要领导和各分管领导多次召开工作协调会议，抓实抓严工作进度。同时组织队伍深入各县区基层，坚持问题导向做好深度督导调研，围绕扶贫工作任务，对就业扶贫、技能扶贫等工作中存在的问题和考核、审计反馈的问题开展"全覆盖"调查研究，切实提升工作的靶向性和实效性，推动扶贫工作落地落实，取得实效。

（二）完善政策措施，加强部门协作和信息共享

潮州市人社局研究制定并出台实施《潮州市打赢人力资源社会保障扶贫攻坚三年行动方案（2018—2020）》和就业扶贫、技能扶贫等多个行动方案，广泛开展宣传引导，推动网上服务平台、微信公众号

等新型宣传渠道，确保政策宣传到位、措施落实到位，有效推进扶贫工作取得实效。同时，市人社局进一步加强与扶贫办、残联等部门的沟通联系，加强工作协调。不断完善信息共享机制，及时开展周数据信息比对工作，确保政策按规定落实。

（三）建立健全就业帮扶机制

1. 全面推进就业扶持政策落地

一是做好"促进就业九条"政策宣传，利用各类招聘活动现场发放政策宣传及解读资料，推动各项扶持政策落地见效，鼓励企业吸纳建档立卡贫困户就业并给予相应社会保险补贴及吸纳就业补助。二是在新冠肺炎疫情防控期间，落实好稳就业若干扶持政策，鼓励引导企业吸纳建档立卡贫困户就业，落实奖补优惠政策。三是积极联合中山市对口帮扶潮州指挥部的通知要求，市人社局积极对接各县（区）人社所，主动帮助疫情期间在潮州市稳定就业的贫困劳动力申请每人500元的"扶持贫困劳动力就业补贴"，并采取给予扶贫车间等单位吸纳贫困劳动力补贴、为外出务工贫困劳动力报销一次单程车费等措施，鼓励贫困劳动力转移就业。

2. 夯实就业扶贫工作基础

一是摸清底数，建立完善五类清单。包括未脱贫建档立卡贫困劳动力清单、存在返贫风险的已脱贫人口清单、非建档立卡的边缘人口清单、外省已在潮州就业的贫困劳动力清单和已就业的贫困劳动力清单等五类清单，并开展实地走访调查，逐人核实。二是做实服务管理台账。充分发挥驻村干部和扶贫工作队作用，指导镇村按贫困人员实际和个人意愿梳理个人情况并分类，制定相应帮扶措施，明确帮扶责任和责任人，形成服务管理台账。

3. 加强就业帮扶服务

一是举办"南粤春暖""就业援助月""南粤家政"等公共就业服务专项网络招聘活动，引导企业在线发布就业岗位，组织"就业精准扶贫专场网络招聘会"提供适合贫困劳动力的就业岗位。二是搭建就业平台，引导贫困劳动力与用人单位精准对接，探索实施"双向推介"。三是落实"一人一案"帮扶机制，在全市人社系统推行"调查摸底→建立台账→专人服务→促进就业→就业脱贫→共奔小康"的"链条式"工作模式，建立"送教上门""送岗到人""人性化、专业化、精细化"等"一对一"就业帮扶服务机制。四是充分发挥"村村通"就业信息平台和远程招聘平台服务作用，函请深圳、中山、汕头等市人社部门提供当地企业招聘信息推送，推动贫困劳动力实现跨县转移就业。

4. 积极拓宽就业渠道

建立就业扶贫安置基地安置建档立卡贫困劳动力，落实好精准扶贫公益性岗位开发与安置工作，灵活运用政策，结合开展农村环境综合整治、推动乡村振兴工作，开发工作时间灵活、能够兼顾家庭的公益性岗位，就地就近托底安置外出困难的贫困劳动力就业。全市各公益性、经营性人力资源服务机构积极发挥作用，做好精准对接服务。

5. 做好高校贫困毕业生就业服务

落实离校未就业的高校贫困毕业生就业服务工作，市人社局根据上级部门开发的基层公共就业创业服务岗位、城乡工作者岗位及"三支一扶"服务岗位要求，对符合条件的贫困家庭高校毕业生逐一进行电话通知，发动有意愿的贫困毕业生参加应聘。

6. 落实外省贫困劳动力在潮就业的精准帮扶

一是落实责任，"线上"与"线下"相结合引导省外贫困劳动力主动联系各级公共就业服务机构，并通过社保数据比对、电话调查等进行数据核实，建立精准帮扶台账，采取切实有效措施开展精准就业服务。二是压实责任，要求裁员减员的企业做到不裁不减贫困劳动力，确保省外贫困劳动力稳就业。

（四）建立健全技能提升机制

1. 深入实施"潮州菜师傅""南粤家政""农村电商"等重点工程助推精准扶贫

出台《潮州菜发展振兴专项资金使用管理暂行办法》，充分发挥潮州菜发展振兴专项资金作用，发挥市高级技工学校"潮州菜师傅"培训主阵地作用，在各区建设省级"粤菜师傅"工程示范培训基地、在9个村设立"潮州菜烹饪技能人才培训基地"，努力构建覆盖城乡的"潮州菜师傅"技能培训体系。

2. 开展拉网式培训，推动有培训意愿贫困户技能培训全覆盖

选取实用性强、就业率高的工种，以市高级技工学校为龙头，举全市有资质的培训机构之力开展潮州菜、家政、电商等职业技能培训，联合农业部门开展实用技术培训，采用层层发动，专车接送集中培训、入户培训和送资料等多种方式，对有培训意愿的贫困劳动力进行分类培训。

■ 潮州市开展贫困劳动力"粤菜师傅"技能实操训练

三、存在问题

潮州市致力于做好就业扶贫、技能扶贫等扶贫事业，力求帮助到每一个符合条件的贫困人员，精准脱贫，但在实际操作中发现存在如下问题。

（一）招聘活动达成意向率偏低，部分贫困劳动力就业意愿不强、就业稳定性相对较差

有的贫困劳动力自身技能不足，同时对工作要求较高，招聘活动达成意向率偏低。而有些贫困劳动力要照顾家中老人和子女，选择打零工，收入不稳定，巩固就业脱贫成果较难。

（二）贫困劳动力参加技能提升培训积极性不高

部分贫困劳动力存在等靠要思想，安于现状，或缺乏就业规划，参加技能提升培训的主动性不高，学习动力不足，技能培训效果有限。

（三）外省在潮贫困劳动力信息不全，就业帮扶难度较大

国务院扶贫办移交的外省贫困劳动力调查基数大且信息不全，前期摸查过程中，发现空号、错号、停机等无效数据占60%左右，挂断、拒接、语言不通无法沟通等情况约占23%；联系电话非本人、不在潮州等情况约占5%，实际在潮州务工人员约占12%，就业帮扶工作开展难度较大。

四、经验总结

潮州市按照精准扶贫、精准脱贫的总要求，切实提高政治站位，积极履行各部门职责，不断推动全市就业扶贫政策落实到位，在摸索

总结中寻找适合市情的工作方法，让扶贫工作取得了实效。

（一）落实跟踪帮扶机制

一是对已就业的贫困劳动力，加强跟踪管理，做好定期摸排，动态掌握贫困劳动力就业和收入情况。二是与有意愿未就业的贫困劳动力及时联系，提供就业帮助，做好服务台账。三是与有用工需求的企业、家庭作坊等及时对接，获取招聘信息，实现常态化提供就业岗位。

（二）推动技能培训由注重数量向注重质量转变

技能培训成效考核方式由培训数量向培训满意度及能力提升情况转变，做好培训需求摸底调查，灵活采取"定单式""定向式"等多种培训方式，提高培训的针对性与实用性。

（三）大力推进各项政策补贴落实到位

加强宣传引导和政策倾斜，加大就业补助资金、财政扶贫资金的补助力度，不断完善企业优先吸纳和保留贫困劳动力稳岗就业的各项政策补贴。对本地企业优先招收贫困劳动力较多的，落实企业服务专员制度，主动帮助企业落实各项援企稳岗政策。落实技能培训补贴、社会保险补贴等系列稳岗就业政策，鼓励企业吸纳贫困劳动力。

西藏林芝：利用川藏铁路建设用工订单定向培训强技能促脱贫

一、基本情况

林芝古称"工布"，藏语意为"太阳的宝座"，位于西藏自治区东南部，雅鲁藏布江中下游，与印度、缅甸两国接壤，毗邻拉萨、昌都、那曲、山南等市，全市平均海拔3 100米，总面积11.7万平方公里，是一个以藏族为主体，汉族、门巴族、珞巴族等35个民族和僜人组成的多民族聚居区。2015年林芝市精准识别建档立卡贫困人口6 636户、22 803人，其中一般贫困户3 849户、15 120人，低保户1 871户、6 670人，五保户916户、1 013人，贫困发生率为16.42%。脱贫攻坚战打响以来，林芝市始终坚持以贫困群众就业增收、脱贫致富为主要培训目标，主要围绕建筑施工、特色种养等贫困群众参与度高的就业创业工种，开展技能技术培训，精准提升贫困群众就业能力。截至2019年底，全市累计减贫6 958户、23 893人，490个贫困村居全部退出，7个贫困县区全部脱贫摘帽，历史性全面消除绝对贫困，有效解决了区域性整体贫困。近年来，林芝市抓住川藏铁路"林芝至雅安段"即将开工建设的有利契机，加大与川藏铁路有限公司对接联系力度，达成了川藏铁路公司提供"订单"岗位、委托山东蓝翔技师学院开展"菜单式"培养、培训结束"定向"输送到川藏铁路建设工地就业的合作方式，共同推进城乡劳动力有组织化转移就业工作，助力农牧民群众脱贫致富。

二、主要做法

（一）加强对接协调，明确培训就业一体化模式

林芝市多次与川藏铁路有限公司协调座谈，于2020年3月9日联合印发了《川藏铁路建设用工订单定向培养及招录工作方案》，明确细化了订单定向培训工作措施。一是持续开发"订单"就业岗位。从2020年开始至川藏铁路建设完成，实施"川藏铁路建设工人订单定向式培养计划"，努力培养一批留得住、用得上、干得好的适宜川藏铁路项目建设用工的技能人才。力争每年培养川藏铁路项目建设技能人才不少于120人。二是确定"菜单"式培养计划。充分征求川藏铁路有限公司用工需求，结合川藏铁路项目建设用工实际和参训学员素质状况，协调山东蓝翔技师学院有针对性地制定学员"菜单"式技能培训课程，明确技能培养方向，努力将参训学员培养成川藏铁路项目建设实用性人才，打造一支"永远不走"的技能人才队伍。三是保障"定向"输送到川藏铁路建设工地就业。培训班结业后，由川藏铁路有限公司面向订单定向培训合格人员按程序开展招录工作，有针对性地安排到川藏铁路有限公司建设单位就业。若无特殊原因，原则上培训合格人员全部予以招录。

（二）加强培训班跟踪管理，确保培训实效

全方位保障参训学员培训工作，引导和鼓励其认真学习、安心培训。一是加强与院方沟通。市相关领导先后两次赴山东蓝翔技师学院与院方领导座谈沟通培训教学工作，积极协调山东蓝翔技师学院结合参训学员民族、文化程度差异等实际情况，在培训教学、饮食起居等方面提供支持，为参训学员提供便利，有力保障培训教学质量。二是安排专人跟班管理。明确人社局劳动就业服务中心全程负责培训对接工作，选派4名工作人员专程赴山东蓝翔技师学院负责培训班的跟踪管理，及时帮助学员解决学习生活中的困难，并为

所有参训学员购买人身意外保险，全力保障学员在异地他乡安心学习。三是建立健全组织机构。充分发挥基层党组织战斗堡垒和农牧民党员的先锋带头作用，建立驻山东蓝翔川藏铁路订单培训临时党支部，选优配强党支部书记和委员，挑选5名高校毕业生、农牧民党员和跟班工作人员担任党支部书记和委员。以党支部为核心和纽带，建立"学员社团"和"兴趣小组"，把参训学员的日常生活统一组织起来、把参训学员的培训热情动员起来，进一步增强参训学员凝聚力，让参训学员静下心、稳得住，真正学得一技之长。四是完善管理制度。由市人社局党支部牵头，进一步制定完善培训管理制度、培训考勤制度、请销假制度、奖惩制度，并指定跟班工作人员负责跟进督促落实。在党支部基础上，专门挑选15名参训学员组建培训班班委，实行分组连片管理，落实责任到人、到岗，做到统一步调、统一管理，定期向市人力资源社会保障局以及所在县区反馈相关情况。五是多管齐下，掌握思想动态。每周定期举办主题班会等活动，组织开展形式多样、内容丰富的文体活动，进一步增强参训学员间的沟通交流。由党支部牵头，班委协助，不定期开展谈心谈话活动，动态了解参训学员的思想、培训以及生活情况，回应关切和诉求，营造有利于学员培训的温馨氛围。落实县（区）属地责任，由市人社局牵头抓总，建立联系服务参训学员的机制，每周动态跟踪汇总本地参训学员的培训、思想动态等情况，及时解决参训学员后顾之忧，确保参训学员安心培训。

（三）发挥劳务输出组织作用，保障参训学员就业有出路

目前，川藏铁路建设用工26名钢筋工订单定向培训班学员先后于2020年7月27日、8月11日顺利结业。川藏铁路"林芝至雅安段"暂未开工无用工需求期间，林芝市人社局积极对接市内各建筑工地，有针对性地开发近60个钢筋工就业岗位，依托全市劳务派遣公司等劳务市场主体，有组织化地输送结业学员到各建筑工地就业，有效保障参训

学员就业不间断、有出路。同时，为鼓励企业吸纳结业学员就业，进一步巩固提升钢筋工实操技能水平，市人社局按政策支持企业为学员开展"以师带徒""以工代训"培训，确保钢筋工订单定向培训班学员赴川藏铁路建设工地就业前达到中级工以上水平，更好地服务川藏铁路建设。

三、经验启示

职业技能培训是促进就业、助力脱贫攻坚的基本途径，也是做好"六稳"工作、落实"六保"任务的重要举措。职业技能培训要坚持市场需求导向，服务经济社会发展，适应人民群众就业创业需要，有效避免"广撒网"的培训模式；要充分整合利用区内外培训资源，建立人社部门牵头抓总，职能部门各司其职，社会力量广泛参与的工作格局，形成以政府为主导、企业为主体、院校为阵地和各类培训机构广泛参与的职业技能培训工作体系和运行机制，整合各类培训资源，积极构建"大培训"体系，有效避免培训质量不高的问题；要推进培训就业一体化，大力推进开展企业提供"订单"就业岗位，院校提供"菜单式"培养计划，培训结束后"定向"就业的工作模式，有效避免培训效果不好、培训后就业率不高的问题。

下一步，林芝市将继续加大与川藏铁路等重大项目建设单位对接力度，全力保障城乡劳动力就业有出路。一是在川藏铁路"林芝至雅安段"开工建设前，继续深挖市内、区内用工潜力，开发更多有针对性的岗位，为川藏铁路建设订单定向培训学员提供匹配度高、不间断的就业机会，进一步增强参训学员培训的信心和积极性。二是持续与川藏铁路有限公司沟通衔接，建立技能人才培养和农牧民转移就业长效合作机制，争取提供更多"订单"岗位，为更多有意愿参与川藏铁路建设的高校、中职毕业生和城乡劳动力开展"菜单"式职业技能培训，提供"定向"就业机会。三是充分发挥农牧民转移就业专项推进组办公室牵头抓总的作用，协调各成员单位各司其职、互通有无，围绕川藏铁路建设等政府投资重大项目，协调动员城乡劳动力参加川藏铁路等重大项目建设，共同推动川藏铁路等重大项目建设与群众就业增收工作齐头并进。

山东济南：阳光大姐依托专业化、标准化优势积极助推脱贫攻坚取得实效

一、背景情况

济南阳光大姐服务有限责任公司创办于2001年10月，主要为失业失地妇女、农村富余妇女劳动力、女大中专毕业生等生活困难、就业困难群体提供家政系列职业技能培训以及养老、育婴、家务、保洁、医院陪护等十二大类30余项家政系列服务，"阳光大姐"商标被认定为同行业首个"中国驰名商标"。从国有企业改革到新农村建设，从新旧动能转换到乡村振兴，阳光大姐帮助下岗职工、农民工、外来务工人员、大中专毕业生等困难群体实现就业与再就业。

作为与百姓生活密切相关的家政服务业，在助力脱贫攻坚方面有着扶贫投入成本低、扶贫效果好、可持续等独特优势。在这方面，山东济南的阳光大姐通过实践总结积累了丰富经验，创新出很多有效的工作方法，取得了显著效果。近20年来，阳光大姐已累计培训37.8万人，安置就业228万人次。

二、主要做法

扶贫的关键是扶智与扶志。"授之以鱼，不如授之以渔。"阳光大姐把转变困难人员的思想观念、思维模式，提升他们的就业技能作为助力脱贫攻坚的核心和抓手，帮助更多人员在精神上脱贫，在收入上提高。

（一）集合优秀师资为贫困地区送去专业技能

1."走出去"：深入贫困地区"手把手"传授家政技艺

阳光大姐积极响应国家号召，根据山东省、济南市扶贫协作要求，选派优秀的培训老师多次赴扶贫协作地区传授家政技能，到湖南湘西、重庆、贵州、新疆等地开展家政专业技能培训。

老师们冒着酷暑、顶着严寒来到大山里，来到湘西的花垣县、古丈县、龙山县、吉首市、凤凰县以及重庆武隆等地，传授母婴、养老等家政技能，更重要的是把阳光的理念、自信的精神带给身处边远山区的农村姐妹，让她们感受到党和政府的温暖，认识到家政工作的重要，树立诚信敬业的品质，激发认真学习的热情。

2019年在重庆武隆山区开展培训期间，一开始一个班来参加培训的村民大姐只有30多人。她们起初都是一脸茫然，好几十年没有走进课堂，没有写过字，但专业老师授课生动有趣，大姐们听得津津有味，她们还叫来自己的丈夫和邻里乡亲听课学习，课程结束时学员达到50多人。

2."请进来"：邀请到济南提供"心贴心"帮扶指导

家政服务对于贫困地区脱贫攻坚具有投入少、效益好、可持续的独特优势，如果当地现有的家政企业能够做得更规范，培训更到位，就可以让更多的贫困人员在当地就业脱贫。因此，家政经理人和授课老师的培训与指导至关重要。根据这一思路，阳光大姐与重庆、湖南、内蒙古、新疆等多地进行对接，这些地区定期组织家政企业经理人、培训师到阳光大姐参加培训。阳光大姐根据不同地区家政行业发展状况，针对性开设课程，从对家政人员的培训到家政管理的流程标准，从职业化、标准化、信息化管理到企业文化建设等内容，尽已所能进行传授，提供"心贴心"帮扶指导，建立起长期联系机制，帮助当地家政企业提升管理和服务水平。

3."上平台"：借助信息化力量助力困难人员技能提升

2020年突如其来的新冠肺炎疫情给家政行业带来很大的冲击，原来的线下培训无法开展。疫情期间，阳光大姐主动"危中寻机、化危为机"，在原有培训平台基础上升级了家政在线培训平台。疫情期间，平台入选成为人社部全国"职业技能在线培训"的54家平台之一，也是国家、省、市三级人社部门推荐的在线培训平台，累计培训近65万人次。全国妇联将"家政服务培训平台"推荐给全国52个贫困县妇女，作为学习家政技能的重要方式，疫情期间发挥了积极作用。

（二）开办机构为贫困地区送去培训和管理模式

1. 与当地联合开办职业培训学校

通过实践，阳光大姐意识到，外派式的授课虽然有效，但受时间、人员等条件制约，培训规模有限。为了帮助更多人员掌握技能，还需要与当地紧密结合设立培训学校，设置培训实训操作场景。基于这些考虑，2019年6月26日在湖南与山东两地政府的支持下，阳光大姐在湖南湘西吉首开办了湖南阳光阿娅（苗语：阳光大姐）职业培训学校，济南市委和湘西州委主要领导为阳光阿娅职业培训学校揭牌。阳光阿娅职业培训学校成立以来积极发挥家政扶贫作用，选派师资和管理者到济南参加系统培训学习，回到湘西后组织当地人员开展培训，自成立以来已累计培训5 000余人，其中的70%在当地实现了就业。2019年阳光大姐还在新疆和田与当地家政龙头企业成立了阳光古丽（维吾尔语：阳光大姐）职业培训学校，已累计培训2 000多名维吾尔族妇女。

2. 设立连锁分支机构广泛吸纳就业

培训的目的是实现就业增收。阳光大姐还积极在贫困地区设立分支机构，帮助当地困难人员在家政行业实现就业，在湖南湘西、内蒙古、新疆、湖北等地设立分支机构或联合当地家政企业，输出阳光大姐管理模式，支持当地家政企业提质升级，更好地发挥就业安置能力。

第三章 就业扶贫：让贫困劳动力端稳就业"饭碗"

■ 阳光大姐选派优秀培训教师到湘西州凤凰县现场开展技能培训

与此同时，阳光大姐还吸纳各地有意从事家政工作的人员，让她们来济南就业。2019年底，来自湘西花垣县（即习近平总书记首次提出"精准扶贫"重要指示之地）的石某、麻某、杨某等多位大姐，在当地参加完育婴员培训后愿意到济南就业。阳光大姐免费给她们提供食宿，免费进行强化培训。考虑到语言、文化、生活习惯等方面南北方存在差异，阳光大姐选派专职管理人员精心为她们选择适合、包容的用户安排就业，时刻关注她们的状况，及时给予业务指导、心理疏导、生活关心，让她们尽快适应新环境、新岗位。

通过持续关心引导，石某等几位大姐在岗位上逐步稳定了，每月也有了三四千元的收入，加上政府补助，一个月可以收入六七千元。2020年春节放假，她们返回湘西。疫情稳定后，几位大姐急着要回济南继续工作，阳光大姐安排专车去接站，安排食宿让她们好好休息，调整好后抓紧安排上岗。目前她们工作很顺利，星级得到了提升，工资收入也不断提升，更重要的是她们已经爱上了家政这一爱心事业。

（三）发挥各地阳光大姐特色，形式多样助力脱贫

阳光大姐分布在全国二十多个省份的280多家分支机构发挥地域文化优势，突出当地特色，开展扶贫工作。比如，内蒙古乌兰浩特阳光大姐挖掘当地非物质文化遗产——科右前旗蒙古手工刺绣，在周边的盟市跑牧区，进乡村，冒着夏天三十多摄氏度高温和冬天零下二十多摄氏度的严寒，带领手工艺传承人义务为牧民和村民开展手工技艺培训。

来学习科右前旗蒙古手工刺绣的人中最小的七岁，最大的七十多岁。阳光大姐不仅负责教授技能，还负责回收科右前旗蒙古手工刺绣产品，联系国内外商户，开展销售，让牧民和村民通过手工技艺获得收入，目前已培训出4 000多名"绣娘"，绣品远销海外。

三、经验总结

一是家政服务在扶贫中能够发挥独特作用。家政服务工作非常适合年龄偏大、技能较弱人员，尤其是女性。对于贫困地区人员来说，从事家政服务工作一两个月的收入就可以达到或超过原来一年的收入，而且通过掌握家政技能，困难家庭自身也发生了积极的变化。只要身体健康、有就业意愿就可以从事的家政服务是非常适合困难群体的就业形式。

二是家政扶贫需要持续的爱心。阳光大姐把开展帮扶工作作为践行社会主义核心价值观、履行企业社会责任的重要内容，从思想上提高全员认识，把这项工作作为爱心工程。经过不懈努力，帮助越来越多的困难姐妹、困难家庭掌握家政技能的同时树立起信心，对生活有了新的希望，收入稳步增加，这是阳光大姐最开心的事情。

三是家政扶贫必须久久为功、持之以恒。从事家政工作的很大一部分是社会困难人员。不仅在农村，城市中也有人员由于种种原因导致家庭生活困难，需要得到救助。她们都是家政帮扶的群体，党和政府有责任和义务在给予她们就业技能的同时，帮助她们树立生活信心，在服务工作中找到自身价值。

第四章
旅游扶贫：绿水青山就是金山银山

> "绿水青山就是金山银山"理念已经成为全党全社会的共识和行动，成为新发展理念的重要组成部分。实践证明，经济发展不能以破坏生态为代价，生态本身就是经济，保护生态就是发展生产力。希望乡亲们坚定走可持续发展之路，在保护好生态前提下，积极发展多种经营，把生态效益更好转化为经济效益、社会效益。
>
> ——习近平在浙江考察时的讲话，2020年3月29日至4月1日

福建平潭：打造旅游"生态道"开启脱贫"致富道"

一、背景情况

苏平片区位于平潭北部，土壤贫瘠，自然条件恶劣，台风、大浪等自然灾害多发，而村民多以打鱼为生，居住分散，产业规模小，市场影响因素大，缺乏促进群众稳定收入的主导经济业态。多数群众的收入基础不牢，生活处于低层次、低标准、低水平状况。根据2020年的统计数据，苏平片区共有低保特困家庭1 456户，精准扶贫开发对象42户，共计1 498户、2 206人，占平潭贫困户总数的28.83%，是贫困户最多的片区。鉴于此，平潭立足旅游脱贫，按照全域化、生态化、特色化的思路，沿北部滨海建设了生态旅游廊道。

平潭北部生态旅游廊道建于山海交融之间，水天一色，风光旖旎，是连贯平潭北部地区约22公里的纵向旅游道，沿线跨越白青、平原、苏澳三个乡镇，途经24个行政村、90多个自然村，"穿珠成链、连线成片"，成了平潭旅游网红打卡点。2020年，北部生态旅游廊道接待游客达100万人次，其中，国庆节期间接待游客近30万人次。在廊道的串联带动下，乡村旅游成为引领当地发展的新名片，廊道周边村民投资民宿及其他经营业态近30家，有效促进乡村振兴，实现旅游富民、效益共享，周边受益群众达4.5万多人，拉动农民增收4 700万元，旅游从业人员人均可支配收入比乡村居民高约335元。

二、主要做法

（一）以精准规划为亮点，打造生态观光道

廊道项目突出了精准规划，在项目策划前期即详细调研了现有设

施与禀赋，并向周边国家级风景名胜区学习，实现山、海、景和谐相融。一是坚持生态优先理念。在线位方案上，充分考虑沿途旅游资源的生态开发和保护，如北部廊道项目充分利用原有风电施工便道和旧道路24.1公里，占总线长的73%，力争花最少的钱，占最少的地，发挥最大效应；同时保护好奇岩怪石、文保建筑、特色村落等，避开沿线生态脆弱的敏感点。在设计方案上，灵活运用技术指标，保持土方平衡，避免了大开挖及水土流失，同时注重修复沿线生态，整治沿线9处地质灾害点。在实施效果上，通过项目的实施及周边人居环境的整治，带动沿线村落的经济发展，拓展了生态价值链。经济发展又进一步提升了生态优势和资源优势，如沿线沙滩更整洁、养殖业发展更规范等，形成良性循环。全岛生态廊道串联坛南湾、将军山、山岐澳、石牌洋、君山、长江澳、仙人井等7个风景名胜区，并根据各地生态资源建设环境依托型、感官体验型、文化创意型游步道，形成串联景点的风景线。二是创新策划脱贫富民业态。为解决生态廊道业态不足的问题，引入平潭旅游股份公司对生态廊道进行运营管理，并在北部生态廊道周边策划了"旅游+文化""旅游+体育""旅游+教育"等多种业态，引导村民进行业态开发打造。

（二）以乡村旅游为切点，打造脱贫致富道

通过廊道建设，平潭着力探索乡村振兴的新机制、新路径和新方法。一是引入社会资本投资。在生态廊道沿线引入社会资本投资民宿、餐饮、文创等乡村旅游业态，让社会资本发挥脱贫致富的"引路人"作用。目前在廊道周边，已有超过10个乡村旅游项目由社会资本投资，总投资超过3 000万元。二是挖掘乡村资源。廊道建设过程中，注重挖掘并利用乡村特色文化资源，绿化美化传统村落，吸引游客集聚，如猫头墘自然村，廊道的建设使旅游人气集聚，提升了乡村活力。三是发展特色业态。带动沿线旅游村落发展乡村民宿和海渔体验等新型旅游业态，如青峰村、玉堂村、丰田村、南盘村、国彩村、钟

门村、红卫村、上攀村等，村民利用空置的房屋发展乡村民宿，开发文创产品、旅游纪念品，带动村民就业增收，实现旅游富民。四是开展陪护式指导服务。由区旅游文体局负责，邀请台湾新旅境团队对周边村庄进行陪护式指导服务，引入台湾先进乡村旅游经营管理理念，指导乡村旅游发展。

（三）以要素保障为准点，打造产业创新道

一是完善政策法规引导。创新出台民宿管理办法，规范化管理民宿，引导民宿提质升级。出台印发《平潭综合实验区旅游民宿管理办法（试行）》《平潭乡村旅游与民宿发展规划》《平潭综合实验区乡村旅游发展三年行动计划》及促进民宿、乡村旅游发展的奖励扶持措施，鼓励引导村民规范发展乡村特色产业。二是提升基础硬件设施。优先配套廊道沿线村落的供水、供电、燃气、通信等设施，拓展旅游观光巴士线路至各村落，特别是通过廊道建设，改善沿线村落的道路不通、村镇不连、路网不畅的现状，在廊道沿线和重点景区内建设停车场54座、停车位7 000余个。同时完善旅游配套设施，沿线串联并建设11个旅游集散服务中心、4个旅游休闲驿站，设置15处观景平台、6条人行步道，为游客提供旅游咨询、如厕、休憩等服务。三是增设移动服务设施。兼顾考虑游客服务中心和旅游驿站，沿线设置移动餐车、移动便利店，满足游客应急购物餐饮需求。

三、经验总结

一是突出高标准的绿色发展。始终秉持"绿水青山就是金山银山"的理念，围绕建设北部生态旅游廊道，积极探索深化"两山"转化路径的平潭模式。依托廊道周边的自然生态岸线、海蚀地貌、海岛渔村、遗迹古景等自然和历史文化资源，对周边乡村发展进行差异化布局，按照"一村一品、一村一特、景村一体"的原则，打造田园风

光型、水乡渔村型、景区依托型、文化创意型、红色旅游型的乡村旅游特色村。以猫头墘自然村为例，当地依托独特的山、海景观资源和丰富的石厝资源，对原有石厝修旧如旧，结合当地的风土人情，开发体验式旅游产品，吸引了《爸爸去哪儿》栏目组进驻拍摄，被评为省级美丽乡村，带动了村民致富。

二是突出乡土味的精准规划。坚持高标准规划，在深入调研、多方论证的基础上，同时编制项目策划方案和产业业态发展方案，并结合乡村旅游与民宿发展规划，合理统筹北部生态旅游廊道建设及沿线的业态布局，使之环环相扣、同步推进。按照《平潭综合实验区国土空间总体规划（2018—2035年）》明确的坛北文化体验区、坛东民俗旅游区定位，将北部生态旅游廊道周边乡村发展定位为"石厝慢城"，在现有村庄布局基础下，以绿色生态控制、旅游休闲为重点，发展慢生活与人文生态旅游。为此，北部生态旅游廊道沿线布局建设了驿站、休息区、观景平台等附属设施，含1条主线、8条观光道联络线、3条人行观光步道、9处休息区、10处观景平台，以点—线—面的方式，逐步发散，串联周边乡村发展慢生活旅游，发挥综合效益。

三是突出融合式的产业培育。以提升游客体验感、舒适度为核心，引导廊道沿线进行整村的科学谋划、合理植入和规范运营，坚持集散布局、高低兼备、动静相宜、日夜互促的原则，发展乡村旅游+业态，引入社会资本，因地制宜打造民宿"+农耕渔事""+户外运动""+民俗节庆""+研学游学""+文创购物"等业态产品。现今，生态廊道周边民宿及乡村旅游产品林立，已成为一条"好玩、好吃、好游"的特色观光道，吸引了诸多外来投资商在此筑巢生根。玉堂小学原是北部生态廊道上玉堂村的闲置小学，建设于20世纪60年代，随着村民外出打工及产业转移，玉堂村人口凋敝，玉堂小学也成了无人读、无人念的"空心小学"。随着北部生态廊道的开发建设，该区域进入投资商视野。2019年7月，台胞陈奕霏与客家人张如华来到平潭，租下了玉堂小学，邀请专业设计机构，将原先破败的玉堂小学修整，结合平潭特色与专业设计，打造了"玉堂湾海边艺术民宿"。自开业以来，旺季时常爆满，带动了周边乡村特色旅游发展，也成功成为平潭国际旅游岛的一张特色住宿名片。

四是突出暖心式的靠前服务。建立行业主管部门、属地片区管理局与项目建设部门协同推进的联动机制，促进廊道资源整合、产业产品开发、公共服务配套、旅游营销推广等，帮助廊道周边村民及企业解决实际困难。国彩村村民余玉妹在景观周边设摊，经营着平潭草燕、海蛎饼等本地特色美食，吸引不少游客品尝；白胜村村民李金宋在路边向游客出售各式各样具有平潭特色的贝壳手工艺品，深受游客欢迎。还有很多村民从事这样的"摊贩经济"，旅游高峰期每人每日能赚500元至1 000元不等。

五是突出精准性的政策引导。出台规范性文件，规范乡村旅游常见业态如民宿、小餐饮发展。同时发挥政策的引领示范作用，加大各级政策扶持力度，制定出台《平潭综合实验区奖励扶持旅游业发展的十条措施》，扶持乡村旅游业态，奖励乡村旅游业态评级评星优化发展。在2020年新冠肺炎疫情期间，进一步加大政策的靶向性引导作用。一是给予备案补贴。出台《平潭综合实验区支持涉旅企业应对疫情共渡难关八条措施》，对2020年前已通过备案的民宿及2020年度新通过备案的民宿，按单个民宿建筑面积分别给予一次性2万元、3万元的奖励。鼓励民宿业者在疫情期间开展线上提升培训工作。在政策支持下，苏平片区乡村民宿在2020年逆势增长，新备案11栋民宿，同比增长171%。二是出台评级标准。2020年12月，出台区级民宿标准"岚宿之星"，发挥头部精品民宿的示范引领作用，引导全区民宿互相竞争，提质升级，第一批已评选10栋"岚宿之星"精品民宿，其中苏平片区有2栋精品民宿入选。

甘肃榆中：整体打造乡村旅游综合体助力脱贫攻坚

一、背景情况

榆中县小康营乡浪街村，距县城中心4公里，下辖9个村民小组，耕地4 320亩，536户、1 946人，2019年人均可支配收入为12 050元。近年来，在省市县的大力支持下，浪街村积极抢抓"一带一路"发展机遇，紧扣国家和省市文旅融合、全域旅游发展战略，充分挖掘利用地域优势，加快发展特色乡村旅游，致力于打造"吃农家饭、住农家屋、干农家活、享农家乐、购农家货"五位一体的老家·浪街乡村旅游综合体，曾经的贫困乡村变成了景点，田园变成了公园，为脱贫攻坚注入活力。

二、主要做法

（一）创业致富，不忘反哺乡里

2017年浪街村"两委"向全村发出"一封信"和"亲情家书"，43名回乡创业人员和村民积极响应号召，投身家乡二次创业，筹集1 000多万元启动资金，成立了榆中浪街农业发展有限公司，由此拉开了浪街旅游开发的序幕。4年来，浪街村探索创立"党支部+公司+企业+合作社+农户"发展模式，通过农民就近务工、房产土地入股分红、农家乐经营等方式，创造就业岗位1 300多个，带动本地村民就业500余人，实现整村脱贫致富。2019年，老家·浪街乡村旅游景区接待游客超过100万人次，旅游综合收入3亿元左右，最终实现"户户有就业、人人能就业、年年有收入、家家有资本"的目标。

（二）规划引领，绘制发展蓝图

浪街村西临兴隆山，东面青龙岭，北倚凤凰山，南望徐家峡、唐家峡、龛谷峡三个自然风景区，是四面环山的"聚宝盆"。按照"统一规划、一体发展、分区实施"的建设原则，编制《老家·浪街旅游小镇规划》《浪街村乡村旅游建设规划》，注重村庄布局、土地利用、产业发展规划的充分衔接，因地制宜、精心设计，形成"一景、一业、一貌、一品"布局。同时，在广泛征求村民意见基础上精准分析研判，创新实践，合理确定短期和中长期建设目标和建设时序，分类包装制定项目计划、区域布局和功能定位，以点带面，穿点成线，统筹衔接，提升整村主干道路沿线景观整体效应。

（三）旅游项目，助推产业发展

将旅游项目建设作为推进产业发展的突破口，以招商引资为引擎，融合休闲观光、乡村文化、民宿美食、生态康养、创意农业等要素，全力打造老家·浪街乡村旅游核心产业。投资1.7亿元实施老家·浪街旅游小镇项目，建成老家·浪街城门楼、特色小吃街、文化广场、花海基地及彩虹滑道、喊泉、步步惊心桥、嬉雪场、滑冰场等形式多样的互动游乐项目。与山丹军马场合作，建成集认养、乘骑、游乐、西部影视基地为一体的古道跑马场。投资2 400万元实施窑洞民宿康养项目，采用智能化"绿聚能居"、全品质新风、负氧离子等技术，将创意新鲜、健康体验与本土元素结合。通过政策引导、资金补助、标准规范等手段持续推进厕所革命，新建、改建旅游厕所8座，合理布局，切实改善游客整体体验。

（四）宣传营销，提升品牌形象

按照"民风厚重的栖憩村落，山美花香的宜居田园"的功能定位，以"勾起现代人的乡愁情怀，呼唤现代人的回家旅途"为主题，发挥乡土优势，挖掘乡土故事，打造"特色小吃街、民俗文化街和乡土购物风情街"三条记忆老街，确立"叙说榆中故事、唤醒乡韵乡愁"的老家·浪街特色旅游品牌。推进线上线下联动营销，开通"老家浪街乡村旅游综合体"微信公众号，为游客定期推送景区优惠信息、旅游攻略等，助力游客合理安排行程，降低出游成本，不断提升游客满意度。按照打造"大浪街"的产业发展思路，打造吃喝玩乐在浪街、游山玩水在"三峡"（徐家峡、唐家峡、宪谷峡）的浪街二日游精品线路。精心制作老家·浪街宣传视频，全力打造全季旅游，成功举办风筝风车节、乡村厨艺大赛、农民丰收节、"冰中狂欢，美味浪街"冰雪节等活动，激发游客的体验欲望和对田园生活的向往，吸引游客、留住游客，从而产生规模效应，使乡村旅游带来的经济收益惠及当地和周边群众。

三、经验总结

（一）抢抓机遇，探索发展模式

2017年，浪街村建成省级美丽乡村，2018年浪街村被列为全县"三变"改革试点村，村"两委"高度重视，按照省市县的统一部署和要求，凝聚改革共识，明确改革目标任务，迅速推进资产资源核查、经营主体培育、产业发展等各项工作，以土地、宅基地、资金、集体资产等方式进行入股分红，取得了初步成效。截至目前，全村完成农村集体资产清产核资，清查总资金800万元，总资产600万元，集体资源总面积0.714万亩；完成成员身份界定2 002人，成立了"榆中县小康营乡浪街村股份经济合作社"，设置集体股498股，个人股2 002股。

（二）党建引领，经济作用凸显

由村党支部牵头，带领本村致富带头人和在外经商人员赴陕西袁家村、马嵬驿等多地实地学习考察，回来后召集联络本村致富带头人和在外经商人员积极探索"党支部+公司+企业+合作社+农户"发展模式，共同打造老家·浪街乡村旅游项目，走出了一条振兴乡村产业、壮大村集体经济的脱贫致富路子。

（三）带动就业，增加农民收入

优先聘用返乡人员、浪街村贫困户，目前已提供就业岗位300多个，最终实现"户户有就业、人人能就业、年年有收入、家家有资本"的目标。

（四）文旅融合，激发乡村旅游活力

浪街村以"勾起现代人的乡愁情怀，呼唤现代人的回家旅途"为主题，按照"民风厚重的栖憩村落，山美花香的宜居田园"的功能定位，确立"叙说榆中故事、唤醒乡韵乡愁"的老家·浪街特色旅游品牌，为脱贫攻坚和乡村振兴探索出了一条切实可行的发展之路。

广西马山：推进"体育+旅游+扶贫"融合模式助力脱贫攻坚

一、背景情况

马山县地处桂中腹地，大明山北麓和红水河中段南岸，县城距南宁市96公里，全县总面积2 345平方公里，辖11个乡镇（其中2个为瑶族乡），人口57万，居住有壮族、汉族、瑶族、苗族等11个民族。马山是国家扶贫开发工作重点县、桂黔滇石漠化治理片区县和广西左右江革命老区县，拥有"中国黑山羊之乡""中国长寿之乡""中国民间文化艺术之乡""中国会鼓之乡""全国生态文明先行示范县""广西十大民族传统体育特色之乡"等20多张国家级、省级"名片"（荣誉）。近年来，通过参与体育旅游发展，马山实现增收脱贫的人口累计超过16 000人，占全部脱贫人口的17%以上，全县贫困发生率也从2016年初的20.22%降至2019年底的0.84%，马山县于2019年顺利摘掉了贫困县的帽子。2018年3月，国务院扶贫办领导结合深入马山督查调研所掌握的实际情况，在全国贫困村创业致富带头人工作现场会上，对马山县的体育旅游扶贫工作成效给予了充分肯定。

二、马山"体育+旅游+扶贫"模式的主要做法及成效

为最大化发挥"体育+旅游+扶贫"马山模式的综合带动效应，在举办赛事节会过程中，马山县紧扣脱贫攻坚和县域发展目标，推动扶贫公益活动、招商引资工作、产业融合发展、体育人才培养等工作深入开展。

(一)以体育赛事为载体,开展扶贫公益系列活动

联合公益企业、全国知名专业跑步媒体和大众媒体共同发起"扶贫公益在奔跑""为爱攀登"等行动,以参赛选手奔跑的里程、攀岩选手向上攀登的高度对应一份爱心捐赠,并举办"党旗领航·电商扶贫""共筑梦想·爱在马山"扶贫公益晚会等系列配套活动。2016年以来,全县共募集到爱心款物价值1亿多元,全部用于脱贫攻坚事业,发挥了应有的社会效益。为助力马山脱贫攻坚工作,2020年9月13—14日,中国登山协会携同八一男篮主教练王治郅到马山考察调研并开展体育公益扶贫助力活动,马山县的体育扶贫再次掀起了高潮。截至2019年底,全国首个攀岩特色小镇核心区三甲屯周边及赛事沿线的羊山、安善、乔老、里民4个贫困村全部实现整村脱贫,这4个贫困村共脱贫799户、3 128人,为全县脱贫摘帽提供了极大助力。

(二)以节赛活动为平台,推进招商引资取得实效

一系列国际赛事活动,是招商引资的最佳平台。马山县坚持以节赛搭台,招商唱戏,在赛事举办过程中积极开展招商引资宣传推介和项目洽谈签约,近三年来先后成功引进宁波博禄德、北京康之维、武汉华牧等国内知名企业。特别是2018年,马山县以自治区成立60周年大庆为契机,结合"奔跑吧广西"生态马拉松系列赛和2017—2018全国青少年U系列攀岩联赛两大赛事,再次融合拓展节赛品牌内容,形成了"三赛一节"系列活动,活动期间同时举行招商引资推介会和扶贫公益行动。2019年以来,全县新签约涉旅项目14个,计划总投资29.75亿元。

(三)以攀岩运动为特色,打造攀岩特色体育小镇

2017年5月,在国家体育总局登山运动管理中心、中国登山协会大力支持和指导下,马山县在古零镇三甲屯成功举办了"中国-东盟

户外体育旅游大会·攀岩精英挑战赛",马山出色的自然岩壁获得了国内外领导、专家和参赛选手的高度赞扬。通过多方争取、层层申报,中国首个攀岩特色体育小镇于2017年8月成功落户马山,并入选全国第一批运动休闲特色小镇试点项目。目前,攀岩小镇已完成一期建设,开发了22面岩壁553条攀岩线路,建有6条登山栈道、9个攀岩平台、10公里登山健身步道,建成攀岩培训基地、攀岩之家、露营大草坪和旅游厕所等配套设施建设,具备了攀岩比赛、教学训练和体验活动所要求的设施条件。攀岩小镇已成为马山、广西乃至全国发展攀岩特色运动、培养攀岩人才的重要基地。仅2020年国庆节、中秋节长假期间,攀岩小镇就迎来近5万人次游客前来体验和观光,旅游收入超过200万元。

(四)以攀岩训练为抓手,大力培养攀岩体育人才

为深化"体育+"模式,努力将马山县打造成为以攀岩为特色的中国南方户外运动的天堂,马山县以"攀岩进校园"计划为抓手,大力培养本土攀岩体育人才。2017年以来,马山县投入了1 500多万元,建设了22所攀岩学校,攀岩壁面积超过3 000平方米,将马山县打造为全国首个青少年攀岩训练基地,并在各攀岩学校举办"广西马山攀岩月赛"。为确保攀岩教学顺利开展,马山县共配备51名专(兼)职攀岩教师,并通过"请进来,走出去"的方式,为攀岩教师搭建教育培训的平台,使攀岩师资力量不断增强。各攀岩学校将攀岩课纳入学校课程内容,常态化开展攀岩教学及训练活动,组建了攀岩校队共19支700多人。成立"国家青少年攀岩集训队",为培育攀岩苗子储备力量。近三年来,马山县的攀岩选手在亚洲、全国和广西等各类攀岩比赛中,先后获得61枚金牌、57枚银牌、44枚铜牌,为国家输送了多名攀岩后备人才。

(五)以产业提升为目标,推动产业融合集聚发展

近年来,马山县坚持"多城同创",在城市建设、管理、服务

等方面狠下功夫，促使经济建设、政治建设、文化建设、社会建设、生态文明建设和党的建设全面提升，综合文明程度不断提高，城乡人居环境焕然一新，马山已经成为周边区市游客旅游消费的新地标和首选之地。依托节赛和攀岩特色小镇建设，马山县围绕三甲屯、小都百等综合示范村建设，在乔老村规划开展景观连片集群建设，打造"一线""一圈""一核"，即打造沿国道355和乔老河的休闲农业产业发展线、欢雅娜产业融合发展圈和片区综合服务中心的发展格局，逐步将乔老河片区拓展至54平方公里，全力打造集生态旅游、泛山地户外运动、休闲农业、壮族文化体验于一体的乡村振兴示范点。马山县国内游客接待量也由2016年的269.65万人次提高到2019年的603.8万人次，年均增长率达30.82%，旅游总消费由2016年的17.07亿元提高到44.42亿元，年均增长率达37.54%。以旅游为龙头的第三产业，成为县域经济高质量发展的"新引擎"。旅游指标持续攀升，让马山人尝到了发展旅游的甜头，老百姓的获得感、幸福感、归属感明显提升，更加坚定了走特色旅游发展道路的决心和信心。

三、经验总结

马山县下一步将抢抓自治区政府与国家体育总局签署共建广西体育强区战略合作协议的重大机遇，促进"体育+"深度融合，助推马山脱贫攻坚和县域经济发展。

一是继续筹办高规格赛事节庆活动。争取国家体育总局和中国登山协会的支持，通过筹办环广西公路自行车世界巡回赛、中国-东盟山地户外体育旅游大会和山地马拉松赛、攀岩小镇攀岩节、攀岩自然岩壁赛、攀岩月赛等大型节赛活动，进一步带热马山体育旅游氛围。充分发挥赛事节庆活动的综合效应，带动县域经济快速发展，为巩固脱贫攻坚成果和启动乡村振兴工作打下坚实的基础。

二是强力推进攀岩特色小镇建设。按照中国特色小镇先锋与标杆的要求，充分利用南宁市委、市政府每年支持乔老河片区不低于5 000万元的建设资金，加快推进小镇二期项目建设。全面加强招商引资工作，争取更多与文化体育旅游相关的项目落地，着力打造功能齐全、辐射广泛、影响深远、效益显著的全国首个攀岩特色体育小镇，努力将马山县打造成为攀岩强县和体育旅游名县。

三是积极推动体育产业高质量发展。按照高质量发展的新要求，优化存量，扩大增量，推进体育产业持续健康发展。鼓励引导社会资本参与体育品牌开发和项目建设，不断壮大产业规模；延伸运动休闲、赛事表演、体育培训、体育用品制造等产业链，培育产业集群，努力构筑群众体育、竞技体育、体育设施、体育产业、体育文化统筹发展新格局。

四是持续深化"体育+旅游+扶贫"整合发展模式。不断完善提升"体育+旅游+扶贫"马山模式，推动体育与健康养生、养老服务、乡村旅游和教育培训等深度融合，以"体育+旅游+扶贫"的丰富业态激活全产业融合发展，助力马山脱贫攻坚和县域发展。

黑龙江饶河：乡村旅游扶贫绘就小南河村好"钱"景

一、背景介绍

黑龙江省饶河县小南河村坐落在《乌苏里船歌》中唱到的美丽的大顶子山下，与四排赫哲族村东西相望，在民间素有乌苏里船歌"船头"和"船尾"之称，但却是全县有名的贫困村。小南河村有226户村民，因为是坡地、小气候，一直以种植玉米为主要收入来源，农民养成了靠天吃饭、冬闲半年、随遇而安、不思创业的思维模式。小南河村发挥第一书记的"能人外力"优势，在三年时间里，从"花钱等救济，吃饭靠天收"到"绿水青山是金山银山，冰天雪地也是金山银山"，通过走旅游与产业互补互促的路子，摸索出独具特色、效果凸显的乡村旅游发展模式，成立旅游协会和黑龙江小南河农业旅游开发公司，调动全员参与，促进小南河村脱贫致富全面发展。

二、主要做法

（一）能人引领，变"要我致富"为"我要致富"

1. 规划引领定思路

小南河村因为穷，仍然保持着比较原始的木刻楞房子，这些在村民眼里是不起眼的"破烂"，第一书记却透过独特视角发现了商机和财富，并最终确立了以大顶子山景区为背景、以饶河大美湿地为依托、以小南河村独特关东民俗资源为特点，打造"民俗摄影旅游基地"，发展特色乡村旅游的总体思路。从全域旅游的大视角，及时制定了《小南河民俗村整体改造规划》，确立了下一步民俗旅游村升级改造等文旅项目和小型生产加工项目建设，带动村集体经济发展和农民脱贫巩固提升。

第四章 旅游扶贫：绿水青山就是金山银山

2. 党员干部齐带头

村"两委"不等不靠、立即行动，深入村民家中做思想工作，对于观望户、反复户、懒散户不厌其烦、耐心细致地帮助解决疑惑。借资购置仿古花布、年画、窗花以及红灯笼等装饰品赠送给沿街百姓，打造了传统老作坊和两条古老街道作为摄影旅游基地雏形。村"两委"班子成员，翻磨盘、钉爬犁、挂灯笼，烘托出特性鲜明的老关东氛围，用行动来感染村民参与。

3. 经济效益"来说话"

小南河村利用摄影人的资源，通过微信平台等媒体宣传，以特有关东文化，吸引了首批省外游客和大量周边县区、农场游客前来观光。同时，以《两天三万元，我们村的"互联网+"》为题，在村里的微信群宣传微店销售业绩，先期运行的"农家乐"饭店也见到了效益，最多的一家年增收入近十万元。通过效益引导、真情感召，越来越多的党员和群众参与进来。

（二）协会代管，变"粗放管理"为"自我管理"

1. 明确专业分工，提高组织化程度

旅游协会设立农家乐餐饮部、旅游部、种植部、养殖部、文艺部、销售部和摄影宣传部7个部门，公开推选群众公认能人担任协会会长和各部门负责人，会员按照专业特长和发展需求分别编组，各部门分工明确，职责清晰，既独立工作又相互配合，实现了对会员的有效管理。

2. 建立规章制度，促进规范化建设

制定旅游协会章程、管理制度和工作制度，出台相应的标准，提升农民纪律规矩意识。比如，餐饮部统一全村"农家乐"卫生标准和价格，建立准入标准和信誉评价惩戒制度。种植部为配合农业观光旅游，对种植向日葵和油菜花海进行统一规划。各部门之间建立利益联结机制，村"两委"与协会工作互融互促，在管理上坚持民主、公开，最大限度激发党员、干部、群众创业热情。

3. 统一模式管理，提升专业化水平

对村内分散的16家"农家乐"实行"标准、价格、接待、分配、结算"的"五统一"管理模式，旅客食宿接待由协会统筹安排，避免不良竞争损害游客利益。统一推出"六大盆"传统农家美食。在旅游产品设计上突出体验性、特色性、原产地等，打造具有地方特色菜品、住宿、娱乐等，促进乡村旅游健康发展。

（三）公司经营，变"单打独斗"为"抱团发展"

1. 创新入股机制，全民参股受益

村民可自愿认购黑龙江农业旅游开发公司股份，每股股金2 000元，后期可获得盈利分红，共募集股金10万元；贫困群众以提供劳动力等形式入股。严格按照公司法和章程经营运行，通过手工艺制作、表演、服务、生产等形式加入旅游服务业，形成以点带面发展模式。

2. 树立品牌意识，实行品牌营销

注册"小南河村""南河冷菊"等四大类37件商品商标，办理条形码，推出农家辣椒酱，恢复酒坊、油坊、豆腐坊、绿色种养及加工等与旅游相关产业。组织村民拍辣椒酱宣传片；把小豆腐、冻饺子做成礼品，把小菜园没上化肥的杂粮包装销售。参加黑龙江省"第一书记年货大集"，销售农副产品10余万元，使小产品和大市场成功对接，小南河品牌效应初步彰显。

3. 扩大合作经营，实现互利共赢

公司与省内外多家旅行社建立长期合作关系，在东极旅游线路中增加小南河村旅游线路，三年前一个游客为"零"的小村子，如今已接待团体游客两万余人次。省市相关部门从扶持壮大村集体经济角度，与两家企业签订了合作协议，依靠社会资本的介入扩大公司规模，承建辣椒酱厂厂房及采购设备，主打"小南河村"辣椒酱，带动其他农副产品销售600万元。

（四）文化牵动，变"风光吸引"为"民俗传承"

1. 保护传统村落建筑文化

村内建设围绕打造原汁原味东北古村落建筑风格进行配套设计，把全村老木刻楞房、老屋等传统建筑作为重点对象进行保护和恢复，重点打造9处特色关东民俗屋，3家传统工艺家庭作坊，在村内统一规划建设"东北古村落样板区"，提升传统建筑文化价值。争取了小南河村乡村旅游富民工程、大顶子山森林公园综合开发项目资金1 400万元，为旅游综合全面发展提供了资金支持。

2. 开发体验乡村民俗文化

开发"二月二开耕节""乞巧节""端午情"等系列民俗文化项目，与游玩项目相结合，让游客在娱乐中体验乡村民俗。复古老关东婚礼场面，把婚礼和乡村旅游结合起来，体验老关东感觉。婚礼中使用的喜屋、马、花轿等，都成为旅游体验项目，让游客找回传统的味道。

■ 小南河村开耕节拉开春天的序幕

3. 融合现代文明文化

村内别具东北农村特色的"福屋"成为浙江卫视《我们十七岁》明星真人秀节目"过大年"专辑的主要拍摄地。招引了北京超姆影视公司在小南河村建设影视基地拍摄赫哲族抗战题材电视剧《黑金部落》。明星住过的"福屋"和影视基地成为小南河村旅游的现代文化景点，使小南河村形成了传统文化与现代文化交织相融的氛围。在黑龙江省发展改革委和相关部门支持下，小南河村被列为黑龙江省乡村民俗旅游示范村。

三、经验总结

（一）好的引路人是乡村旅游成功的关键

小南河村的实践证明，通过"外力能人"独特的视角发现自身的旅游资源，变"废"为宝，引导建立了"党支部+公司协会+协作营销"运营模式，真正起到用好外力、激发内力，用好能人、带动闲人，形成干事创业合力。只要有一个能实心实意关心群众冷暖、能踏踏实实扎根农村、以农民为主体，全心全意带领村民走致富路的引路人，就能赢得民心，村民们就会予以全力的支持、拥护和信任。

（二）乡村旅游必须发挥地缘优势，促进乡村融合发展

小南河村将生态底蕴和比较优势进行合理配置，实现乡村旅游带动全村致富的可持续发展，将初具规模的乡村旅游经济延伸到农副产品加工，带动影视文化，彰显其个性和特色，形成独特的地域符号。这种模式不仅拓展了农业增值空间，开辟了农民增收渠道，而且促进了农村全面进步，更好地实现了乡村产业振兴的经济效益、生态效益和社会效益，初步显现出小南河村全面振兴与高质量发展相得益彰。

（三）乡村旅游要有理念传承

只有在正确的理念和目标下，才能充分调动群众的积极性、主动性、创造性，才能做到少走弯路、不走弯路，才能带领村民克服一切困难，做好乡村旅游工作。从小南河村旅游经济发展的历程来看，在锁定坚持特色乡村旅游发展的总体目标后，就要做到咬定绿水青山、冰天雪地不放松，一届接着一届干，这种传承成为坚持发展良性循环的核心，有力保障了美丽乡村建设和乡村振兴的持续深入推进。

江西广昌：苏区贫困村红色旅游铺就脱贫致富幸福路

一、背景情况

江西省广昌县驿前镇高虎脑村是中央革命根据地第五次反"围剿"的主战场，在中国革命史上留下过浓墨重彩的一笔。长期以来，高虎脑村发展滞后，贫困状况十分严重，道路和农田水利等基础设施极其落后，教育、卫生设施极其破旧，村民的生活条件极其简陋，村集体经济几乎为零。近年来，高虎脑村人民群众在各级相关部门的关心和支持下，通过大力挖掘、保护开发境内红色遗存，科学规划，夯实基础，加强宣传，探索出利用红色资源发展红色旅游的道路，助推脱贫攻坚与乡村振兴融合发展，带动贫困户和群众致富。2017年，村里所有的贫困户全部脱贫，稳定实现全村贫困人口不愁吃、不愁穿，义务教育、基本医疗、住房安全有保障，实现了由苏区贫困村到社会主义新农村的华丽转身。

二、主要做法

高虎脑村红色资源底蕴深厚，现存很多战斗遗址。原国家主席杨尚昆、中共中央军委原副主席张震、总政治部原副主任刘志坚等老一辈无产阶级革命家为高虎脑红军烈士纪念碑亲手题写过碑名和题词。现在保留有万年亭、红三军团指挥部等革命旧址，建有高虎脑红军烈士纪念碑，是江西省爱国主义教育基地。

（一）传承红色基因，打造红色旅游

一是加强红色资源保护。结合现有红色资源，制作了高虎脑苏区

第四章　旅游扶贫：绿水青山就是金山银山

小镇总体规划，并将规划纳入县委、县政府旅游发展规划。同时对现有的红色资源，比如红三军团指挥部旧址、原红三军团卫生院等保护文物积极申报，及时维修，有效地保护了本地的红色旅游资源。

　　二是加强基础设施建设。县委、县政府加大投入，建设了村史馆、高虎脑纪念园和红色教研学基地，改建高虎脑纪念碑、纪念广场、红三军团指挥部旧址等景点的红色旅游设施，高虎脑苏区小镇的红色旅游设施焕然一新。在这里，让广大游客印象最为深刻的是一幅反差鲜明的画面：山脚下环境优雅、粉墙黛瓦的"同心·振兴"安置小区，与半山腰低矮破旧、残垣断壁的土坯房形成强烈的对比。以前村民们大多住的是半山腰的危旧土坯房，现在都搬进了"同心·振兴"安置小区和高虎脑新农村小区。这些土坯房被村里用来建设旅游景点——"红军宿营地"。

■ 高虎脑红军烈士纪念碑周边环境俯瞰

■ 中小学生正在高虎脑红军烈士纪念碑前接受革命传统教育

三是加大旅游招商力度。高虎脑村现为中国井冈山干部学院现场教学点、抚州市红色基因传承基地和抚州市中小学生研学旅行实践教育基地。为更好地传承红色基因，加强爱国主义和信念教育，2019年通过招商引资打造了高虎脑研学教育基地，建设了国防教育基地，通过该研学基地制定的"五个一"课程，让党政机关、研学学生以及游客体验不一样的动态实景党课和丰富的研学旅行。游客、党政机关干部和研学学生来此人数逐年攀升，仅2019年接待党政机关干部、游客和研学学生就多达5万余人，成为抚州红色旅游胜地。

（二）发展红色旅游，助推脱贫攻坚

一是改善村容村貌。在大力发展红色旅游的同时，建设了贯桥村红军小学、红军医院、农贸市场、村民活动中心、村内交通道路，建设"同心·振兴"安置小区和高虎脑新农村小区共135套新村安置房，全村进行亮化、美化，各村小组完成村庄整治，高虎脑村容村貌发生翻天覆地的变化。

二是共享发展红利。高虎脑村红色旅游资源丰富，但自然条件和生产生活条件较差，基础设施建设滞后，村民收入较低。红色旅游的发展，把先天的资源优势转化成了后发的经济优势，拉动了内需，促进了消费，带动和牵引了相关产业的发展，助推了脱贫攻坚，使很多当地群众从传统的农业生产中解放出来，从事旅游商品制作和销售、开办农家乐，共享红色旅游产业的发展红利。如火如荼的红色旅游业新增就业岗位20余个，带动300余人就业创业，并有效带动了其他产业的发展。

三是激发内生动力。扶贫要扶志，当地党组织通过对贫困户、党员及本地农民进行红色教育，培养了贫困群众的自信心和奋斗能力，继承和发扬了苏区精神，帮助他们克服依赖帮扶的心理，激发了贫困户以及本地农民的内生动力，之前争当贫困户的群众也大大提高了思想觉悟，以当贫困户为耻，艰苦奋斗，靠自己的辛勤劳动致富，613名贫困人口全部脱贫。

（三）提质红色旅游，加快产业融合

一是着力打造"高虎脑"品牌。当地农户缺少现代农业种植技术，不掌握市场信息，没有建立销售渠道，缺乏品牌意识。镇村干部在积极引导村民发展白莲、水稻、泽泻传统农业的同时，着力提升产品品质，打造"高虎脑"品牌，促进村民增收。随着游客的增加，高虎脑各项产品人气迅速上升，当地农副产品销售需求日益增加，村民种、养当地特色农产品的积极性不断提高。

二是加大政策支持力度。广昌县委、县政府积极协调上级部门，通过政策扶持、贷款支持，累计发放贷款140万元指导和帮助发展茶树菇22户、200余万筒，年利润逾200万元；发放贷款40万元带动村民

种植油茶1 600亩，丰产期年产值达60万元；发放贷款28万元支持发展"农家乐"。高虎脑村通过旅游产业带动农副产业发展，增加村民产业收入和务工就业收入，2019年农民人均纯收入达到9 960元，村集体经济收入达6.2万元。

三、经验总结

（一）发展红色旅游要把红色人文景观和绿色自然景观结合起来

红色旅游既要将革命传统教育与促进旅游产业发展结合起来，打造红色旅游线路和经典景区，又要让游客了解革命历史，学习革命斗争精神，培育新的时代精神。高虎脑村的景观小品及步道材料是村民拆除危房的建筑废料，既解决了建筑垃圾的处理问题，又使建筑废料中所承载的历史、文化通过景观的重构得以重生，切实践行了绿色环保的理念。

（二）旅游基础设施建设要与人文思想建设结合起来

广昌县驿前镇高虎脑村作为红色旅游的文化阵地，充分利用了当地的红色资源，发扬了红色文化，传承了红色基因，提供了强大的价值引导力、文化凝聚力、精神推动力。结合反"围剿"战斗中的真实事件恢复当年的部分战斗遗址，让游客体验到身临其境的感觉。通过若干节点的场景化设计，嵌入关于当年红军战斗的文字性介绍，使游客在游览过程中重温红军顽强战斗经历。通过重走红军路、红色旅游、忆苦饭等活动拓展旅游形式，以此增加游客数量，发展红色旅游产业、增加村民收入。

（三）红色旅游发展要用市场化的方式运作才有生命力

红色旅游要有生命力，必须向市场靠拢，要用市场化的方式来运作。要通过新技术手段来增强产品的互动感和体验感，尤其是运用80

后、90后以及00后喜欢的方式来讲故事。通过AR、VR等技术的加入，再现当年红军长征场景，让红色故事更具冲击力，更具鲜活度，让青年人能亲身感受当年的战斗情况，提高教育效果，同时也提高了红色旅游收入。

辽宁喀左：乡村旅游铺就南亮子村百姓致富路

一、背景情况

喀左县水泉镇南亮子村是省级贫困村，共386户、1 510人，其中建档立卡户142户、366人。境内有15万年以前的鸽子洞古人类遗址和国家3A级景区——凌河第一湾。10年前的南亮子村几乎每隔三五年就有一次大的洪涝灾害，再肥沃的土地也经不住雨涝水冲，村民固守传统农业种植，脆弱的传统经济经不住市场变化和天旱雨涝的一次次打击，产业发展寸步难行。

2018年以来，南亮子村香磨屯依托大凌河水源优势和鸽子洞古人类遗址文化优势，通过特色农业和乡村旅游相结合的方式，以旅促农，农旅互动，由南亮子村党支部领办经济实体，采取"党支部+经济实体+贫困户"运行方式，打造辽宁依湾农家生态旅游项目，为有劳动能力的贫困户提供适合的岗位100余处，实现集体经济收入50万元，带动人均增收2 000元。该项目以乡村旅游为核心，打造了集旅游观光、鲜果采摘、餐饮娱乐、住宿休闲、农事体验、旅游节庆于一体的乡村旅游示范区。通过积极发展乡村旅游，2017年，南亮子村脱贫攻坚取得决定性成就，实现了现行标准下农村贫困人口脱贫。

二、主要做法

近年来，借助喀左县发展全域旅游之机，水泉镇党委、镇政府把发展生态旅游作为南亮子村的主导产业，通过整合乡村旅游优势资源，形成了乡村旅游扶贫发展新格局。

（一）强化基层党建，助力乡村振兴

建强基层党组织战斗堡垒是打赢脱贫攻坚的重要基础，真正做到把党的组织建在合作社、生产基地等实体上，把党建工作镶嵌到实体中，与群众形成紧密联系，让群众在实体发展中富起来，实现党建与脱贫攻坚、乡村振兴深度融合。通过加强贫困村支部建设，精准选配政治素质高、群众威信高、带领群众致富能力强的村党支部书记，结合农村党支部特点，创建具有吸引力的、农民党员易于接受的载体，把党员组织起来、凝聚起来，进而把群众吸引、团结在党组织的周围。充分发挥党支部在乡村振兴中的"助推器"作用，大力发展扶贫产业，实现贫困户产业扶贫全覆盖，以光伏电站、扶贫羊场、酿酒小作坊等项目分红为依托，达到每户贫困户至少有一个产业项目带动。南亮子村党支部领办辽宁依湾农家生态旅游项目开发有限公司，明确"规模发展、生态经济"的发展思路，按照"公司+旅游+党建+扶贫"的模式，实施规模经营，打造乡村旅游基地，提高经济效益和生态效益，增加集体收入，带动群众致富，实现经济效益和社会效益双丰收。

（二）狠抓基础设施，筑牢发展根基

通过狠抓基础设施建设，整合一事一议、美丽乡村示范村项目等各类资金，将乡道进行美化、绿化、亮化，对全村基础设施进行完善，硬化村道路8.1公里，安装路灯55盏，健身器材10套，翻建村部220平方米，建设文化广场3 700平方米，修建垃圾池15处，建设梁香线大桥1座。同时将"依湾农家"生态旅游项目作为乡村振兴、巩固脱贫成果的主要抓手，铺设石板路10 000平方米，改造环山路基3公里，建景观廊道1 500米。另外，积极推进农村厕所革命，不断加强农村改厕工作，新建旅游厕所2处，为180户农民新建水冲厕所，农村卫生环境和农民生活习惯得到有效改善。新建停车场1处。新修梁香线长4公里宽5米旅游道路，加大完善风景道、步道等旅游公共服务设施建设力度，增加标志和标牌，增加景区可进入性，为旅游助力脱贫攻坚打下了坚实的基础。

（三）注重生态保护，打造碧水蓝天

南亮子村境内的凌河第一湾有"辽西最美湿地"之称，是辽宁省朝阳地区面积最大湿地，也是我国北方最典型的草本沼泽型湿地。这里有碧波荡漾的水面、密草丛生的芦苇丛、行驶在河面上的渡船、撒网的渔民、成排的"鱼笼"、水中嬉戏的水鸟和岸边翠绿的庄稼，山水相映，水天相接。一直以来南亮子村始终把生态环境建设当作村重点工作来抓，于2018年率先试点开展农村垃圾分类减量工作，发放分类垃圾桶500个，购买垃圾车1辆，雇用保洁员1人。积极开展镇村主要街道绿化、庭院绿化工作，因地制宜栽植风景树和各类花卉10万株，村容村貌得到了明显改善。同时，南亮子村将生态保护工作纳入"道德银行"建设，引导广大村民积极参与"勇于十带头、争当十种人"活动，群众可以用参与生态保护工作获得的积分到"道德银行"兑换日常生活用品。

（四）发展乡村旅游，巩固脱贫成果

按照喀左县委提出的"全景喀左·全域旅游"发展战略，制定旅游发展规划，倾力打造"依湾农家"生态旅游项目。景区总占地2 000余亩，栽植荷花10万株、千屈菜50亩，种植观赏油葵200亩，新建一处景观廊道1 500米，新建鲜果采摘园350亩，现有民宿窑洞6个，改造农家民宿3户，建设乡村别墅5栋、茅草屋6个，建设游艇码头2处，购置游艇3艘，建设鱼塘、木屋、山体瀑布等景物景点，新建设游客接待中心，初步打造了"一带五区"格局。"一带"，即沿河步道景观带；"五区"，即原野民宿区、鲜果采摘区、休闲娱乐区、鸽子洞文化区、游客服务区。南亮子村村民整体加入了旅游服务业，有的当起了船家，有的当上了厨师，有的成了服务员，有的干零活，村民

家养的鸡、鸭、鹅，种植的绿色蔬菜、水果等都成了景区的俏销品。在旅游产业发展中，众多村民实现了脱贫致富，南亮子村成了名副其实的旅游专业村。

三、经验启示

通过乡村旅游建设，南亮子村村民感受到了实实在在的变化：道路宽敞了，设施完善了，乡村美丽了，游客进来了，村民富裕了，日子红火了，南亮子村正以"旅游+"模式，不断改善全村基础设施，持续增加农民收入，努力实现"生态宜居、乡风文明、生活富裕"的乡村振兴目标。

一是领办合作社带动农民增收。鼓励和引导村民以自家房屋为基础，改建为农家乐或民宿，供游客食宿。旅游旺季，游客的高入住率还带动周边的村民围绕民宿开展的特色餐饮、定制农产品、传统手工艺品制作等产业的发展，通过产业带动村民增收，最终实现经济效益、社会效益的双丰收。

二是土地流转解决旅游用地。南亮子村香磨自然组共有土地350亩，村"两委"通过土地流转发展果品采摘，能够让村民实现每年每亩地收入1 000余元。村民的自建房屋无须外部改造，通过内部装修即可实现居住条件全面提升，真正解决了旅游开发用地难的问题。

三是打造全域旅游微缩实践地。积极探索把南亮子村作为"全域旅游示范区"微缩模式的实践地，打造成旅游产业链完善、旅游服务水平高、农民幸福指数强、自然社会环境优的乡村旅游新亮点。

四是推进旅游与扶贫有机结合。南亮子村为省级贫困村，贫困人口相对较多。通过发展乡村旅游，鼓励有劳动能力的建档立卡贫困户到景区就业；没有劳动能力的，以"旅游景区合作社"的方式，通过土地流转实现利润分红。南亮子村还组织村民积极参与鸭蛋、杂粮等土特产品原材料供应，通过一系列举措，保证贫困户脱贫不返贫。

四川宣汉：借助巴山大峡谷让贫困山区变成致富景区

一、背景情况

宣汉县贫困人口多，2014年有建档立卡贫困村211个、贫困人口20.9万人，是当时四川省贫困人口最多的县。宣汉的贫困又主要集中在境内东北部山区——巴山大峡谷片区，片区内2014年有建档立卡贫困村102个、贫困人口9.1万人，分别占全县的48%、44%，是全县最贫穷的地方。这片区域区位条件差，基础设施弱，山势陡峭、道路崎岖，是全县最偏远、最落后的地区。

与此同时，这片区域也拥有得天独厚的资源优势。一方面，山水风光好，有独特的巴山自然风光和绵延100余公里的喀斯特V形大峡谷景观，132处褶皱地貌形成了天然褶皱博物馆，"雄、险、奇、秀、幽"齐聚于此，是全县景观最美丽、生态最完好的地方；另一方面，地域文化"特"，片区聚居着7万余名巴人后裔——土家族人，是巴文化发源地的核心区，拥有五千多年辉煌历史的巴文化在这里得到了完整的传承。生态最美却生活最穷，"端着金饭碗过着穷日子"是巴山大峡谷片区群众最无奈的现实困境。如何破解这"美丽的贫困"，是宣汉县委、县政府神圣的使命和沉甸甸的责任。

党的十八大以来，宣汉县认真贯彻习近平总书记关于扶贫工作的重要论述，始终把脱贫攻坚作为最大的政治责任、最大的民生工程、最大的发展机遇，立足县域内巴山大峡谷片区"守着绿水青山过苦日子"的根本现实，紧紧围绕资源大做文章、做大文章，大力实施"开发扶贫""全域旅游"战略，全力推进巴山大峡谷文旅扶贫综合开发项目，直接带动巴山大峡谷片区102个贫困村、9.1万贫困人口脱贫致富，带动片区农村居民人均可支配收入增长2 100元，成功走出了一条贫困山区依托文化旅游实现脱贫奔小康的新路子。

二、主要做法

（一）聚焦现实问题，科学规划重引领

2015年3月，宣汉县第十二届四次党代会响亮提出"开发扶贫""全域旅游"战略，高标准规划打造巴山大峡谷文旅扶贫景区，总体规划面积575.1平方公里，其中核心区面积298.3平方公里，由溪口湖生态观光区、巴人谷民俗休闲区、罗盘顶养生养心区、桃溪谷体验度假区"四大板块"组成，突出文化、运动、康养、亲水"四大卖点"，致力于打造中国最大的岭脊峰丛观景平台、中国最适宜的避暑康养胜地、中国南方最大的天然滑雪场、全国巴文化高地"四大品牌"。

（二）坚持目标导向，凝心聚力强作为

巴山大峡谷文旅扶贫综合开发项目既是宣汉县脱贫攻坚的"头号工程"，也是四川省100个重点推进项目和2016年全国优选旅游项目。在项目推进上，把巴山大峡谷旅游扶贫项目作为全县"一号工程"，举全县之力办好"头等大事"：一是选派最能干的人干最难干的事，优选建强指挥中枢和执行团队；二是抓住项目实施主导权，坚持政府主导规划一张图，由政府先期投入基础配套设施建设，对适宜社会资本进入的项目开展招商；三是走市场化运作的路子，引进国际知名的香港中旅国际投资有限公司提前介入，对景区运营管理进行指导；四是激发群众内生动力，积极探索旅游扶贫的基层治理机制，构建景区与群众共建共享机制。景区从2016年1月开工建设，实行封闭施工、一次建成，历时短短31个月，于2018年8月28日正式开园，书写了从大蓝图到大景区的"宣汉速度"。景区从开园至2020年底，已累计接待游客374.84万人次，旅游综合收入达24.11亿元。

（三）聚力脱贫攻坚，多管齐下增收入

依托巴山大峡谷文旅扶贫项目的实施建设，片区内交通条件得到极大改善，让贫困群众脱贫奔小康有了根本保障。景区内环线把深山的村落融通连接，景区快速通道成功连接包茂高速，从景区上高速仅需0.5小时车程，巴山大峡谷片区到宣汉县城的车程从2.5小时缩短至1小时。同时，坚持把文旅扶贫的长远效益与脱贫计划有机结合起来，成功探索出"七大脱贫模式"。一是资源入股带动脱贫。积极引导农户将景区开发区的土地、林地等资源入股分红，在景区建成运营前按当年土地（林地）流转价格进行补偿，景区建成后拿出运营收入的10%，按"下要保底、上不封顶"的方式进行分红，景区运营后实行持股分红。目前，已有近1.8万名贫困人口参与入股，实现人均年固定增收600元以上。二是劳动就业带动脱贫。在景区建设阶段，建立"片区贫困劳动力资源数据库"，吸纳有劳动能力的贫困人口6 322人到景区建设项目就近务工，人均年增收1.8万元以上。景区运营后，搭建"家门口务工"平台，有效引导有能力、懂技术的贫困人口上岗就业。目前，景区已开展各项技能培训8 064人次，6 738人在家门口实现就业，带动3 563名贫困人口脱贫，人均年增收1.9万元以上。三是市场主体带动脱贫。积极引导农业科技人员、返乡农民工、工商业主"三类人才"在景区创业，采取"能人+公司+贫困户""能人+贫困户""经合组织+贫困户"等方式，贫困人口根据自愿、合法的原则，以山林、果园、土地、房产等生产资料作价参股，业主经营并返聘贫困人口在经济实体中从事管理和生产工作，拓宽贫困人口增收致富渠道，解决后续发展及稳定增收问题。目前，景区已培育能人公司55个，经合组织123个，带动2万余名贫困人口实现人均年增收700元。四是经营帮扶带动脱贫。依托巴山大峡谷土特产品，加大对旅游产品的开发力度，打通农村电商销售渠道，打造独具特色的"商业风情街"，鼓励和支持有条件、有意愿的贫困人口在景

区按规划摆摊设点,销售巴人服饰、手工艺品、巴山药蜂蜜、老腊肉等土特产品。目前,景区已培育土特产商店20家、农家乐32家、餐饮服务15家,有效带动2 800余名贫困人口实现人均年增收3 000元以上。五是农旅联动带动脱贫。坚持"一个农业产业园区就是一个旅游景点"的发展思路,按照景区标准打造农业产业园区,大力发展"牛、药、果、茶、菌"等五大特色产业,积极引导贫困人口参与农业产业园区经营和务工,大力探索"农事体验、观光旅游、休闲度假、民俗旅游、健康养生"等农旅融合发展形势,不断满足游客的需求,做到以农促旅、以旅兴农。目前,景区已发展茶叶、中药材、花卉等特色农业产业3.2万亩,带动2.6万余名贫困人口实现人均年增收2 000元以上。六是文旅融合带动脱贫。建立当地民间艺人、巴文化

■ 巴山大峡谷景区农户资源入股分红

传承人名录，广泛开展薅草锣鼓、巴人钱棍舞等巴文化传承培训活动，积极吸引当地贫困人口通过兼职当演员、当传承人等方式，参与巴文化活动。同时，邀请央视著名导演哈文精心编排巴文化大型情景史诗剧《梦回巴国》，精心推出12个文旅产品，为贫困人口搭建更多表演舞台，创造更多增收机会。目前，已有870名贫困人口常态参与巴文化文艺展演，实现人均年增收1 500元以上。七是广厦行动带动脱贫。景区核心区内共实施住房改造"广厦行动"近1.6万户、5.5万人（包含易地扶贫搬迁1 783户、6 792人，土溪口水库移民安置584户、2 715人等），极大改善了景区群众的生产生活环境。同时，由政府引进投资公司出资，对景区500户"广厦行动"住房进行投资扩建，把"搬迁房"变为"商住两用房"，为贫困户找到生财"新门路"。

三、经验总结

（一）只有高标准规划才有高质量景区

宣汉县以"谋定而后动、想明白再干"的理念精心规划，坚定不移走生态优先、绿色发展之路，坚持用一流标准绘制"景区蓝图"。用一年半时间完成景区规划，坚持景区从建设到运营都按照国家5A级旅游景区标准推进。

（二）只有大决心魄力才有大景区奇迹

宣汉县举全县之力推进巴山大峡谷景区开发，选派优秀干部、专家、施工队伍进场建设，克服地理条件差、施工难度大、工期短等困难，创造了用31个月从大蓝图到大景区的华丽转变。

（三）只有真为民情怀才有真扶贫成效

坚持把增进民生福祉作为发展的根本目的，谋民生之利、解民生之忧，在发展中补齐民生短板、促进社会公平正义。为了兑现"小康路上一个都不能掉队"的庄严承诺，宣汉县委、县政府在充分考察评估生态旅游资源的基础之上因地制宜地制定了"开发扶贫""全域旅游"战略，开发巴山大峡谷文旅扶贫景区，出发点和落脚点都是为了带动片区9.1万贫困群众脱贫奔小康，让贫困群众也吃上了"旅游饭"。

下一步，巴山大峡谷将主动融入"成渝地区双城经济圈"建设国家战略，全面推进万达开川渝统筹发展示范区建设，联合开州、城口、万源等毗邻区县统筹区域内的旅游资源开发，加快推进大巴山国际旅游度假区建设，精心打造宣汉巴山大峡谷—万源八台山—城口亢谷—开州汉丰湖—万州大瀑布精品旅游线路，合力培育"大巴山·大三峡"区域旅游品牌。

重庆万盛：释放"旅游+"乘数效应助推脱贫攻坚"强引擎"

一、背景情况

重庆万盛经济开发区（以下简称万盛经开区）依托良好的旅游资源禀赋，在整体推进脱贫攻坚的基础上，立足于地域特点、文化、旅游特点，因地制宜打造全域旅游，充分释放"旅游+"乘数效应，全力助推脱贫攻坚，探索走出一条旅游扶贫新路子。目前，全区建档立卡贫困人口1 812户、6 298人，已经全部脱贫越线，7个贫困村全部脱贫出列，贫困发生率和返贫率均为零，脱贫攻坚推进有力、成效明显。

二、主要做法

（一）大力发展全域旅游，打造助推脱贫攻坚"强引擎"

一是坚持全域布景，搭建产业扶贫载体。制定实施《万盛经开区全域旅游发展规划》，构建"一城、四区、三带"（山水运动休闲城，精品养生度假区、农旅融合示范区、民族风情旅游区、边城文化体验区，康体养生度假带、乡村旅游联动带、民俗文化体验带）全域旅游布局。高质量开发景区景点，提档升级黑山谷、万盛石林等5A级景区，梦幻奥陶纪、青年汇巅峰乐园等一大批景区景点建成投用，全域建成景区景点30余个，基本实现镇镇有景区、贫困村村村有景点。充分发挥景区景点经济带动作用，有效带动景区周边贫困群众持续增收。

二是完善基础设施，改善生产生活条件。织密旅游交通网，累计建成旅游公路近200公里，"四好农村路"1 093公里，修建特色公交站点78个、观景平台70余个、休憩站45个,开通旅游公交线路53条,行政村、旅游景区景点通公交率达到100%。升级改造水电气讯等基础设施,建成投用板辽湖水库及鲤鱼河引水工程,天然气实现村村通并入户度假区,建成A级以上旅游厕所204座。加快智慧旅游建设,实现全区公共场所、度假区、景区重要节点免费WiFi全覆盖,开通旅游交通广播,上线运行全域旅游全景地图和万盛旅游轻应用。推进农村环境综合整治,农村生活垃圾有效治理率达100%,建设农村生活污水管网187公里、污水处理设施120余套,农村生活污水处理率达70%,完成农村改厕17 125户、覆盖率达90%。

三是多措并举发力,打响乡村旅游品牌。以参与性体验产品为卖点,策划乡村旅游精品线路20余条,举办"凉风国际塘钓积分赛""凉风鱼""千人宴"等乡村旅游节会活动。因地制宜开发旅游资源,制定旅游民宿发展奖励办法,带动村民发展特色旅游民宿、农家乐等713家。开展旅游行业扶贫培训,带动贫困户创业46户。

四是开发旅游商品,着力延伸产业链条。深化农旅融合,加速农业产品向旅游商品转化,精心培育特色旅游农产品品牌。打造现代农业园区4个,发展茶叶、猕猴桃等五大特色产业10万亩,发展农业产业化龙头企业、涉农小微企业800余家。开发旅游农产品27个,其中"三品一标"产品15个,推出系列"万盛好礼",竭力发展"后备箱"经济。建成本地电商平台,推动主要酒店、民宿、农家乐上线携程网,实现区内旅游商品和旅游产品线上订购。2019年,万盛接待游客2 510.9万人次,实现旅游收入185.2亿元,同比分别增长13.7%、26.9%。

(二)精准施策"造血制氧",乡村旅游谱写脱贫新篇章

万盛经开区优先在贫困村布局旅游产业,以万东镇五和村五和梨园、关坝镇凉风村凉风梦乡渔村、石林镇庙坝村梦幻奥陶纪为代表,全区7个国家级贫困村均建成特色乡村旅游景区景点,推动"贫困村

变景区、贫困户变旅游从业者",实现贫困村整村脱贫。

一是万东镇五和村——梨园唱出精准脱贫幸福曲。通过发展乡村旅游,打造"五和果""五和鱼"等多个特色产业,种植特色果园约2 000余亩,建成清水鱼塘600余亩,打造清水鱼垂钓基地2个、蔬菜种植基地约300亩、蔬菜大棚基地1个,培育养鸽大户3户。深入挖掘"梨"文化,举办五和梨花文化旅游节,累计吸引游客68万人次,累计实现综合收入约2 000万元,带动周边农户增收90余万元,村民人均纯收入从2015年的4 980元增长到2019年的15 984元。

二是关坝镇凉风村——梦乡渔村圆了脱贫增收致富梦。打造"微企创业梦乡村"项目,以精准扶贫为切入点,整合扶贫、水利、农综等项目资金和政策,成功打造乡村旅游景区凉风梦乡渔村,建成莲花洞湿地、追梦迷宫等娱乐项目27个,形成独具特色的"一河三区四梦"乡村旅游景点。制定"梦乡村"微企创业专项扶持政策,推进果蔬产业、生态渔业、休闲度假、餐饮服务等业态发展,全村创办微企170余户。截至目前,全村接待游客132万人次,人均纯收入从2015年的4 600元增长到2019年的13 500元。

三是石林镇庙坝村——网红景区旺了人气、鼓了群众腰包。引进公司投资3.5亿元开发建设梦幻奥陶纪,打造"世界第一天空悬廊""悬崖秋千"等游客参与体验类高空挑战项目,成为全国十大网红景区之一,实现年接待游客百万人次以上。村民通过旅游企业就业,发展民宿、农家乐创业等方式,人均纯收入从2015年的6 839元增长到2019年的14 646元。

(三)推动旅游提质升级,持续走深走实旅游扶贫路

一是优化提升旅游发展载体。深入落实全域旅游发展规划,充分挖掘旅游潜力,推进"旅游+农业""旅游+体育""旅游+文化"等深度融合发展,打响旅游品牌,着力打造世界旅游目的地、全球活力城市。提升打造黑山谷、万盛石林等核心景区,不断壮大"百万游客俱

乐部"。加快黑山·万盛之眼、火电博览园等景区景点建设，推进景区创A行动，着力构建区、镇、村三级旅游目的地体系。

二是完善升级旅游基础配套。推进旅游环线公路建设，提高交通干线与旅游景区畅通水平。实施旅游公路景观绿化改造，对重要节点进行景观提升和设施完善。推进鱼子岗、白花度假区等重点区域基础配套升级和环境整治。提档升级住宿餐饮产品，大力发展经济型特色酒店及特色民宿。深入实施城乡环境综合整治，纵深推进"厕所革命"，提升景区、城乡环境卫生水平。升级智慧旅游软硬件设施，加快打造"一部手机游万盛"智能系统。

三是提高旅游管理服务水平。完善"1+3+N"旅游综合管理执法体制机制，推进旅游市场秩序监管常态化和治理长效化。落实企业主体责任，加强旅游企业安全管理和风险管控。抓好旅游人才队伍建设，坚持举办旅游行业专项技能培训和竞赛，提升景区导游讲解、餐饮住宿服务水平。建立消费服务评价反馈机制，打造良好旅游消费环境。开展文明旅游志愿服务活动，提高游客满意度和美誉度。

三、经验总结

随着生活水平的提高，人们对旅游产品内涵、特色等方面的要求越来越高，旅游消费日渐成为国民休闲消费的"重头戏"。然而，一些旅游产品的同质化现象越来越突出，旅游产品缺少内涵、产品单一、没有特色使其缺乏核心竞争力，从而缺乏游客吸引力；同时，有少数贫困户在扶贫过程中自主脱贫的意愿并不强烈，在进行旅游扶贫时，主动性不强，参与旅游脱贫的积极性也不足。旅游扶贫是一项长期工程，有利于缓解就业压力，维护社会稳定，有利于改善民居环境和社会风貌，不仅从金钱、物质等方面对贫困地区予以帮助，还带动了地区产业发展、促进了贫困人口"造血"，让贫困地区在脱贫之后仍能获得可持续发展。

下一步，万盛经开区将积极筑牢扶贫利益联结机制，探索推广旅游扶贫多方参与、共建共享新模式，建立健全多元化利益联结机制。探索拓宽"资源变资产、资金变股金、农民变股东"改革途径，引导村集体和村民利用资金、技术土地、房屋等入股乡村旅游合作社、旅游企业等获得收益。支持贫困村升级改造闲置农房，发展以乡村民宿改造提升为重点的旅游扶贫项目，并直接参与经营实现增收。强化脱贫攻坚和乡村振兴有机衔接，不断夯实乡村产业、人才、文化、生态和组织基础，充分发挥"旅游+"融合发展优势，拓宽多元化产业扶贫路径，为乡村振兴提供强有力支撑。

新疆策勒：文旅融合绘就脱贫攻坚新画卷

一、背景情况

新疆维吾尔自治区和田地区策勒县是国家级重点扶贫开发县，位于新疆最南端，南枕昆仑山、北临塔克拉玛干大沙漠，县域总面积3.16万平方公里。全县地势总体南高北低，山区平均海拔3 200米，平原海拔1 500~1 800米。全县总人口16.8万人，维吾尔族占总人口的98%以上。全县辖6乡2镇1街道，123个行政村、12个社区；4个乡位于山区，以牧业为主，最远的乡距县城152公里，最远的村距乡政府60公里，2019年贫困人口8.032万人。

策勒县历史悠久，为古丝绸之路上的重镇，西域三十六国之一，山区为古渠勒国，平原及北部沙漠属扜弥国。县域以达玛沟佛教遗址群、丹丹乌依里克古城、阿萨古城为代表的汉唐时期众多的历史文化遗产享誉国内外。策勒县全年光热资源充足，无霜期长，昼夜温差大，红枣、核桃、杏、石榴等特色林果精品园建设初显成效，素以"金玉之邦、粮棉之仓、丝绸之路、瓜果之乡"著称，沙漠景观、民族风情独具特色，旅游开发潜力巨大。

近年来策勒县旅游各项指标呈快速增长的趋势，2018年全县旅游接待国内外游客8.26万人次，实现旅游消费1.12亿元。2019年，全县累计接待游客12.59万人次，实现旅游总消费1.67亿元，同比分别增长52.42%和49.11%。2020年旅游接待18.1万人次，同比增长43.76%，实现旅游消费2.5亿元，同比增长49.70%。

二、主要做法

（一）强化组织领导，突出高位推动

县委、县政府高度重视旅游工作，致力于把旅游产业做成支柱产业。为合理开发利用策勒县的旅游资源，主要领导直接安排部署，参与研究编制旅游发展总体规划。"十三五"期间，多次邀请研究机构对全县旅游进行整体规划，完成了《策勒县旅游总体规划》《策勒县昆仑圣境大景区概念性规划》、策勒县恰哈乡玉如克塔什村和奴尔乡布藏村旅游扶贫村公益性规划的编制工作，为县域文旅产业发展描绘了宏伟的蓝图。

（二）注重项目实施，狠抓质量进度

在做好规划引领的基础上，狠抓各类项目落地实施，抢抓工期，确保项目尽快建成并发挥效益。成立文旅产业项目管理领导小组，多渠道争取资金，倒排工期，对项目施工进度、工程质量实地察看督促。尤其是板兰格景区旅游基础设施项目，在中央预算内投资2 000万元引导资金的带动下，注入扶贫资金和社会资本1亿元参与项目建设，带动贫困户200人次参与旅游服务就业。景区投入运营后将直接解决就业岗位200个，间接提供就业岗位400个。

同时，加大旅游招商开发，与上海汇优投资集团有限公司签订沙海碧湖景区、锦江之星酒店、白玉兰酒店、板兰格景区等运营开发项目；2020年10月与港中旅新疆公司、锦绣中华签订了"昆仑圣境生态旅游区项目"合作协议。通过这些项目的实施，有效改善了全县的旅游环境，解决了景区基础设施和接待能力不足的问题，使景区品质得到了提升。

（三）以活动为抓手，激活旅游市场

近年来，策勒县组织参加各类旅游宣传促销活动，如"和田首

届庙会暨2019年新春年货节活动"、"年货一条街"、天津文旅宣传推介、红枣嘉年华、"5·19"中国旅游日宣传展销等，促进了策勒县旅游产品、农副产品等销售，为农牧民增收创造有利条件。2020年，为克服新冠肺炎疫情对旅游的影响，策勒县以大型活动为载体，举办第四届石榴花旅游节和第四届沙海碧湖沙漠汽车、摩托车越野赛，活动期间举办了大型文艺演出、丰收礼赞大型直播助农活动、夜市美食节等活动。10月1—4日举办了昆仑山文化旅游节暨中国沙海碧湖文化艺术节活动，此次活动充分拓展"旅游+"发展模式，覆盖"旅游+农产品""旅游+美食""旅游+音乐""旅游+体育""旅游+新媒体"等方面。其中沙漠越野赛活动环节，参观人数、车辆、赛道长度均创新高，新华社、人民网、央广网等媒体对活动情况进行了宣传报道。积极开展"家乡人游家乡""结亲户游策勒""主播带你游策勒"等活动，发放200万元旅游扶贫消费券，鼓励群众利用休息日、节假日携家人到旅游景点消费，进一步拓展天津津南区旅游扶贫活动，2020年度开行旅游包机3次，接待天津来策勒游客100多人次，累计消费20余万元。

（四）发挥新媒体作用，提高策勒知名度

充分利用新媒体平台宣传优势，发布大量优秀的旅游宣传作品，极大提升了策勒旅游知名度。一是在抖音、快手、微博、今日头条、微信公众号注册县融媒体中心官方账号，在抖音、快手、今日头条注册"策勒旅游"官方账号，目前共在快手、抖音等平台发布旅游宣传视频1 050条，总播放量达到1 796.45万次。特别是昆仑山文化旅游节期间，在人民视频平台进行了全程直播，今日头条、新华社、人民网、央广网、中国日报网等各大媒体、平台对活动情况进行了宣传报道。二是积极商请北京、呼和浩特、哈尔滨、石家庄、上海等地机场，设立策勒宣传广告位，制作30秒视频广告，展示策勒自然风光、人文景观、地方特产等图片6幅。同时与两家企业、四家机场签订了特色农产品供销合同和职工福利消费合同，并与中国农业电影电视中

心签订助销旅游、农特产品的助农公益合作协议，提高了策勒对外的宣传影响力和知名度。

三、经验总结

（一）坚持理念创新为先导

随着国家关于文化旅游产业振兴的一系列方针政策和规划的出台，作为"三区三州"贫困县市的策勒县敏锐地认识到，旅游产业是成长性很高、综合带动能力很强的产业。策勒县委、县政府审时度势，决定把文化旅游产业作为区域经济长远布局的战略性支柱产业，作为产业兴县、统筹城乡的先导产业来抓，制定文化旅游各类规划和具体实施意见，从组织领导、考核机制、资金支持、项目申请等方面系统部署，持续推动产业招商引资政策优化、主管部门及人才队伍强化、管理体制机制创新。形成了贫困县区办大事、全县上下抓旅游、社会各界投资旅游的良好局面。

（二）聚焦宣传促销引领

策勒县重视旅游宣传促销活动，多次参加自治区、地区组织的对外宣传促销活动，通过文字、图片、节目汇演、资料发放和新媒体平台宣传优势，发布大量优秀旅游宣传作品，加大景区的对外形象宣传推介，极大提升了策勒县旅游知名度。

（三）切实保障经费投入

文化旅游产业关联度高，对基础设施和环境条件要求也高，属于社会效益优先、投资回报偏长的朝阳产业。策勒县按照政府主导、项目带动、基础配套、市场为主体、民众参与、社会效益优先的发展理念，通过国家项目争取一点、招商引资投入一点、本级财政挤出一点、银行信贷支持一点、发动群众出资一点"五个一点"的办法破解难题，把重心放在制定优惠政策、优化发展环境、吸引投资创业上，在规划、用地、基础配套等方面给予优惠，吸引八方来客到策勒投资。

（四）坚持文旅结合这个灵魂

策勒县以文化为魂，旅游为体，坚持文旅结合，围绕文化之魂配套完善文旅要素，在保护打造文化核心资源的同时，大力完善吃、住、行、游、购、娱各要素，带动产业综合效益提升和各族群众增收致富。

山东济宁：打好文旅融合牌 绘就美丽乡村新画卷

一、背景情况

济宁市位于鲁西南腹地，地处黄淮海平原与鲁中南山地交接地带，总面积11 187平方公里。2015年，济宁市共识别建档立卡贫困人口23.89万人，通过各方不断努力，到2018年底，全市贫困人口全部退出贫困序列，507个省扶贫工作重点村全部摘帽，圆满完成脱贫任务。

济宁地区历史悠久，是儒家文化重要发祥地之一，文化旅游资源丰富。脱贫攻坚战打响以来，济宁市把乡村旅游作为文旅扶贫的重要突破点，积极探索"三个三"文旅扶贫工作模式，创新走出了一条旅游产业带动精准扶贫的"幸福产业"扶贫之路，协助35个贫困村强力打造50余个旅游扶贫项目，带动1.6万余人脱贫，解决2 400余人就业，成功打造了阅湖尚儒研学基地、等闲谷艺术小镇、老龙湾文旅小镇等一批文旅扶贫典型案例，相关经验先后被中央电视台《新闻联播》、《人民日报》等报道。

二、主要做法

（一）政府高位推动，加强政策、资金双保障

1. 强力出台扶持政策

济宁市每年均召开文旅系统脱贫攻坚推进工作会议、全市文化旅游脱贫攻坚督战检查标准专题培训、全市文化旅游脱贫攻坚督战会等一系列会议，切实把思想统一到习近平总书记在决战决胜脱贫攻坚座谈会重要讲话精神上来，明确目标、细化任务，系统谋划、有序推进。不断健全市、县、镇、村"四级联动"工作机制，制定了《济宁

市文化和旅游局领导班子帮扶省级重点旅游扶贫村工作方案》，制定出13项具体标准和21项操作要求，先后出台了《济宁市乡村旅游提档升级行动方案》《济宁市文化旅游扶贫工作推进方案》等一系列政策文件，为圆满完成脱贫攻坚任务提供了坚强的政策保障。定期对全市35个省旅游扶贫村从资金拨付、项目建设、资产确权、项目运营、收益分配、文化活动室建设等方面进行全面检查，并逐县逐镇逐村反馈，严格整改要求，建立问题销号机制，全力挂牌督战，确保各项工作第一时间落实到位。

2. 大力加强资金保障

2016年以来，协调山东省乡村旅游协会免费为35个省级旅游扶贫村编制了乡村旅游发展规划，累计为35个旅游扶贫村争取省级文化旅游发展专项资金1 810万元，列支了2 360万元市级文化旅游发展专项资金，支持其丰富完善乡村旅游业态、打造提升乡村旅游品牌、提高综合服务管理水平。争取市直部门专项资金300万元支持A级景区村庄和采摘园建设。

（二）创新路径，确保精准扶贫

1. 创新"一村带多村"旅游扶贫规模化发展路径

泗水县圣水峪镇南仲都村是旅游扶贫村，市文化和旅游局为该村争取140万元省级旅游扶贫资金，建设采摘大棚、民宿、停车场、游客中心等项目，陆续建成大棚74个（草莓大棚63个，火龙果大棚11个），年产值高达645万元，带动就业320人，村民人均年分红1 500元。南仲都村逐步发展成为集观光、体验、休闲、娱乐、购物于一体的乡村旅游特色村，探索了规划先行、政策支持、项目支撑、行业培训、节庆带动、创新提升的旅游扶贫道路。南仲都村的发展带动了旁边的东仲都村。东仲都村挖掘乡土文化，建设了集吃、住、行、游、购、娱于一体的乡村旅游综合体，吸引了全国各地学生、游客前来研学、休闲、度假。南仲都村和东仲都村的发展，又辐射到周边8个村庄，形成了龙湾湖文化旅游特色小镇。以东仲都村、夹山头村为核心打造的龙湾湖农文旅融合核心文创区，辐射带动示范区北部片区发展，建设成为集艺术"硅谷"、研学旅行、观光采摘、餐饮民宿于一体的乡村旅游新高地。以土洞、南仲都、大峪口、王家村等为核心，发展采摘游、赏花游、农事体验游、休闲度假等多种业态，龙湾湖文化旅游特色小镇2019年累计接待游客达50万人次以上。片区内东仲都村、南仲都村、夹山头村成功入选省级美丽乡村、市级文旅融合发展样板村、A级景区村庄，其中东仲都村入选全国乡村旅游重点村。

2. 创新"景区带村"扶贫路径

微山县微山岛镇里张阿村利用100万元旅游扶贫资金在微山湖旅游码头建设了旅游休闲购物街区，建成售卖旅游商品商铺23间、木质摊位15个。摊位选取村内有意愿、符合条件的贫困户免费经营，销售农副渔湖产品，开发地方特色小吃，人均年增收2 000元以上。里张阿村的"旅游项目+农户"购物街区项目也成功入选2018年度全国旅游扶贫示范项目。里张阿村根据发展需要，又陆续建设了休闲旅游采摘园区3家、农家乐9家、特色民宿3家。15户参与直接经营的贫困户每年户均收入5 000元以上，100名建档立卡贫困人口2016年、2017年、2018年、2019年人均获得商铺租金分红分别为750元、771元、852元、948元。里张阿村年接待游客20余万人次，每年实现旅游收入500余万元，村集体新增经营性收入3万余元，直接或间接吸纳100余名群众参与到旅游产业链上来。通过深化景区带村工作，切实加强龙头景区和贫困村的合作帮扶，发挥辐射带动作用，推进就业扶贫，完善与贫困人口利益联结机制，强化持续增收、稳定脱贫长效之策。

3. 创新"综合体+农户"扶贫路径

汶上县白石镇以发展精品采摘游为突破点，开发了西部以昙山风景区、东部以水牛山摩崖石刻为核心的全链条旅游线路，打造了昙山田园综合体，形成了"富美白石"旅游品牌，连续两届成功举办昙山核桃丰收节，村集体经济均突破10万元，带动群众人均实现增收

3 000余元。乡村旅游的发展激发了市场投资热情，依托百年核桃林，突出生态康养，将林场原有院落全面改造为传统民宿，打造以民宿为主体的综合小镇，配套儿童牧场、彩虹栈道、休闲垂钓、月季花海等小品景观，形成了以人文景观、自然景观、农事体验、观光采摘、住宿体验为一体的旅游综合体。特色小镇内村集体经济均突破10万元，带动群众实现人均增收2 000～3 000元。

（三）全力开展培育创建，带动旅游提质升级

为加快乡村旅游发展，2018年制定《济宁市村庄景区化建设行动计划（2018—2021年）》，在全省率先开展村庄景区化、文化旅游特色小镇和文旅融合发展样板村培育工作，不断完善景区村庄旅游配套服务设施，2016年以来，累计培育63个A级景区村庄，13个文化旅游特色旅游小镇和20个文旅融合发展样板村，创建市级旅游扶贫示范村83个，35个省级旅游扶贫村全部创建为省级旅游特色村。其中，邹城市上九山村、梁山县贾堌堆村、泗水县东仲都村、曲阜市石门山庄村4个村成功入选全国乡村旅游重点村名录，积极争取国家和省市在创意设计、宣传推广等方面的大力支持。

三、经验总结

一是坚持政府主导、行业指导、以群众为主体的扶贫大格局。济宁市在文旅扶贫实践中，真正做到了思想上高度重视、领导上坚强有力，始终坚持政策优先保障、资金优先投入、要素优先支持、精力优先倾斜，精心组织、密切配合、通力协作，持续跑好大力推进文旅扶贫的"接力赛"，构建全市上下共抓大扶贫、共谋大发展、共促大突破的"一盘棋"格局，为文旅扶贫提供了坚强的组织领导保障，也促使脱贫的美好初衷切实转变为发展的美好现实。

二是坚持全面研析、精准定位、科学施策的扶贫新思路。很多贫

困村都拥有无可比拟的美丽生态资源，之所以难以转化为美丽产业、美丽经济，根本原因在于扶贫方法的不科学。济宁市在文旅扶贫实践中，注重科学施策、一村一策，不搞"一刀切"，不求标准化，坚持每个乡村文化旅游点不趋同、不重复，努力为每个村集中会诊把脉、对症开方抓药，"量身定做"扶贫方案，有效避免了扶贫工作的一厢情愿、扶贫方法不接地气和扶贫典型移植后的水土不服。

三是坚持生态优先、创新发展、示范引领的扶贫新路径。在全国扶贫的宏伟蓝图中，从不缺少美妙的发展创意，缺少的是用创新来穿针引线，把美妙创意真正转化为贫困村的美好生活。济宁市在文旅扶贫实践中，把创新贯彻始终，无论是乡村振兴合伙人模式，还是"一村带多村""综合体+农户"等扶贫路径，无不凝聚着创新的精神，真正实现了"生态"和"发展"的和谐统一、相互促进，推动了贫困村产业的全面发展、贫困户生活的全面改观。

四是打造自主驱动、持续发展、有效衔接的扶贫新前景。把旅游产业项目真正扎根乡村，实现乡村资源带动旅游产业、旅游产业促进经济发展、经济发展反哺乡村建设的一体化循环发展模式。建成全国乡村旅游重点村、省级乡村旅游重点村和文旅融合样板村、景区化村庄等一批乡村旅游典型，成功实现脱贫攻坚与乡村振兴的有效衔接，推动了贫困村的可持续发展。

湖北宜都：文旅帮扶用真心 丑溪草木变成金

一、背景情况

宜都市五眼泉镇弭水桥村位于宜都市西南，因穿村而过的拖溪河上有一座清代四跨石板桥而得名，辖10个村民小组，813户、2 564人，耕地面积250公顷，水域5公顷，园地2 968亩，主要经济来源为茶叶、柑橘和养殖。该村生态环境良好，但多年来农业生产水平不足，人均收入不高。2014年初，宜都市旅游局联合五眼泉镇、弭水桥村共同引进宜都市三川旅游开发有限公司，对丑溪（九凤谷）进行开发，3年助推三峡九凤谷景区创成"国家4A级景区"。2017年，弭水桥村一跃成为宜都市排名前十的先进村，村集体收入达80多万元，村民人均年收入近2万元，较4年前增长86.8%。九凤谷旅游扶贫模式入选"湖北省旅游扶贫十大案例"。

二、主要做法

（一）突出特色抓定位

1. 规划先行，彰显特色

坚持"保护优先，开发有序；先规划、后开发"的原则，制订《弭水桥村旅游发展规划》，确定了"一区两园"的旅游产业发展思路，即依托"两溪两桥"（拖溪、丑溪、弭水桥、望佛桥）山水峡谷和乡村自然风光，全面开发三峡九凤谷景区；依托主导产业，打造千亩高效茶园和千亩精品柑橘园，做大做强乡村生态旅游产业。

■ 弭水桥村乡村公路改造前后对比

2. 夯实基础,强化基建

为切实打通旅游通道,宜都市委、市政府投资2 000余万元,修建了长6.2公里、宽8米的彩色公路(并配备了2米宽的自行车道),直接通往三峡九凤谷景区。先后完善了村级、九凤谷景区导览图设置;村规民约、讲文明树新风公益广告覆盖到组到户;新建了5处旅游公厕,"厕所革命"达标率为100%;建有大型生态停车场可同时容纳停车1 000台以上;水电路等设施设备不断完善,村村响广播进村到组,户户通、晴雨路覆盖率达100%,文明旅游、安全提醒、生态保护等宣传提示标牌得到全面完善。

3. 依托景区,加强宣传

以三峡九凤谷景区为核心,弭水桥村每年举办紫薇花节、紫荆花节,承接了宜都市文化艺术节、端午文化节、中国长江骑行节等大型旅游活动和赛事;2016年,中央电视台英语新闻频道《旅游指南》栏目组到弭水桥村拍摄旅游专题片,将村内历史文化、风土人情和秀美山川向海内外推介;2017年,弭水桥村被评为"湖北省旅游名村""湖北省生态村";2018年入选"湖北省美丽宜居乡村示范项目";2019年被列为"湖北省美好环境与幸福生活共同缔造活动示范村"。

第四章 旅游扶贫：绿水青山就是金山银山

弭水桥村举办乡村旅游节庆活动

（二）围绕产品抓服务

1."独辟蹊径"助力农民增收

三峡九凤谷景区项目启动后，按照"先改善环境，再合理发展"的步骤，采取"公司+村委会+基地+农户"的合作模式，由三川绿化公司出资出苗，村委会和农户代种代管，以套种形式在茶园定植紫薇苗木800亩，形成"山边有茶、茶中有林、林中有花、花中有溪"的格局，推动了景区大环境和村内生态环境建设。

公司为200余户村民免费发放7 000余株水果树苗，既增加景区观赏价值，又提高群众收入。一是公司向村委会每年固定缴纳土地租金10万元；二是村集体以土地租赁流转方式入股三峡九凤谷景区，门票收入的2%归村集体所有，村集体年增收在40万元以上；三是村民代种景区花卉苗木13.7万余株，每株村集体得1.2元管理费，村集体年增收近17万元；四是群众通过土地流转490余亩，每年租金收入30万元，苗木代种收入70万元（每株 5 元），景区周边新开办农家乐20余家，年接待游客超过50万人次，带动农户增收超过1 000万元。同时，农家乐的发展还带动了周边农户土特产的销售，农民增收渠道进一步拓宽。

2. "授人以渔"提供就业机会

在精准扶贫过程中,弭水桥村将易地扶贫集中安置点选在三峡九凤谷景区附近,集中安置精准扶贫户14户、33人。联合拖溪村、望佛桥村共同投资150余万元,建设"丑溪民俗体验馆",为集中安置点的精准扶贫户提供直接就业、创业机会。

在景区以及周边农家乐的用工中,27人来自建档立卡贫困户,有2户精准扶贫户通过开办农家乐实现脱贫。景区在制订日常维护、保洁清扫、花卉苗木代管、农家乐服务等用工计划时,优先招募本地村民,为本村及周边农民提供近200人的就近就业岗位,吸引300多名在外务工人员返乡就业。

3. "扶贫扶智"提高村民素质

宜都市相关部门坚持多年为弭水桥村流转农业生产和种植养殖类读物,帮助农村群众解决生产难题,提高生产效率。截至2020年底,累计配送图书700余册,流转图书1 200余册次,开展书屋管理员技能培训10余场次,通过书屋发挥效益,帮助农民开展生产,显著提升了农家书屋的文化服务能力。该村农业生产大幅提高,柑橘产量突破5 900余吨,茶叶产量达400吨,生猪出栏4 600头。

三、经验总结

"拳头景区"三峡九凤谷的兴起,真正让弭水桥村凤凰涅槃,实现了翻天覆地的变化。过去是:"住在丑溪口,山里的女子往外走,找个媳妇子家家愁。"现在是:"家住丑溪口,八方宾客这里留,城里的姑娘来哒不想走。"

(一)因地制宜找对脱贫路径

弭水桥村自然资源得天独厚,拖溪、丑溪穿村而过,丑溪名字虽"丑",却风景极佳。村内山林14 070亩,百年古藤、野生栾树群、冰臼散布各处；形态各异瀑布9处、大小溪流14处、跨溪石桥9座，峡谷清新、泉水甘洌；除水体、地貌、花卉景观外，有鲜明的人文景观，如古桥遗址、美食文化、手工艺品、古村落等均已经纳入旅游资源名录。

宜都市有关部门因地制宜，在项目规划、招商引资等各个环节大力宣传弭水桥村丰富的原生态自然资源和绝佳的地理位置，为投资方注入信心，并在3年时间内帮助新建景区创成国家4A级景区，实属罕见，极大增加了景区知名度，吸引市内外、周边及省内外客源逐年成倍增加，进而带动村内经济可持续发展。

（二）结对帮扶发挥职能优势

宜都市有关部门利用职能优势，为弭水桥村送文化、送大戏、送体育器材、送广播喇叭、送电影，深入实施"五下乡"惠民工程。截至目前，已建成的村综合文化服务中心实现每周开放42小时，免费开放农家书屋、体育健身器材，开展"暑期少儿活动"、网络共享服务、"四点半课堂"等服务项目；宜都市歌舞剧团为该村送戏下乡20余场；宜都市文旅局向该村捐赠了健身路径7件套、篮球架1副、乒乓球桌1套，为该村安装喇叭18只，送电影120余场次。文体基础设施的安装大大改善了村内文体广场的健身条件，文艺精品和阅读书籍"飞入寻常百姓家"，在给群众送去精神文化大餐的同时，提高了村民的幸福指数，达到了潜移默化、润物无声的文化扶贫效果。

（三）产业融合拓宽致富道路

宜都市相关部门指导弭水桥村深挖本土资源，按照"宜游则游、宜农则农、宜商则商"思路，全方位发展"文旅融合""农旅融合""商旅融合"等产业路径，积极争取资金支持和政策扶持，大力改善农村人居环境、策划乡村旅游自驾游线路、组织网络直播销售农产品、依托"宜都发布""掌上宜都"等宣传平台，大力宣传弭水桥村脱贫攻坚等先进经验，取得了良好效果。

第五章
保障兜底：全面小康路上，一个都不能少

> 要聚焦特殊贫困人口精准发力，加快织密筑牢民生保障安全网，把没有劳动能力的老弱病残等特殊贫困人口的基本生活兜起来，强化保障性扶贫。
> ——习近平总书记在中央农村工作会议上的讲话，2017年12月28日

陕西宁陕：以低偿托养服务扎牢"非五保"特困群体防返贫"篱笆"

一、背景情况

宁陕县地处秦岭中段南麓，是国家扶贫开发重点县、秦巴山区集中连片扶贫开发县、中央办公厅定点扶贫县与全省"农村低保兜底保障试点县"，总面积3 678平方公里，辖11个镇68个村12个社区，总人口7.4万人。经过5年来全县干部群众的共同努力，全县7 087户、20 060名建档立卡贫困人口全部脱贫，40个贫困村全部退出，贫困发生率下降为零，实现整县脱贫摘帽。2019年，全县开展兜底脱贫督查，发现还有部分不符合特困供养政策的重残对象和独居老人，他们虽有赡养义务人，却因义务人婚嫁、务工、自身条件差等原因，无法履行照护义务；一些家庭也因为要照料残疾人或老人而陷入"顾家和挣钱不能兼顾"的两难境地。这两部分人受制于现行政策规定和家庭经济条件，面临集中供养"不合规进不去"、社会化养老"收费高养不起"的困境，伴随而来的是残疾家庭受拖累，独居老人平时缺乏照护、生活质量差，子女也不能安心创业就业，成为全县高质量稳定脱贫的"老大难"。

为破解这一难题，宁陕县在全面做好农村低保对象与特困供养对象兜底保障的基础上，率先落实民政部等五部委关于脱贫攻坚中做好贫困重度残疾人照护服务工作的指导意见，积极探索低偿集中托养服务，着力解决这部分群众生活照料护理缺失的难题，起到了"托养一人、幸福一家"的良好社会效果。

二、主要做法

（一）科学配置资源，解决"进得去"的问题

失能半失能人口和困难独居老人实现集中托养，首先要解决托养场所问题。近年来，宁陕县先后建成"一中心六区域"共七所敬老院，设置床位1 000张。该县坚持"最难优先、应养尽养"原则，将居住环境差、生活质量差、自理能力弱、监护有缺失对象全部集中供养；对于与监护人同吃同住、亲情难舍、故土难离、不愿入住敬老院的对象实行分散供养，从而腾出10%左右的空余床位，为开展低偿托养"进得去"提供了基础保障。

床位有了着落，同步要解决护理人员配置问题。宁陕县在人力资源优化配置上积极探索新路子，确保政府护理支出不增大、集中护理质量不降低。一是坚持多劳多得，将护理员工资与护理人数、护理质量挂钩，充分调动护理人员工作积极性，提高人力资源利用率；二是倡导守望相助，动员身体好、责任心强的老人协助护理失能半失能人员，实现老有所为；三是助推就业脱贫，结合敬老院人员流动，坚持退一进一，优先聘用32名建档立卡贫困人员担任护理员，优化岗位分工，在不增加财政负担的情况下，做到人岗相适、人事相宜。

城关镇寨沟村低保贫困户老段是这项政策最早惠及的对象之一。老段妻子早年离家出走，他因脑梗引起偏瘫，生活难自理，儿子长年在深圳务工，平时无暇照管。2020年托养到县中心第二敬老院，年托养费用10 560元，他享受的养老保险、低保金、残疾人两项补助等政策性补助总共可支付8 196元，其子每年仅需再承担2 364元托养费。托养后，老段的生活质量有了保障，其子也能够安心在外务工。

（二）低偿合理计费，解决"托得起"的问题

托养对象均是生活困难群体，既要实现"进得去"，还要确保托养费用能承受、可负担，才能稳得住、可持续。宁陕县民政部门会同

物价管理部门精准测算托养成本，合理制定托养服务价格标准。基本生活费比照特困供养对象标准收取，护理费对低保贫困户和一般贫困户分别减免50%和30%，床位费低保贫困户免交、一般贫困户减免50%。按照低保贫困户、一般贫困户、低收入群体三个类别，全自理对象年托养费分别是7 992元、10 044元、12 516元，半失能对象年托养费分别是8 928元、11 352元、14 388元，全失能对象年托养费分别是10 560元、13 632元、17 652元。

全自理托养对象瞿某某为宁陕县城关镇贾营村村民，其年龄和残疾等级未达到特困供养对象认定条件。托养前，居住环境差，吃饭靠凑合，"三病两痛"靠侄女抽空照料。侄女家收入不高，母亲、公婆身体也不好，还有两个孩子需要照料。2019年10月，瞿某某托养到县城中心敬老院，年托养费用7 992元，本人通过低保金和残疾人生活补助金支付7 200元，侄女每年仅需支付托养费用792元。瞿某某侄女说："敬老院照顾得好、费用交得少，终于可以松口气了。"据调查，像瞿某某这样的全自理托养对象，如靠社会化托养每年需缴费3万余元，根本无力承担。

半失能托养对象陈某某为宁陕县江口回族镇冷水沟村村民，为多重一级残疾。丈夫早逝，儿子王某某在大荔县成家。因陈某某智力有障碍，儿媳在家专职照顾，全家生活仅靠儿子一人在山西打工挣钱。2020年4月陈某某入住敬老院托养，本人的低保、残疾人补助金等补助9 816元，缴纳托养费用后还略有结余。儿媳自此放手打零工补贴家用，家庭生活质量大幅提升。像陈某某这样的半失能托养对象，如依靠社会化托养费用每年约4万元，对她这样的家庭算是天价。王某某说："母亲靠自己的政策性收入实现了托养，比在家里好，她享福，我们也放心。"

全失能托养对象李某某为宁陕县广货街镇北沟村村民，2015年10月因脑梗导致半身不遂一级肢体残疾。83岁的老母亲不放心李某某，一老一残相依为命，生活质量极差。李某某有两个儿子均未成家，两人外出务工月收入1万元左右。为照顾父亲，兄弟俩每月支付1 500元在当地请人照护，但效果并不好。2020年4月李某某入住敬老院托养，老母亲由其兄妹照顾。李某某托养后，定期进行理疗与康复训练，现已能借助扶手缓慢行走，可勉强拄拐杖如厕。由于李某某享受残疾人单独保，可免缴床位费，年托养费用10 560元，除去其享受的残疾、低保等政策补助金8 700元外，两个儿子每年只需支付1 860元托养费用，而社会化托养的费用则高达每年4.5万元。其子李某说："以前请人照料费用高，服务还不精细，现在交钱少、人舒服，能放心出去挣钱了。"

（三）优化管理服务，解决"养得好"问题

宁陕县在启动托养服务之初，就严格对象认定和入住程序，敬老院、受养人、托养人三方签订《农村特困供养机构社会托养服务协议书》，既防止少数家庭以托养为名把责任甩给国家，长期不探望托养人导致亲情缺失，又防止因低偿导致生活质量低、照护服务差等问题，明确双方责任义务。制定托养服务工作标准，一日三餐设定菜谱食谱，后厨明锅亮灶，护理人员与受养人同锅就餐，衣服随脏随换，工作人员24小时亲情照护；建立了中医理疗室、康复训练室与远程诊疗系统，定期进行理疗与康复训练，一站式解决医疗、护理、养老等问题；每日召开院民会，让托养人敞开心扉，及时了解其思想动态，疏解情绪，化解矛盾，确保他们生活舒心。同时，定期开展护理技能培训，强化护理人员考核管理，建立了奖罚双向激励机制，确保护理员为入住供养人员在饮食起居、医疗护理、心理安慰、临终关怀等方面提供更专业、更贴心的服务。

三、经验总结

（一）低偿集中托养服务是特困群体稳定脱贫的有效保证

托养家庭多是残疾户、贫困户与独居老人户，属贫中之贫、困中之困、难中之难。这些家庭脱贫难度大，返贫风险高，巩固尤其难，

是影响稳定脱贫的重要群体。开展托养服务，兜住了最困难群体，保住了最基本生活，减轻了家庭负担，助力了托养家庭发展产业和就业创业，从根本上解决了托养家庭生活困境，是长期稳定脱贫的重要保障。据统计，自2019年开展托养服务以来，全县累计共有72人入住敬老院接受低偿集中托养。这72个托养对象家庭成员中，已自主创业2人，外出或就近务工32人，发展产业15人。

（二）低偿集中托养服务是特困群体全面小康的现实需要

习近平总书记说过："全面建成小康社会，一个也不能少；共同富裕路上，一个也不能掉队。"特困群体的生活保障问题得不到妥善解决，势必影响全面小康的成色。开展托养服务，是农村特困供养政策的延伸和民生保障服务体系的完善，在不额外增加财政负担的前提下，盘活了敬老院资源，既让托养对象及其家庭生活更有尊严、更加自信，又满足了贫困群众共享全面小康的愿望。

（三）低偿集中托养服务是特困群体美好生活的有力保障

习近平总书记指出："人民对美好生活的向往，就是我们的奋斗目标。"过去，托养群体因家庭贫困，自身年老体弱或家人无法照应，对美好生活只能止步于向往。开展托养服务，缓解了托养家庭负担和生活压力，改善了全家人的生活状况和精神面貌，满足了重度残疾人和独居老人老有所养、弱有所扶、住有所居、病有所医、有养护照料的美好向往，体现了党和政府对弱势群体、特困群众的关怀照顾，是执政为民理念的生动实践。

北京门头沟：设立低收入农户帮扶基金强化救助保障

一、背景情况

截至2020年底，门头沟区共有低收入农户4 560户、8 188人，分布在8个镇，115个村。其中市级低收入村45个，区级低收入村29个。因病、因学、因老、因残等成为低收入农户致贫主要原因。门头沟区低收入农户帮扶基金自2018年成立以来，到2020年第一季度，累计发放救助金1 971.39万元，其中，医疗救助项目救助9 112人次，救助金额为1 685.60万元；临时救助项目救助17人，救助金额为3.07万元；助学项目总计救助困难学生193人次，救助金额为65.17万元；保险项目中意外伤害保险总计救助1.89万人次，救助金额为85.08万元，家庭财产保险总计救助1.02万户家庭，救助金额为40.99万元；体检项目救助2 269人次，救助金额为90.05万元；"特殊案例"一事一议项目救助1人，救助金额为1.43万元。有效改善了部分低收入农户家庭因学、因病、因突发意外等问题导致的生活困难问题，在公共服务助力脱贫方面探索出一条有效路径。

门头沟区低收入农户帮扶基金救助项目实际情况

救助项目		救助数量	救助金额（元）	备注
助医	医疗救助	9 112人次	16 855 985.53	数据截至2020年第一季度
	临时救助	17人	30 689.81	
助学		193人次	651 710	
保险	家庭财产保险	10 247户	409 880	
	意外伤害保险	18 906人次	850 770	
体检		2 269人次	900 450	
"特殊案例"一事一议		1人	14 332.69	

二、主要做法及成效

低收入农户帮扶基金开展以来，为确保政策落地，门头沟区结合低收入农户普遍文化水平不高的特点，通过印发政策文件、入户宣讲等群众喜闻乐见、易于接受的方式多次进行宣传，让低收入农户能够了解政策、享受政策，切实发挥低收入帮扶基金兜底作用，解决农户燃眉之急，助力低收入农户脱贫增收。

（一）减轻低收入农户医疗费用负担

据统计，因病致贫的低收入农户在全体低收入农户中占比较高，特别是近年来一些重大疾病或慢性病越来越多，导致低收入农户致贫返贫风险增高。低收入农户帮扶基金助医项目的开展，对患有重大疾病的低收入农户在医保定点机构发生的个人自负费用，按照85%的比例进行报销救助。在享受基金医疗救助项目救助后，如低收入农户

■ 低收入农户帮扶基金组织保险公司对各村负责保险项目的工作人员进行培训

基本生活仍有严重困难，还可以给予临时性救助，切实减轻了低收入农户的负担。截至2020年第一季度，低收入农户帮扶基金医疗救助项目总计开展7次（每季度受理一次申请），救助人次达9 112人次，救助金额为1 685.60万元，人均救助金额为0.50万元。其中，救助重大疾病人员784人次，救助金额为394.24万元，占总救助金额的23.39%；临时救助项目共救助17人，救助金额为3.07万元，人均救助0.18万元。助医项目的实施，实现了对低收入农户的精准救助。

清水镇简昌村陈某某患有冠心病，长期服药，其妻子也患有甲状腺癌，夫妻二人因年事已高，丧失劳动能力，无力承担高昂的医药费。针对陈某某家庭在享受医疗救助服务后，家庭生活依然困难的情况，2019年通过临时救助项目救助0.22万元，缓解其经济压力。潭柘寺镇桑峪村的李某某年事已高，主要收入来源为国家福利养老金，因患有慢性肾病需要长期透析治疗，医疗费用高昂，两年来，低收入基金帮扶项目累计救助金额2.70万元，解决了该家庭的燃眉之急。雁翅镇泗家水村的张某某主要收入为生态林管护员工资，2018年因心脏搭桥手术自己支付6万余元医药费，均由家人和亲戚筹借而来，虽然村里帮忙申请特困救助，但部分债务仍旧无力偿还，该农户通过低收入农户帮扶基金共计获得3.17万元救助金，偿还了部分债务，切实解决了生活的难题。

（二）降低低收入农户因子女求学返贫风险

门头沟区低收入农户帮扶基金助学项目，对家中有子女就学高中、中专/中职、高职/大专、大学等的低收入农户给予学费报销救助，助力低收入农户家庭解决因经济原因导致上学难、因学返贫问题。截至2020年第一季度，低收入农户帮扶基金助学项目共开展2次救助工作（每年10月受理申请），共救助学生193人次，累计救助金额65.17万元，人均救助0.46万元。

（三）保险服务提升低收入农户抗风险能力

为给全区低收入农户建立更全面、更综合的保险保障体系，低收入农户帮扶基金项目每年免费为低收入农户家庭办理家庭财产保险和意外伤害保险，以增强低收入农户家庭的抗风险能力。截至2020年第一季度，低收入农户帮扶基金保险项目共计投入救助资金126.07万元，为18 906名低收入农户个体免费办理意外伤害保险（45元/人），累计金额达85.08万元，为10 247户低收入农户家庭免费办理家庭财产保险，累计金额达40.99万元。投保以来，有39位低收入农户因意外伤害接受保险救助服务，救助金额达15.10万元；有8户低收入农户家庭因遭受火灾接受家庭财产保险救助，救助金额达9.66万元。

（四）免费体检为低收入农户健康进行把关

为减少低收入农户因病致贫返贫风险，做到疾病早预防、早发现、早治疗，努力实现体检全覆盖，门头沟区利用低收入农户帮扶基金，每年对低收入农户疾病防治重点人群进行体检，体检内容覆盖体格检查、血常规、尿常规、空腹血糖、心电图、腹部B超、肝功能、肾功能及血脂等，全面了解农户健康状况。截至2020年第一季度，共有2 269人次享受免费体检服务，累计金额90.05万元，同时体检标准由350元/人提升至450元/人，体检项目更加符合农户实际需求，真正做到了为低收入农户健康进行把关，防止因病返贫情况发生。

三、经验总结

2020年是低收入帮扶工作收官之年，为确保低收入农户年底稳定"脱低不返低"，下一步，门头沟区将在民政社保兜底救助的基础上，进一步依托帮扶基金项目，解决低收入农户因就医、子女上学、意外事件等情况导致的生活困难等问题，完善低收入农户的兜底保障工作。

一是重点关注重大疾病低收入农户，严防因病致贫返贫。重大疾病低收入农户因需常年就诊治疗，治疗费用高昂，尤其是癌症等疾病的治疗费用不在医疗保险报销范围，低收入农户家庭经济负担沉重，尤其是雁清斋（门头沟区雁翅镇、清水镇、斋堂镇）等山区低收入农户，受地域、公共医疗资源条件等因素限制，其目前最主要的救助途径就是政府救济。下一步将加大对患有重大疾病低收入农户的重点关注，通过医疗救助、临时救助、"特殊案例"一事一议等服务全方位综合救助，加大救助比例。同时探索建立重大疾病低收入农户救助的资源对接平台，引入福利基金会、慈善协会等非营利机构或非政府组织机构，对重大疾病低收入农户开展政府之外的救助服务，防止低收入农户因病致贫、返贫。

二是发挥"特殊案例"一事一议救助功能。对因患重大疾病、遭遇火灾、洪水、交通事故等突发性灾难，接受各类救助服务之后生活仍然困难的低收入农户，以及受新冠肺炎疫情影响基本生活陷入困境的低收入农户，建议将其纳入"特殊案例"一事一议项目救助范畴。通过"特殊案例"一事一议项目救助，助力低收入农户渡过难关。

三是依托保险项目为低收入农户树立综合防护屏障。目前，保险项目已开展人身意外险和财产险理赔，减轻低收入农户因人身意外或家财意外而遭受的经济损失。下一步将依托帮扶基金保险项目服务，在政府救助之外，探索为低收入农户建立商业救助渠道，为低收入农户建立综合防护屏障。

贵州：创建四项衔接机制 强化社会救助兜底保障功能

一、背景情况

贵州是全国脱贫攻坚的主战场，贫困人口多、贫困程度深，兜底保障任务繁重艰巨。因为种种原因，贵州此前存在有效破解社会救助与扶贫开发衔接不紧密、脱贫攻坚如"铁路警察，各管一段"整体合力不强等难题。为认真贯彻落实习近平总书记关于"社会保障兜底一批""加快形成全社会参与的大扶贫格局"的重要论述，破解工作中存在的难题，全省着力创建低保标准与扶贫标准、低保对象与扶贫对象、社会救助与扶贫开发政策、社会救助与特殊贫困群体脱贫相衔接的四项机制，提升社会保障对脱贫攻坚的兜底效用。

二、主要做法

（一）创建低保标准与扶贫标准衔接机制，确保兜住底

持续较大幅度提高农村低保标准，确保兜牢底。2015年至2017年全省农村低保平均标准分别按27%、18.1%、12.4%的幅度提高到2 695元/年、3 184元/年、3 580元/年。2017年实现农村低保最低一档标准超过扶贫标准，有效落实了民政部和国务院扶贫办关于"各地要加大省级统筹工作力度，制定农村低保标准动态调整方案，确保所有地方农村低保标准逐步达到国家扶贫标准"的要求。

把握适当时段稳定农村低保提标幅度，确保兜底保障可持续。2018年至2020年，全省农村低保标准分别按照平均增幅9.2%、5%、5.2%，提高到3 908元/年、4 103元/年、4 318元/年，既保证农村低保标准"动态、稳定地高于国家扶贫标准"，持续稳定地发挥低保兜底

保障功能，又防止吊高胃口、兜底保障不可持续。

（二）创建低保对象与扶贫对象衔接机制，确保兜准底

创建农村低保对象与建档立卡贫困人口"三共同"认定机制，为两项制度对象有效衔接奠定坚实基础。对农村低保对象和建档立卡贫困人口的认定，民政部门与扶贫部门共同开展入户核查、共同开展民主评议和张榜公示、共同开展乡镇审核。2015年以来，通过实施"三共同"机制，及时将所有符合条件的建档立卡贫困人口纳入农村低保，有效保障"两不愁"；及时将有劳动能力的农村低保对象纳入开发扶贫范围实施有效帮扶，帮助他们摆脱贫困退出农村低保。全省农村低保对象从2015年的328.6万人减少到2020年10月底的274.5万人。

创建"双清双入双退"机制，确保"应保尽保、应扶尽扶"。民政部门与扶贫部门建立起了低保对象、特困人员与建档立卡贫困人口定期比对机制，省市县各级及时开展信息比对，以比对出的未纳入兜底保障的建档立卡贫困人口为线索开展排查，及时将符合保障条件的建档立卡贫困人口纳入兜底保障范围，将符合扶贫政策的兜底保障对象纳入建档立卡范围。截至2020年10月底，全省共有建档立卡贫困人口784万人，纳入民政兜底保障183.3万人，占总数的23.4%。

完善农村低保对象认定机制，努力做到精准兜底。全面健全完善以入户收入核查为核心，以民主评议、张榜公示、县乡抽查为基本保障，以家庭经济状况核对为补充的农村低保对象认定机制。通过完善机制，建立起了对象准确、待遇公正、进出有序、管理规范的农村低保工作格局。

（三）创建社会救助与扶贫开发政策衔接机制，切实增强脱贫攻坚整体合力

健全农村低保对象渐退政策，强化兜底保障与激发贫困群众内生动力的衔接。对纳入农村低保的建档立卡贫困户家庭成员考取公务员

或事业单位、外出务工或灵活就业、享受公益性岗位或通过产业帮扶等家庭人均收入超过当地低保标准的，分别给予3个月、6个月、12个月的救助缓退期。

强化社会救助政策与易地扶贫搬迁政策的衔接，推动贫困移民"搬得出""稳得住"。创建易地扶贫搬迁贫困移民一次性临时救助政策，按每人1 500元的标准对"十三五"以来确已搬迁的贫困移民发放一次性临时救助金，有效解决贫困移民自我保障能力弱、搬迁期间刚性支出大的实际困难。

落实好易地扶贫搬迁困难移民低保待遇接续。对已经落户或办理居住证、"易地扶贫搬迁市民证"的搬迁群众，依规纳入安置地城市低保。截至2020年10月底，全省共保障城市低保对象64.4万人，其中易地扶贫搬迁困难移民38.5万人。

（四）创建社会救助与特殊贫困群体脱贫衔接机制，确保摆脱贫困不落一人

健全分类施保政策。对农村低保对象中的重度残疾人、重病患者、老年人、在校学生等特殊贫困群体实施分类施保，在发放基本保障金的基础上，再按当地农村低保标准的20%～30%增发特殊困难补助金。2020年10月，全省对134.4万农村低保中的特殊困难人员实施分类施保。

健全农村低保季节性缺粮户粮食救助制度。每年6月至8月通过发放粮食对农村低保季

■ 农村低保户领到救助粮喜上眉梢

节性缺粮户实施救助。2020年，全省对农村低保对象中的38.5万季节性缺粮户实施粮食救助制度，发放救助粮2 183.6万斤。

健全特殊贫困群体家庭收入扣减政策。充分考虑特殊贫困群体家庭成员因残疾、患重病、慢性病、非义务教育阶段教育等增加的刚性支出，在核算家庭收入时可按规定适当扣减。

健全低保分户施保政策。明确对未脱贫建档立卡贫困户中靠家庭供养且无法单独立户的重度残疾人、重病患者等完全丧失劳动能力和部分丧失劳动能力的贫困人口，参照单人户纳入农村低保。

健全特困人员救助供养制度。大幅提高特困人员基本生活标准，创设照料护理标准。2020年，全省特困人员基本生活平均标准提高到906元/月，全护理、半自理、集中供养全自理平均标准分别为1 629元/月、911元/月、324元/月，确保全省8.8万农村三无人员基本生活得到全方位的托底保障。

健全完善农村留守儿童关爱救助保护机制。建立健全动态监测机制、发现报告机制、应急处置机制和评估帮扶机制等机制，有效保

■ 六盘水市开展六一关爱困境儿童和留守儿童活动

障留守儿童和困境儿童健康成长。2020年10月，全省留守儿童总量为47.5万人，较2015年减少62.1万人。

三、经验总结

四项衔接机制有效统筹了救助扶贫与开发扶贫资源，强化了社会救助兜底保障功能，切实履行了民政部门脱贫攻坚"兜底一批"职责，全面筑牢贫困群众"两不愁"底线。有力助推全省决战决胜脱贫攻坚。

强化重点群体的比对排查，全力兜准底。贵州省民政部门会同扶贫、医保、残联等相关部门开展定期比对，将比对的结果分解下达到各地，逐户逐人开展拉网式排查，对符合条件的对象及时纳入兜底保障。2020年以来，全省先后开展了6次比对排查，目前，贵州省784万建档立卡贫困人口中，纳入社会救助兜底保障的有183.27万人，占总数的23.4%，真正做到了兜底保障不漏一户、不落一人。

强化贫困人口低保政策倾斜，全力兜住底。健全"单人户"施保政策，将全省10.22万不符合低保条件的未脱贫贫困户中的重病患者、重残人员单独纳入城乡低保。健全贫困家庭支出扣减政策，对贫困户因残疾、患病等增加的刚性支出，以及实现创业必要的成本，在核算低保家庭收入时给予扣减。完善低保渐退机制，对实现就业、家庭人均收入超过低保标准的，分别给予3个月至12个月的救助渐退期，目前，全省共有9.81万人享受这一政策。

强化农村低保标准的调整机制，全力兜牢底。根据贵州省经济社会发展水平和所处区位，将农村低保划分为三个档次，由省级统筹调整，确保贵州省农村低保标准动态、稳定地高于扶贫标准。2020年贵州省农村低保标准平均提高到每年4 318元，最低一档超过贵州省脱贫测算标准308元。

强化易地扶贫搬迁困难移民的兜底保障，全力兜好底。实施搬迁困难移民一次性临时救助政策,按每人1 500元标准,对148万困难移民发放一次性临时救助金22.2亿元。建立搬迁困难移民低保待遇接续机制,对已经落户或办理居住证、易地扶贫搬迁市民证的搬迁困难群众,依规纳入安置地城市低保。目前,贵州省纳入城市低保的搬迁移民有38.5万人。

海南：深化农村低保专项治理 强化精准兜底保障 筑牢脱贫攻坚"最后一道防线"

一、背景情况

脱贫攻坚战打响以来，海南各级民政部门认真学习习近平总书记关于脱贫攻坚兜底保障工作的重要指示，以农村低保专项治理为切入口，对兜底保障工作中存在的低保政策落实不到位、临时救助政策落实不到位、特困人员供养服务落实不到位、新冠肺炎疫情防控期间兜底保障工作落实不到位、社会救助资金管理不到位、对群众反映的突出问题整改督办不到位的问题，开展专项行动集中治理。截至2020年10月底，共将2.68万户、6.65万人纳入低保或特困人员兜底保障，对建档立卡贫困户实施临时救助3.19万人次，进一步织牢织密兜底保障网，为打赢脱贫攻坚战贡献力量。

二、主要做法

（一）围绕"扩面"，优化政策供给，千方百计保障好困难群众的基本生活

海南省民政厅与国家统计局海南调查总队联合印发《海南省最低生活保障家庭经济状况评估认定办法》，建立以家庭收入、财产和刚性支出为主，家庭消费为辅助指标的低保家庭经济状况评估认定指标体系，对参加就业的建档立卡贫困人口在申请低保时，按照当地城市低保标准的30%扣减就业成本，对收入超标的低保家庭实施6个月的低保渐退期，进一步提升低保对保障困难群众基本生活的重要作用。海南省民政厅与海南省财政厅联合印发《关于全面加

强困难群众基本生活保障工作的通知》，将低收入家庭中的重残人员、重病患者等特殊困难人员，参照"单人户"纳入低保；将特困人员救助供养覆盖的未成年人年龄从16周岁延长至18周岁，对满18周岁后仍在接受义务教育或在普通高中、中等职业学校就读的特困人员，继续给予救助供养；将特困人员救助供养残疾等级由一、二级智力（精神）残疾人扩大到三、四级智力（精神）残疾人，将特困人员救助供养残疾等级由一级肢体残疾人扩大到二级肢体残疾人，同时增加对一、二级视力残疾人的救助供养。通过适度扩大社会救助范围，进一步提升兜底保障效果。

（二）强化"兜底"，开展全面排查，筑牢脱贫攻坚的最后一道防线

海南省民政厅与海南省扶贫办联合出台《海南省社会救助兜底脱贫行动实施方案》《关于全力推进社会救助兜底脱贫工作的通知》，充分发挥大数据作用，依托全省社会救助信息管理平台和扶贫系统平台进行三次数据比对，筛选尚未通过低保或特困兜底的剩余建档立卡贫困户、全家无劳动力的建档立卡贫困户、脱贫监测户、建档立卡边缘群众等四类重点对象，指导市县逐户逐人摸底排查，提升兜底保障精准度。同时，建立辐射全省农户的贫困预警、快速救助机制，及时筛查扶贫部门通过入户走访、农户申报、大数据平台数据比对、信访等渠道收集的纳入预警农户信息，在一个月内对符合条件的农户进行救助保障。健全"主动发现、快速响应"工作机制，在全省各市县建立县、乡、村主动发现救助三级管理网络及工作台账，打通特殊困难群众救助的"最后一公里"。

（三）聚焦"提质"，集中提高特困、临时救助服务水平

出台《关于进一步加强和规范分散供养特困人员照料服务工作的通知》，要求对分散供养特困人员做到"五个100%"，即生活自理能力评估比例100%、集中供养意愿调查比例100%、照料服务协议签订比例100%、照料服务费发放比例100%、愿意集中供养的对象入住敬老

院比例100%。截至2020年第三季度，共发放特困人员照料护理费1 851万元。全面建立分散供养特困人员定期探访制度，乡镇（街道）每月至少组织一次上门探访。全面建立乡镇（街道）临时救助备用金制度，形成县级政府、民政局和乡镇（街道）多层救助模式。截至2020年第三季度，共实施临时救助7.9万人次，发放救助金5 063万元。

（四）突出"便捷"，推动互联网与社会救助深度融合，提高社会救助效率

制定低保办事指南，明确受理、审核、审批、办结各环节工作要求和办理时限，形成标准化低保办理流程，并在海南政务服务网上面向社会公布。建立线下与线上相结合的低保办理模式，将低保对象认定纳入省一体化在线政务服务平台，省域范围内实现低保申请线上办理。在琼中、琼海等市县推广社会救助移动端应用，凡是可以网上提交的材料，不再要求申请人到窗口提供，推广困难群众办理低保"一次不跑"服务模式。同时，彻底破解低保业务管理与低保系统"两张皮"、线下办理流程与线上记录不一致、线上办理环节缺失、低保系统仅仅单纯记录低保审批结果等问题，实现全省低保办理全环节电子化、全流程"可视化"、全链条"可追溯"。

三、经验总结

经过近三年的农村低保专项治理工作，海南省民政部门聚焦"精准"，集中整治漏保、错保，确保精准施救，取得了一系列有益经验。

（一）强化多部门联动共同推进脱贫攻坚

2016年以来，在海南省打赢脱贫攻坚战指挥部统一领导下，省民政厅会同扶贫办等部门对全省农村人口开展了三次以上"两项制度"衔接大排查，同时充分运用大数据手段，依托全省社会救助信息管理

平台和扶贫开发平台，以"老、病、残"为重点进行数据比对，彻底摸清了工作底数，降低了"漏保"风险。

（二）适时提高困难群众救助补助标准

2016年以来，海南省民政厅提请省人民政府2次提高城乡低保标准和特困供养标准，确保农村低保标准始终高于省贫困标准。同时根据物价上涨情况多次启动低收入家庭补贴和物价上涨联动机制，完善残疾人"两项补贴"制度，确保了困难群众基本生活得到更好保障。

（三）完善核对机制提升兜底保障精准度

海南省民政厅与海南省金融监管局、海南银保监局、人民银行海口中心支行联合出台《海南省低收入家庭银行金融资产信息查询办法》，明确低收入家庭银行业金融资产信息共享范围、信息共享方式、查询程序，信息安全管理等事项，不断完善低收入家庭银行金融资产信息查询机制，将新增人口数据、住房交易等关键数据纳入核对范围，有力提供了兜底保障的精准度。

（四）注重加大考核力度推进工作落实

在全国率先将救助准确率、动态率、核对率等关键指标纳入市县综合发展考核以及市县党委、政府脱贫攻坚考核，全省低保家庭核对率达到99.5%，社会救助精准度显著提升。

经过近3年开展农村低保专项治理工作，全省社会救助规范化水平显著提高、兜底保障能力显著提升，社会救助便捷化程度明显提高。下一步，海南省将继续以"精准兜底"为目标，着力解决"脱保""漏保"和保障不精准等问题，切实做到应保尽保、应退尽退。

广东江门：扶贫线与低保线"两线合一" 构建立体化社保扶贫格局

一、背景情况

从2016年起，江门市循序推进扶贫线与低保线"两线合一"改革试点，积极探索扶贫对象、政策、措施、服务"四合一"改革路径。到2018年底，改革初步建立起了常态化、全覆盖的城乡扶贫长效机制，助力2019年底全面完成全市建档立卡贫困户5 097户、16 659人的脱贫目标，并顺利实现脱贫对象的有序退出。江门市探索扶贫政策与低保制度的有机衔接，推动社会保障兜底扶贫取得显著成效，可以为建立解决相对贫困问题的长效机制提供有益借鉴。

二、具体做法

（一）创新贫困识别方法，精准认定帮扶对象

长期以来，扶贫政策与低保制度相互独立运作，由不同的政府部门负责，低保和扶贫的认定标准、受益对象等也不尽相同，制度间缺乏有机衔接，难以形成制度合力。为了打破过去贫困户认定由基层逐级上报的做法，江门市重新梳理贫困户认定规则，强化建档立卡动态管理，着力解决贫困户精准识别难、识别不准的问题。2016年，在解决绝对贫困问题的基础上，江门市以民政部门2015年城乡2.9万户、6.1万人的低保对象为基础数据，按城乡居民年人均可支配收入低于6 600元（其中，台山、开平、恩平三市农村低于5 040元）的标准，将全市2015年末人均可支配收入低于此标准、有劳动能力，且由各市（区）政府确认的城乡低保家庭5 097户、16 659人，认定为城乡

精准扶贫重点帮扶对象，实现了扶贫对象与低保对象合一，为扶贫对象能够享受低保兜底保障提供有效的身份支撑。2020年，江门市继续深化改革，充分考虑兜底扶贫对象的个体差异及其家庭致贫特征，全面接轨《广东省最低生活保障家庭经济状况核对和生活状况评估认定办法》（以下简称《认定办法》），综合家庭收入、家庭结构、生活状况三个维度的12项指标，对贫困对象的家庭经济情况进行全方位评估，真正做到扶贫对象与低保对象的有效衔接，统一称为"相对贫困人口"。

（二）完善多层次保障体系，建立长效扶贫机制

江门市社会保障兜底扶贫形成了涵盖社会救助、社会福利、养老保险、医疗保险、教育保障、住房保障等全方位、多层次的社会保障体系，在脱贫攻坚工作中发挥了基础性的作用。社会救助制度，对扶贫对象实行政策性保障兜底，将所有符合条件的家庭纳入低保范围，做到应保尽保。将符合条件的因病、因学、因残、因灾相对贫困人口家庭分别纳入就业救助、医疗救助、教育救助、灾害救助和住房救助。完善临时救助制度，保障遭遇重大事故或突发重大疾病，或其他社会救助制度实施后仍有严重困难的贫困人口基本生活。社会保险制度，符合待遇发放条件且愿意领取城乡社保待遇的贫困人员，100%发放养老保险待遇，实现"老有所养"；发挥首创精神，推出全国首张"医疗保障精准扶贫就医证"，在省内首推"医保扶贫兜底"，将帮扶对象100%纳入医疗保障，100%享受医疗保障，实现"病有所医"。社会福利制度，完善适度普惠型儿童福利制度体系建设，全面落实残疾儿童少年十五年免费教育及助学政策；加强农村留守儿童关爱保护工作等。完善以居家养老为基础、社区养老为依托、机构养老为补充的养老服务体系，成立扶贫赡养基金，探索互助养老扶贫新模式。

（三）多元主体协同，从运动式帮扶到常态化联动

积极整合多方资源，发挥市场和社会力量的作用，构建"政府主导、社会参与、市场促进"的多主体协同保障机制。一是充分发挥社工组织专业化的技能优势和沟通纽带作用，满足兜底扶贫对象的多元化需求，为其提供一对一的帮扶指导。在提供人文关怀和精神慰藉的基础上，通过"社工+家政"的扶贫模式培训其职业技能，帮助扶贫对象更好地融入社会，提高自身收入和抗风险能力，实现对贫困对象从"输血"到"造血"的转变。二是激活社区团结互助的潜能，开展形式多样的慈善公益和邻里互助活动，鼓励社区居民积极参与其中，营造扶贫济困，互帮互助的优良社会氛围。三是充分发挥市场在资源配置方面的优势，一方面，出台优惠性措施，引导企业针对兜底扶贫对象的致贫原因进行个性化的签约帮扶，借助企业的力量帮助贫困对象实现快速、稳定脱贫；另一方面，进一步拓宽金融扶贫的思路和渠道，结合工作实际和金融特点，创新扶贫金融产品和服务，将信贷业务与兜底扶贫工作有机结合，对兜底扶贫对象的贷款进行风险补偿、贴息或保费补贴，实现金融助推扶贫发展，并完善风险补偿机制。

三、主要成效

（一）提高了社会保障兜底扶贫对象识别精准性

从低保户中选择贫困户，有效地改善了贫困识别的精准性，动态管理则进一步保障了精准识别的质量。采用《认定办法》的多维度指标，从多方面识别兜底扶贫对象，不再偏重单一收入指标衡量兜底扶贫对象的贫困程度，减少了"保不应保"（错保）和"应保未保"（漏保）的可能，显著提高了社会保障兜底扶贫对象识别的精准性。

（二）增进了社会保障兜底扶贫对象的获得感

通过推出代缴政策，实现贫困人员社会保险的应保尽保，实现社会保障面向精准扶贫帮扶对象的全覆盖。尤其是在医疗领域，通过设立城乡居民医疗保障精准扶贫资金，对精准扶贫对象100%实施医疗保障精准扶贫，彻底打消精准扶贫重点帮扶对象看病就医的后顾之忧。与此同时，坚持因地制宜、分类施策，精准化帮扶贫困户和重点贫困地区，确保脱贫攻坚精准到村、到户、到人，实现帮扶方式的多样化、组合化和个性化，为兜底扶贫对象提供更加全面和高质量的综合保障，极大地提升了兜底扶贫对象的获得感。

（三）增强了社会保障兜底扶贫的统一性

通过深度衔接扶贫开发政策与社会救助制度，提高了城乡帮扶、对象认定、帮扶制度、帮扶资源等方面的统一性。一是城乡帮扶，将城乡贫困人口纳入帮扶范围，采用统一的相对贫困人口认定标准。统一城乡帮扶力度，实施就业、教育、住房、救助、医疗、养老等社会保障帮扶政策，有效地解决了城乡兜底扶贫对象基本生活困难，增强了兜底扶贫对象的可持续发展能力。二是对象认定，由于贫困户脱胎于低保户，因而贫困户即低保户、低保户包括贫困户，初步实现了帮扶对象"合一"。采用《认定办法》后，从家庭收入、家庭结构、生活状况等方面综合评估认定帮扶对象，将进一步增强兜底扶贫对象及其识别的统一性。三是帮扶制度，将扶贫开发措施融入常态化运行的社会救助措施中，强调发展型救助理念，在保障相对贫困人口最低生活水平的同时，开发并提升个体及其家庭发展能力，实现扶贫开发体系与社会救助体系从"保障型"帮扶向"发展型"帮扶转变。

四、经验启示

（一）革新社保扶贫理念，构建立体化社保扶贫格局

立足于社会保障在兜底扶贫工作中的基础性作用，江门市进一步将发展的理念注入社会保障中，并从社会保障兜底扶贫的宽度（如在医疗保险领域实现商业保险对建档立卡贫困户的全覆盖）、深度（如个性化的"社工+扶贫"一对一社会服务）和广度（如针对精神病患、麻风病等特殊群体的新起点就业康复工场的保障）出发，构建起立体化的社保扶贫格局。发展型的社会兜底保障能够促进贫困对象的自立能力建设，也能更好地防止贫困的代际传递或贫困循环；而立体化的兜底扶贫格局在更好彰显社保扶贫政策理念的同时，也将进一步提升贫困治理的绩效。

（二）适应贫困治理转型，建立新的识别标准

党的十九届四中全会指出要建立解决相对贫困的长效机制，这意味着我国贫困治理将从绝对贫困治理转向相对贫困治理。江门市改变传统家计调查以收入为单一衡量的标准，综合考虑支出、能力等因素来建立新的识别指标，探索使用多维度指标体系认定相对贫困人口，增强识别过程的科学性和识别结果的精准性。在致贫原因多元且复杂的现实挑战下，建立多维度的崭新识别标准不仅有助于提升对象识别的精确度，也有助于实现贫困治理资源的精准配置，最大限度发挥扶贫资源的使用效率。

（三）完善贫困动态管理，持续提高脱贫质量

能否享受国家扶贫政策对于贫困人口的生活质量和生产能力具有显著影响，故而贫困人口退出机制的设计尤为重要。江门市采用连贯性监测的方式实施贫困人口的退出管理，可以减少过去以时间点监测方式实施贫困人口退出管理可能产生的"错退"现

象，防范因贫困人口管理不当引发社会矛盾的风险。就此而言，江门市的做法不仅实现了贫困治理中退贫质量的改善，还为其他地区改善贫困对象的动态管理，优化贫困人口退出机制的设计提供了借鉴。

河北衡水：托养服务中心助残脱贫 给精神残疾人第二次生命

一、基本情况

"照看一个人，拖累一群人，致贫一家人"是精神残疾人家庭的真实写照，解决这类人群的脱贫问题是最难啃的"硬骨头"。衡水市残联于2008年2月依托衡水京大心理康复医院成立了河北省首家残疾人托养服务中心，为精神、智力残疾人提供集中式托养康复工作。现托养中心配置室内服务场地，包括住养居室、食堂、护理保健室、文体活动室、康复治疗室、心理咨询室、劳动（生产）工作间等共计7 500余平方米，户外活动场所3 000余平方米，农疗基地近50亩；室内外配备较齐全的康复治疗设施和无障碍设施；拥有康复医师、康复治疗师、康复护士等专业人员共61名，为全市精神、智力残疾人提供护理照料、生活技能训练、社会适应能力训练、职业技能训练、辅助性就业等服务。

衡水市通过建设残疾人托养服务中心，在脱贫攻坚战中走出了一条重度精神残疾人家庭增收脱贫的新路。中心成立十多年来，共为1 338名精神、智力残疾人提供托养服务，康复回归社会252人次，享受费用减免的贫困精神残疾人1 098人次，减免费用共计368.42万元。回归社会的残疾人，通过服药，病情长期保持稳定，有的在外打工，有的在家务农，都能通过自己的努力有一定的收入。在托养中心的残疾人，有的也已经可以在中心从事劳动、生产等工作，通过自己的双手创造价值，每月获得几百元的收入。通过集中供养、科学康复的方式，可以让精神残疾人家庭成员解脱出来，使之将更多精力投入脱贫致富奔小康的道路上，真正实现了"托养一个人，解放一群人，幸福一家人"的目标。

二、主要做法

（一）康复：靠真情温暖心灵、靠活动练就技能

托养中心接收的大多是家庭贫困的精神、智力残疾人，康复是一个漫长的过程，既要治病、也要治"心"；既要扶贫、还要扶"志"。丰富多彩的活动，不但能治愈心灵，还能增加他们的动手能力，在活动中找到自我、肯定自我。

2020年中秋节前夕，托养中心举行了"吉庆婵娟 乐购盈篮"的庆双节活动，活动内容主要有唱红歌、代币购物、各种趣味游戏等。"中心托养的都是智力和精神残疾人，为了把康复治疗元素加到活动里，我们也是绞尽脑汁"，中心主任李双艳动情地说。活动前，他们号召残疾人朋友积极报名参加售货员、售票员、检票员、收银员、保安员、保洁员等岗位的竞聘，锻炼他们的职业技能。活动时，他们把"超市"搬到操场，设置美食区、零食区、日用品区、游戏区，还准备了月饼、蛋糕、水果、果汁等商品供他们选购。

有的残疾人担心自己不行，不敢应聘。"比如小张，平常比较被动，个人卫生很差，不肯主动交流，情感淡漠。我们商议让他担任保洁员。也许是责任感，也许是代币的激励，他的个人卫生好了很多，在活动中也主动交流，笑容多了，负责的项目也很尽责"。

托养中心一直实施"代币治疗"模式，托养的精神、智力残疾人完成了规定的任务或者有突出的成绩，又或者是有了进步，将给予他们代币奖励。他们可以用得到的代币"购买"自己喜欢的物品，增加社会互交能力。

有个精神衰退很严重的残疾人朋友拿着用代币买来的零食分享给大家，脸上带着平常少见的灿烂笑容："这是我自己挣的钱买的，可好吃了，你尝尝。"还有位残疾人朋友套圈得了毛巾、牙膏、洗发膏、橘子等好几样奖品，他高兴地欢呼："哇，原来我这么厉害啊！"

康复活动贯穿于整个治疗过程，托养中心的康复治疗师们正是通

过一系列的治疗性活动锻炼精神和智力残疾人的生活、工作、休闲能力，发挥患者身心最大潜能，以最大限度改善和恢复患者躯体、心理、社会等方面的功能，提高生活质量，促其早日回归家庭、重返社会。

（二）就业：靠劳动摆脱贫困、靠双手撑起家园

康复中心的医师们心里清楚，不同的残疾人需要制定不同的康复计划。很多人并不是不会做或不能做，只是单纯地不做。为了让他们尽量保留自身的功能，必须一直督促引导，改变认知、培养习惯、重塑角色、树立自信，让他们慢慢认可自己，并为他们提供锻炼的机会，激励和调动他们的积极性。

27岁的张翔（化名）是一位精神残疾人，父母离异，妈妈独自抚养他长大。开始家里生活还算过得去，张妈妈在村子里打零工，家里还有几亩地，每年下来也有几千元收入。自从他得了精神疾病后，不但需要持续服药，而且性情变得暴躁，有时进入恍惚状态，会不自觉地走丢。母亲为了照看他，零工不干了，地也荒了，靠低保金度日，生活条件每况愈下。自从把他送到托养中心后，由于享受贫困户帮扶政策，不但减免了大部分托养费，一日三餐也吃得比以前丰富、营养了。张妈妈可以腾出手来忙农活，农闲时还能外出打工，家里日子也越来越好。

"刚来时，他情绪不稳，伤人损物。经过系统治疗和康复3个月后病情稳定，还参加了职业培训，现在在中心的农疗基地参加辅助性就业，每个月也有500元的收入。孩子的变化让我这个当妈的对生活充满了信心，感觉这个家都有了希望。"随着张翔的病情趋近稳定，张妈妈来看儿子的次数也越来越多，母子俩拉着手，坐在床边一聊就是一个多小时。

在康复中心5楼的工疗房间内，49岁的贫困户刘春红（化名）正在编织手工艺品。她看上去和常人一样，但因患有精神疾病，她以前是有名的"疯婆子"。刘春红30岁那年，丈夫死于车祸，留下两个

上小学的孩子，由刘春红独自抚养长大。眼看两个孩子就要学业有成、走入社会，她却患上了精神疾病。孩子无奈，只好辍学在家照顾，但毕竟不是长久之计。母亲的病也让一家人没有了收入来源。正在一筹莫展之时，精准扶贫让刘春红一家窘困的生活打开新天地。住进托养中心后，在科学用药及康复治疗的帮助下，刘春红的病情很快好转，不但生活能够自理，还主动帮助其他残疾人收拾房间、打水打饭。

中心为增加像刘春红这样有劳动能力的贫困户的收入，专门从沧州献县引进一家专门生产家居装饰画企业的代工项目。2018年初，托养中心组织家居装饰画制作培训班，刘春红就报名了。"刚开始跟着别人学，手都磨得起了泡，长了老茧。"功夫不负有心人，一个月的学习使她逐渐掌握了各种装饰画制作技巧，也让刘春红生活更加充实。除了每天定时吃药、按时康复外，大部分时间她都在工疗房间内。2020年，刘春红靠编织就挣了3 000多元，加上低保等收入，她终于可以自食其力，不拖累孩子了。

回想起第一次拿到工钱时，刘春红哽咽地感慨："自从住进康复中心，就像是到了家，不但帮我治病还帮我找活干。现如今吃药、康复都有补贴，两个儿子也都顺利毕业了。我相信只要肯干，精神残疾人也能靠双手脱贫致富。"

脱贫要靠勤劳的双手，也要有好政策"加油打气"。身陷贫困的精神残疾人及其家人，在一系列托养中心扶残助残政策的帮扶下，重新燃起对生活的希望。李双艳说，之所以鼓励张翔、刘春红等人参加农疗、工疗的工作，是希望他们有一天可以出托，能打一份工、种好家里的地，也算自力更生了。

（三）回归：靠信念撑起人生、靠坚持赢得认同

精神、智力残疾人由于生活自理和社会适应能力差，缺乏工作技能，大部分人都难以参与正常的生产生活。解决精神、智力残疾人员

的康复、就业问题任重道远。

李双艳一直从事残疾人托养工作，中心成立12年，出托的残疾人也有很多，他们能够参与社会的竞争性就业，是康复的成果，也是他们个人努力的结果，如果没有托养中心，恐怕有些残疾人一辈子都是家庭的负担。"残疾人托养和康复，让残疾人本人和他们的家庭脱了贫，过上了小康生活，我们这些工作人员的辛苦也没有白费。"

对此，托养中心成立了回访指导小组，定期对回归社会人员进行回访，在康复措施、用药规范、社会适应、心理调节等方面提出指导性意见，让残疾人感受到"出托不出指导，回归不离康复"。

"后期发病的精神残疾人只要按时服药和康复管理，加上家庭和社会的支持，病情一般就会比较稳定，也具备一定的工作能力。相比施舍和同情，精神、智力残疾人更渴望平等地接纳、尊重和支持。"出托残疾人中，李双艳印象最深的是小信（化名）。小信家中有个正在上学的儿子和疾病缠身的婆婆，自从2017年小信患病后，丈夫既要看着她还要照顾家里，一家人的生活举步维艰。然而困难的日子终将迎来转机，经过托养中心一年的治疗和康复，小信病情稳定顺利出托，并被镇上的一家皮毛加工厂录用。

小信表示，参加了工作不但解决了目前的生活窘境，还大大提升了生活质量，小信说："我心中一直有个信念，只要我能顺利进入社会、留在社会，对我的人生来说就是巨大的成功。"李双艳表示："她来拿药时，都会到托养中心来看我们，还带一些家里的农产品，每次来了都会和我谈谈她工作、生活中遇到的一些问题和困难，我也会从我的角度给予她一定的建议。"为了帮助更多精神、智力残疾人实现从辅助性就业到正式劳动就业的转变，2019年以来，市残联和医院积极探索，引入社会机构资源，对接爱心企业，依托托养中心前期的辅助性就业培训，探索出治疗、康复、培训、实操、上岗的托养新模式。

从托养中心走出去的残疾人，或接受培训上岗就业，或奋发创业脱困自强，都书写出了精彩的人生篇章，点亮了拥抱幸福生活的梦想。

三、经验启示

一是认识精神残疾人脱贫攻坚工作的重要意义。我国宪法等法律明确规定了对残疾人劳动就业要给予扶持优惠和保护，但残疾人，特别是精神、智力残疾人就业的前景依然不容乐观，求职就业依然是很多精神、智力残疾人及其家庭牵挂的问题。托养中心通过多方合作建立起工疗车间、农疗基地，就是想让精神、智力残疾人在从事力所能及的工作的同时，还可以体现出自身价值，让他们以后能更好地融入社会。让他们工作的目的并不单单是为了有一份收入，更重要的是让他们对人生怀抱一份积极的希望，让生命更有价值、更有尊严。

二是看清精神残疾人脱贫攻坚工作面临的形势。精神、智力残疾人劳动效率低是影响就业的一个重要因素。虽经过了培训，但精神、智力残疾人目前的劳动能力还不足以进入工厂车间进行生产工作。李双艳坦言，精神、智力残疾人现阶段能创造出的价值相对较低，需要社会和一些爱心企业更多的支持和接纳，为他们争取更多的社会支持，尽力开创和挖掘适合残疾人就业的岗位，让精神、智力残疾人能够在工作中为企业创造价值的同时也能实现自己的价值。

三是大胆采取措施，开拓残疾人就业途径。"好走的路，我们要顺着走；不好走的路，我们要趟着走；没有路，我们就踩着走"，这是李双艳主任在残疾人就业总结会上的讲话。托养中心将入托残疾人的能力和经验进行汇总分类再培训，制定精准就业计划和推进措施，为每位残疾人制作"求职简历"，向企业定向、定岗输送残疾人。同时，还将企业家们请进托养中心，深入工疗车间考察残疾人的工作情况。通过现场观摩、产品检验、工件对比等措施，让企业家们了解、认可他们的能力。

福建宁化：互助养老"四化"模式助力农村脱贫攻坚

一、背景情况

宁化县地处闽西北，是原中央苏区县、四个红军长征出发地之一，是福建23个省级扶贫开发重点县之一。县域面积2 407平方公里，辖16个乡镇、1个华侨农场、210个建制村、21个社区，总人口37.8万人，60周岁以上老年人有6.3万人，占总人口的16.7%，其中农村建档立卡贫困人口13 044人中就有老年人3 574人。

农村老人普遍存在生活无人照料，做一顿饭吃三餐；文化娱乐活动匮乏，窝在家里倚墙头晒日头；医疗条件差，防疫、健康意识薄弱；赌博、红白喜事大操大办等陈规陋习依然突出。2019年初，宁化县抓住福建省农村养老服务改革试点这个难得的机遇，经多方调研，选择有代表性的方田乡方田村作为农村养老服务改革试点，通过成立农村养老服务中心运营管理农村幸福院，探索出符合当地实际的农村互助养老"四化"模式，即生活互助化、娱乐本土化、服务专业化、习俗文明化，破解了农村养老服务难题，有效助力农村脱贫攻坚。

二、典型做法

（一）经济方面：生活互助化，解决农村老年人生活无助问题

鼓励企业助老，吸引能人回乡创业，以"党支部+基地+农户"的方式，扶持做强小黄瓜、白莲和花生产业；村企捐资老人互助餐厅，每年重阳节承办助老活动；老人在村养老服务中心剥莲子、拣湿子花生等，既交流了感情，也获得了经济收益。幸福院倡导结对帮扶，身体好的老人结对帮助体弱多病的老人，每天相见相问，帮助解决家务、

就医等困难；推行劳动互帮，"家庭式"运营，劳动能力强的老人从事种菜、种果、养鱼等户外作业，劳动能力弱的老人承担做饭、搞卫生等室内家务；实行用餐共享，交纳3元即可享用一荤一素一汤爱心午餐，参加劳动半天可免费享用一次午餐，贫困户、低保户免费用餐。2019年以来，方田村老人结对37对，午餐就餐1.3万余人次，实现守望相助、抱团取暖。

（二）文化方面：娱乐本土化，解决农村老年人文娱匮乏问题

组织本土化的各类文艺活动，让老人重拾旧趣。表演敲牌子鼓、拉二胡、吹唢呐等特色活动，传唱红色歌曲、客家原生态采茶山歌，开展讲述宗族名人和客家先贤迁徙史的"讲古"活动，传承木活字印刷等非物质文化遗产。2019年以来，方田村组织"我和我的祖国""感恩母亲节""重阳寄深情"等主题体验活动70余场，老人全程参与活动的策划、准备、开展和成果分享，做到人人有事做，人人有事管，人人有特长，人人是主人，真正让老人参与其中，乐在其中，让幸福院成为快乐大本营。

（三）精神方面：服务专业化，解决农村老年人关怀慰藉问题

政府购买专业社工服务，为268名农村留守老人提供探访、精神慰藉、危机干预等服务，重点对高龄、失能半失能、独居等高风险留守老人提供关爱服务；购买"线上+线下"居家养老专业化服务，受益老人374名。开展亲情链接，结合村卫生室和专业社工，提醒外出亲属每日或经常与留守老人电话聊天，充当好心理按摩师。考虑到老人视力、听力及手机软件应用能力有限，率先在幸福院引入亲情互动大屏，方便老人与亲友面对面无障碍沟通，让老人感受亲情温暖。联合县老年大学开办"长者学堂"，组织医生、老师、社工讲授饮食健康、医疗保健、体育健身等课程，让老人老有所学。

（四）社会方面：习俗文明化，解决农村老年人陈规陋习问题

倡导移风易俗，改变红白喜事大操大办陋习。年龄逢十的老人，在重阳节期间由养老服务中心组织集体祝寿，寿宴统一标准，一切从简，让寿星佩戴红花，腰鼓队迎寿星，营造庄重俭朴氛围；倡导丧事简办，老人辞世由养老服务中心献花圈、举行追悼仪式。把幸福院作为学校"孝老敬老助老教育实践基地"。将孝老爱亲纳入《村规民约》，引入奖惩机制，评选孝星家庭，营造养老孝老敬老的社会氛围。

三、经验启示

两年来，宁化县围绕养老事业怎么"活起来"课题，助力农村老人脱贫，实现让老人脸上有笑容、眼里有期盼、心中有希望。把握因地制宜，量力而行，不搞面子工程，不求高大上，节俭实用，成熟一个，建设一个，见效一个的原则，在全县92个农村养老服务中心复制推广，实现了符合条件且有意愿的村全覆盖，参与活动人数达30余万人次。充分发挥党委政府、村级组织、家庭和社会各方力量作用，保障农村养老事业可持续发展，巩固脱贫攻坚成果。

（一）党政发力

县委、县政府高度重视养老工作，在政策、人员、资金等方面给予重点倾斜，要钱给钱，要人给人，要政策给政策。县委、县政府下发《关于在全县推行农村养老服务工作"党建+四化"模式的指导意见》，将"党建+四化"工作纳入乡镇年终综合考评，以考核促落实。2020年7月，特困人员分散供养标准全自理、半自理、全护理分别提高至每月974元、1 187元、1 400元，集中供养标准全自理、半自理、全护理分别提高至每月1 948元、2 374元、2 800元。县政府对新成立的村级养老服务中心一次性补助启动资金1万元；对每月开展午餐服

务二十天以上且用餐人数达20人以上的，每月补助运营经费1 000元；每年按照向上争取政府购买社工组织养老服务工作经费的50%予以县财政配套。实施"银龄安康工程"，为宁化县户籍且保险期间内年龄达到60周岁及以上的优抚对象、特困老人以及80周岁以上领取民政高龄补贴的老年人三类对象，共计9 350人，以每人每年20元购买基本意外伤害保险，总保费达18.7万元。

（二）村级用力

党支部引领，通过扶持做强特色产业，反哺养老事业，增强幸福院经济后劲。党支部支持组建老年志愿服务队伍，设立老党员调解队、乡村文明宣讲队、互助帮扶小组、老年广场舞队等，助力乡村治理。村委推动，无偿提供一丘菜地、一片山地、一口鱼塘等配套设施，帮助解决水电费。岗位托底，购买1个贫困老年公益性岗位，工资每月1 200元，保证中心正常运转。

（三）家庭给力

农村养老服务中心建立监护人微信群"幸福圈"，每日推送老人参与活动和就餐情况，让外出子女实时了解老人动态；同时，接收外出子女小额捐赠，按月实结老人伙食费。方田村2019年以来收到外出子女和乡贤捐赠近8万元，尊老孝亲的家庭伦理蔚然成风。

（四）社会助力

县委组织部、县民政局和县慈善总会开展"党建+四化"助老募捐活动，倡导全县党员干部带头捐款，引导社会各界参与养老服务事业发展，各村级养老服务中心在传统节日发动乡贤捐款，2019年以来，共募集助老善款210余万元。2020年，实施"阳光1+1"计划，福建省盲人协会、三明市医学会、宁化县扶贫开发协会等社会组织结对帮扶老区贫困村，开展助学助困助残以及饮用水管道改造等帮扶活动，已落实帮扶物资、资金等合计310万元。

山东安丘：织密扎牢民生兜底脱贫保障"安全网"

一、背景情况

安丘市是山东省省辖县级市，位于山东半岛中部，境域总面积1 783平方公里，辖14个镇街区，共866个行政村（居），总人口97.8万人，其中乡村人口56.77万人。2016年以来，安丘市民政局按照市委、市政府统一部署，确定"瞄准特困对象、实行兜底保障、开展精准扶贫、同步建成小康"的工作思路，认真履行"兜底线、保基本、促公平"的部门职责，着力从完善社会救助体系、深化养老服务创新、推进救助领域改革等方面入手，织密兜牢民生保障网，全力助推精准脱贫。

截至2020年9月，全市40个省定贫困村全部摘帽退出，20 292户、41 855人贫困户全部稳定脱贫，减贫率达100%。2020年底，安丘市以"零问题"的优异成绩，通过了省、市两级的评估验收，获得了评估验收组的充分肯定和高度评价。其中，居家养老照料护理服务、智慧核对系统开发推广应用等亮点做法，作为长效稳固脱贫工作的经验受到各级党委和政府的充分肯定。"安丘兜底保障一靠创新二靠改革""民有所呼、政必有应"等兜底脱贫经验做法，先后多次被媒体宣传推广。

二、主要做法

（一）完善社会救助体系，织密民生保障网络

1. 大幅提高民生保障标准

历经7次提标，将城乡低保标准分别提高到每人每月719元和537元；将城乡特困供养人员综合供养保障标准分别提高到每人每月935

元和960元；将机构养育孤儿、社会散居孤儿、重点困境儿童基本生活费分别提高到每人每月1 760元、1 400元和980元。2020年累计发放各类救助供养资金10 214.5万元，有效保障困难群众基本生活。

2. 社会救助与扶贫政策无缝衔接

将因病、因残等造成的"支出型"贫困家庭和个人，按程序纳入低保范围。严格落实"就业成本扣减"和"低保渐退"政策，对不再符合低保条件的建档立卡贫困户延期保障6个月，新冠肺炎疫情期间暂停低保退出工作，确保困难群众不因退出保障而返贫。常态化抓好低保对象复核认定，及时新增低保1 658人、特困人员236人、孤儿和困境儿童135人，实现应保尽保、应救尽救。足额发放低保、特困人员和孤儿临时价格补贴400.23万元，确保其生活水平不因物价上涨而降低。

3. 全面落实福利保障政策

认真落实重度残疾人护理补贴和困难残疾人生活补贴政策，建立了残疾人信息共享和动态摸排机制，及时将23 220名符合政策人员纳入保障范围，确保补贴政策精准落实到位。健全孤儿、困境儿童、留守儿童等特殊困难群体关爱保护体系，在各镇街区设立1名儿童关爱工作督导员，在每个行政村（居）设立1名儿童关爱工作主任，定期上门开展信息摸排、走访探望、心理疏导和定期体检等服务，督促家庭监护主体责任和政府关爱落实到位。

（二）深化养老服务创新，助推产业转型发展

1. 深化镇街敬老院公建民营改革

稳妥抓好官庄镇敬老院公建民营改革试点工作，公开招聘专业化公司托管运营，指导该院在满足特困人员集中供养需求的前提下，面向社会老年人提供集中托养服务。

2. 深化居家照护服务创新

在潍坊市率先开展了特困人员居家照料服务，建成了安丘市智慧

养老指挥中心,与潍坊智慧养老服务大数据平台进行无缝对接,实现数据共享和动态监管。制定出台了《安丘市居家照料服务管理实施细则》,通过政府购买服务方式,公开招聘7家专业居家养老服务机构,按照全自理、半自理、不能自理特困人员每月服务时长分别为10小时、16小时、32小时的标准,为全市3 065名分散供养特困人员上门提供助洁、助餐等居家照料护理服务,累计服务时长达37.3万小时,有效破解分散供养特困人员照护难题。同时,委托安丘市精神卫生中心每月一次上门接送精神残疾特困人员入院治疗,对跨镇异地居住特困人员由居住地服务机构就近提供照护服务,有效破解了特殊困难群体的居家照护难题。

3. 深化多元养老体制改革

完成安丘市社会福利院养老服务楼和福乐托老院二期项目,建成6处医养结合型敬老院、5处城市社区日间照料中心、65处农村幸福院,新增养老床位540张,建成了政府主导、全社会参与的多元化养老体系。为11处养老机构争取上级建设运营补助资金512万元,增强了社会养老机构活力。结合事业单位改革,抓好4处区域性养老机构建设和养老服务集团筹建工作,全面提升养老服务品质和集中供养能力。

(三)推进救助领域改革,补齐民生服务短板

1. 下放社会救助审批权限

自2020年12月1日起,将城乡低保、特困人员供养、临时救助、残疾人"两项补贴"审批权限下放至镇街区承接落实。建立小额临时救助备用金市级统筹制度,将1 000元以下小额临时救助审批权限下放至各镇街区。对急难型临时救助对象,由镇街区在24小时内先行救助,后补齐相关手续。对造成重大生活困难的支出型救助对象,按照"一事一议"和适度提高救助额度的原则救助,年内列支临时救助资金292.5万元,救助困难群众1 263人次,充分发挥临时救助"救急难"作用。

2. 抓好社会救助智慧核对系统开发推广应用

扎实开展"山东省社会救助制度创新试点"工作，研发微信小程序，推行核对"关口"前移，实现救助信息"一网通核""即时追踪"，推动救助服务向移动端延伸，实现救助事项"掌上办""指尖办"，为社会大救助体系建设提供技术支撑。

3. 探索构建"大救助"体系

以破解社会救助领域"多头救助""重复救助"和"救助遗漏"问题为重点，成立社会救助综合服务中心，牵头建立以基本生活救助、专项社会救助、急难社会救助为主体、社会力量参与为补充的分层分类救助制度体系，搭建互动信息平台，最大限度地整合资源，使社会救助由"单打独斗"向"一口进、归口办、一口出"的综合大救助模式转变，实现了救助效能的最大化。

（四）盘活社会组织资源，凝聚脱贫攻坚合力

1. 指导慈善总会参与脱贫攻坚

自2016年开始，筹集"慈心一日捐"资金527.56万元，全部用于"精准扶贫慈善救助""享受政策建档立卡重度残疾人无障碍设施改造""扶贫特惠保险"等扶贫项目，为2 548名建档立卡贫困户拨付一次性救助金，为14 608名建档立卡贫困户购买商业补充保险，为2 630名残疾人提供无障碍设施改造。

2. 引导社会组织承接脱贫攻坚项目

动员安丘市心理咨询师协会等3家社会组织申请到潍坊市级精准扶贫项目，共计21.92万元资金支持，用于帮扶贫困留守儿童、贫困残疾人和贫困单亲家庭。安丘市慈善义工协会连续三年承接腾讯99公益日项目，开展"童心圆关注儿童"项目。共为3家社会组织争取脱贫攻坚奖补资金6万元，激发了社会组织参与脱贫攻坚活力。

3. 积极开展"五个一"帮扶关爱活动

多次召开精准扶贫帮扶专题会议，安排部署帮扶责任人入户对

接开展帮扶等相关工作。民政帮扶责任人通过集中分组入户、自行入户、电话对接等多种方式,对包靠贫困户提供扶贫政策解读、贫困户基本信息及需求排查服务,对接社区及有关部门为贫困户清理卫生、开通自来水、危房改造修缮等工作,帮助贫困户解决了部分实实在在的生活难题。

三、经验总结

安丘市有关部门积极担当,聚焦脱贫攻坚、聚焦特殊群体、聚焦群众关切,扎实履行基本民生兜底保障职责,重点围绕救助对象主动发现机制不完善、靠前服务不到位、救助服务质量不高等问题短板精准发力,靠改革创新不断提升困难群众的幸福感和获得感。

一是聚焦建立救助对象主动发现机制。开发推广"安丘市社会救助智慧核对系统",打通救助服务村级端口,将救助核对申请延伸至群众手机客户端,建立潜在救助对象主动发现机制,若出现当事人不便于亲自提出申请时,其朋友可以代为办理,主动帮助身边潜在困难家庭。配合省市民政、扶贫部门,动态比对民政救助对象和扶贫户信息,全面摸清贫困人口底数,建立监测预警信息台账。建立市"大救助信息平台",随时对救助对象进行困难情况动态比对,利用大数据分析主动发现救助对象,及时将符合条件的人员纳入兜底保障范围。

二是聚焦建立救助服务快速反应机制。持续深化社会救助领域"放管服"改革。将城乡低保、特困人员供养、临时救助、残疾人"两项补贴"审批权限下放至各镇街区,明确市镇村社会救助职责边界,建成镇级社会救助"一门受理、协同办理"综合服务平台,推动核对"关口"前移,取消低保和特困人员救助供养审核阶段公示和民主评议两个环节,将低保、特困人员供养等社会救助审核审批时限压缩到20个工作日内,开通边缘易致贫户等困难家庭临时救助绿色通道,充分发挥社会救助在兜底保障中的"压舱石"作用。

三是聚焦建立特困群体兜底长效机制。高度关注脱贫工作的重点群体，兜牢特困人员供养底线。动员民办养老机构参与接收不能自理特困人员，提高中度、重度失能特困人员集中供养能力，做到"应收尽收""愿进全进"。组织精干力量开展分散供养特困人员集中供养意愿摸排，逐人逐户征求特困人员供养方式选择的真实意愿，逐一填写《分散供养特困人员集中供养需求调查表》，并抓好政策宣讲，帮助打消其思想顾虑，鼓励他们入院集中供养。大力开展特困人员居家照护服务创新，有效破解分散供养特困人员照护难题，确保每一位困难群众不脱离政府视野，得到及时优质照护服务。

四是聚焦建立全员参与救助帮扶机制。加强政府主导、部门引导，围绕特殊困难群众的身边事、关切事，在夯实兜底救助政策基础上，深入挖掘慈善总会、义工协会等社会组织资源，重点面向残疾人、贫困儿童等特殊困难群体，提供资金支持、心理帮扶、技能提升等服务，将政府、企业、社会组织和个人拧成"一股绳"，全员参与扶贫攻坚。全方位公开民生保障政策，深入挖掘兜底扶贫故事，营造浓厚的脱贫攻坚舆论氛围。

重庆渝北：把社会救助兜底保障政策用好用活

一、基本情况

充分发挥社会救助在打赢脱贫攻坚战中的兜底作用，保障完全丧失劳动能力和部分丧失劳动能力且无法依靠产业就业帮扶脱贫的未脱贫建档立卡贫困人口的基本生活，实现社会保障兜底脱贫一批的扶贫任务，是党中央、国务院关于打赢脱贫攻坚三年行动决策部署明确的一项重要举措，是民政部门的使命和职责所在。

一是2018年，渝北区制定了《民政领域打赢脱贫攻坚战三年行动任务分解方案》，提出完善农村低保制度，健全低保对象认定方法，将完全丧失劳动能力和部分丧失劳动能力且无法依靠产业就业帮扶脱贫的贫困人口纳入低保范围，加大特困人员救助供养和临时救助工作力度，努力实现到2020年所有符合低保、特困人员救助供养条件的农村建档立卡贫困人口"应保尽保、应救尽救""不愁吃、不愁穿"的社会救助兜底保障脱贫攻坚三年总体目标，明确社会救助兜底保障的各项任务。二是相关部门制定了一系列加强在脱贫攻坚工作中做好社会救助兜底保障工作的政策文件，从加强农村低保制度和扶贫开发政策有效衔接、全面落实特困人员救助供养制度、加大临时救助力度三方面提出发挥社会救助兜底作用的工作部署，要求扎实做好兜底保障，着力解决"两不愁三保障"突出问题，切实保障农村建档立卡贫困人口基本生活。三是制定了在脱贫攻坚中切实做好社会救助兜底保障工作的专门文件，切实落实关于"分户保障"和"渐退期"政策，并强调加强与扶贫工作衔接，加大主动排查力度，及时将符合政策的贫困户纳入特困供养、低保兜底保障和给予临时救助，贯彻落实各项社会救助政策，扎实推进脱贫攻坚工作。

截至2020年7月1日，全区2 469名建档立卡贫困人口中，有493人纳入城乡低保（488名农村低保和5名城市低保）；有58人纳入特困供养；有9人享受临时救助，救助金额为3.04万元。"单人户"政策执行以来，共将2名重残人员（其中1名为儿童）、1名重病人员按单人户纳入保障，并按政策落实分类重点救助。对全区未纳入社会救助兜底保障（低保和特困）范围的"一般户""监测户"和"丧失劳动力贫困户"以及2019年以来因经济状况变化退出低保的人员共126人进行了排查，已将23人纳入最低生活保障，2人正按最低生活保障程序进行核查，2人本人务工且家庭成员中重病患者分户纳入保障。

二、主要做法

（一）切实落实各项社会救助兜底政策

1. 落实低保政策

不断完善低保认定办法，切实落实低保各项政策，尤其落实好脱贫攻坚期间"单人户""渐退期"等政策。严格按照文件要求，对未脱贫建档立卡贫困户中靠家庭供养的重度残疾人、重病患者等完全丧失劳动能力和部分丧失劳动能力的贫困人口，实行单人户纳入低保保障政策，切实解决重病、重残等符合条件贫困人口的"两不愁"问题。在脱贫攻坚期内，对纳入农村低保的建档立卡贫困人口，因家庭收入发生变化，家庭月人均收入超过低保标准但低于2倍低保标准的，给予6个月的渐退期，实现稳定脱贫后再退出低保范围，确保建档立卡贫困户稳定脱贫，切实巩固脱贫效果。

2. 落实特困供养

严格按照特困供养认定程序及办法，及时将建档立卡贫困户中符合无劳动能力，无生活来源，无法定赡养人、无法定抚养人、无法定扶养义务人或者其法定抚养义务人无履行义务能力的年满60周岁及以上的老年人，未满16周岁的未成年人以及16～60周岁之间且残疾等级为一、二级的肢体、智力、精神、视力残疾人条件的全部纳入特困供养范围。出台《关于进一步加强特困人员供养动态管理工作的通知》，全面开展特困供养对象动态管理，加强特困供养对象日常监管，开展定期复核，及时清退不符合条件的人员。

3. 落实临时救助

制定进一步完善临时救助工作的政策文件，对困难群众存在突发性、紧迫性、临时性基本生活困难的，给予临时救助。及时转发重庆市民政局、重庆市财政局、重庆市扶贫办《关于在脱贫攻坚兜底保障中切实做好临时救助工作的通知》（渝民发〔2019〕19号），并将建档立卡贫困户（含2015年以来的脱贫户）由之前的C类救助对象调整为B类救助对象，加大建档立卡贫困户救助力度。调整后，建档立卡贫困户因患重大疾病给予临时救助，自付费用起救线由2万元降低到3 000元，封顶线由3万元增加到4万元；对长期维持治疗者，临时救助标准由每年按城市低保标准给予6个月救助提高到给予12个月救助；因遭遇重特大灾害给予临时救助，救助标准由按城市低保标准给予最多6个月救助扩大到给予最多12个月救助。

4. 实施济困保险

依托商业保险增强困难群众风险抵御能力。从2017年11月1日起，在全区推行"民政惠民济困保"商业保险，该保险由政府出资购买，全区低保对象、特困人员、孤儿、部分享受国家定期抚恤补助的优抚对象等五类城乡困难群众免费享受，当参保对象发生意外、住院、升学等情况时，给予一定金额理赔，切实提高了困难群众的风险抵御能力。2019—2020年，累计为21 469名困难群众成功购买"民政惠民济困保"，已成功理赔1 629件，理赔金额总计136.02万元。

（二）加强兜底保障数据与建档立卡数据信息比对

1. 建立双向反馈机制

出台了《关于加强建档立卡贫困户与农村低保兜底人群衔接工作

的通知》，建立定期信息比对工作机制，要求各镇街民政部门和扶贫部门要加强工作衔接、及时沟通信息，开展农村低保对象、特困供养对象和建档立卡贫困户信息比对并建立台账，对未脱贫、未纳入低保范围的建档立卡贫困户及时研究给予帮扶，对生活确有困难但不符合纳入保障条件的作为个案及时将相关材料报送区民政局、区扶贫办进行研究。对收入不稳定、返贫风险较高的已脱贫人口和曾退出低保的已脱贫建档立卡贫困户进行排查梳理，将符合救助条件的纳入救助。对农村低保对象和建档立卡贫困人口实行动态管理，建立有效的农村低保与精准扶贫双向反馈机制，将符合建档立卡条件的农村最低生活保障对象纳入建档立卡范围，给予政策扶持，帮助其脱贫增收；将符合低保条件的建档立卡贫困户纳入农村最低生活保障范围，保障其基本生活。

2. 建立协同救助信息平台，形成大数据库

积极推进全区"一门受理、协同办理"社会救助综合改革，建立了渝北区协同救助信息平台，将全区涉及社会救助的13个区级部门、区慈善会的54项救助帮扶政策全部纳入平台系统，将最低生活保障、特困人员供养、建档立卡扶贫帮扶、医疗救助、临时救助、残疾人救助等救助对象信息在协同信息平台中进行整合与共享，形成全区困难群众大数据库。后期通过将镇街和村居涉及社会救助的窗口整合为一个"社会救助服务窗口"，完善镇街主动发现机制，提前干预、及时帮扶，完善协同救助信息平台困难群众数据库，实现数据智能比对，错救、漏救等智能反馈，最终达到困难群众一个窗口申报救助、一次核查确定身份、一个系统办理救助，让"数据多跑路，困难群众少跑路"，困难群众申请救助更便捷，不再多窗口咨询申报、多次开具有关证明等，切实提升救助精准度和救助效率。

（三）开展贫困家庭社会兜底保障情况排查督导

采取镇街全面排查、区民政局督导抽查的方式，开展贫困家庭社会兜底保障情况排查督导工作，对未纳入社会救助兜底保障的建档立卡贫困户进行全面摸排，重点排查其中完全丧失劳动能力和部分丧失劳动能力的贫困人口，以及返贫人口、建档立卡边缘人口等兜底保障情况，复查2019年退出低保的建档立卡贫困人口情况。

2020年4月，根据民政部提供的名单，渝北区边缘户86人，30人已纳入救助；监测户20人，13人已纳入救助；丧失劳动力贫困户81人，41人已纳入救助。以上合计187人，84人已纳入救助，尚有103人未纳入救助，其中边缘户56人、监测户7人、丧失劳动力的建档立卡贫困户40人。5月上旬起，渝北区民政局对以上103名未纳入社会救助兜底保障（低保和特困）范围的"一般户""监测户"和"丧失劳动力贫困户"以及23名2019年以来因经济状况变化退出低保的人员共126人进行了排查，将符合条件的及时纳入救助；对经核查不符合条件的在摸排台账中逐户逐人注明不符合保障原因，做好资料留证；对不愿配合核查提供资料的耐心开展工作。截至6月30日，渝北区已初步完成排查，除1人户籍迁出该区、3人死亡、1人正在狱中服刑外，已将23人纳入最低生活保障，2人正按最低生活保障程序进行核查，2人本人务工且家庭成员中重病患者分户纳入保障，77人经核查经济状况不符合纳入救助条件，5人因材料缺失需进一步核查，另有12人不愿配合提供收入证明材料和核查授权，无法确切掌握其经济状况开展救助。

（四）多措并举保障困难群众疫情基本生活

新冠肺炎疫情期间，制定了《做好新型冠状病毒感染的肺炎疫情防控期间困难群众基本生活保障的措施》。一是对确诊为新型冠状病毒感染的肺炎患者中的低保对象、特困人员、困境儿童、民政建档家庭以及农村建档立卡贫困人口等困难群体，按低保标准2倍按月发放临时救助金，直到患者出院为止（时间从确诊之日起算起，不足一个月按一个月发放）。二是简化优化审批程序，将城乡低保、特困供养、临时救助申请权限下放各镇街，同时缩短城乡低保和特困供养审批时限为7个工作日，临时救助审批权限为3个工作日，及时将受疫情影响、基本生活有困难、符合条件的困难群众纳入保障范围，切实做到应保尽保快保。三是疫情期间对申请所需资料采取先行承诺制度：在网络核查的基础上，对申请对象提供所需时间较长或在疫情期间提供困难的子女收入证明等部分材料，采用申请人先行签订承诺书（申请人对承诺内容手写并加按手印）镇街备案、后期再完善相关手续并复核的方式，有效简化申请材料，使困难群众救助更加快捷便利。四是按市局规定，疫情期间暂停低保退出工作、延缓动态管理，确保困难群众基本生活不受疫情影响。五是疫情期间对于新申请低保对象，审批通过当月按审批通过的低保金金额发放临时救济金，次月正常发放低保金，由此将审批通过日到次月享受低保待遇之间的"等待日"通过临时救助金无缝衔接，确保救助及时不断档，更加有效地保障疫情期间困难群众基本生活。2020年1—6月共发放临时救济金87.34万元，其中建档立卡贫困户发放2.81万元，低保对象发放21.63万元，其他人员发放62.9万元。

三、经验启示

一是紧密结合实际，加强机制有效衔接是完成任务的基础。社会救助兜底政策，尤其是农村低保、特困供养政策，是社会救助助力脱贫攻坚的重要政策支持，要不断加强农村低保、特困供养与建档立卡贫困户之间的政策衔接和双向管理，切实保障符合条件的建档立卡贫困户及时足额享受兜底保障，是确保完成社会保障兜底脱贫一批的扶贫任务的基础。

二是加强信息比对，用活用好各项政策是做好工作的关键。要加强民政部门和扶贫部门之间的联动，以"一门受理、协同救助"社会救助综合改革为契机，以区协同救助信息系统为平台，建立困难群众大数据库，打通救助数据壁垒，及时共享信息、形成台账，通过系统进行民政救助数据与扶贫数据智能比对、动态管理，切实做到数据清、底数明。同时,要将脱贫攻坚期间各级政府、部门出台的政策,尤其是低保中的"单人户""渐退期"等政策用活用好,让建档立卡贫困户在政策范围内得到最大最高的救助帮扶。

三是依托镇街村居力量,主动发现及时救助,是实现应保尽保应救尽救的基本要求。要充分发挥社会救助在脱贫攻坚工作中的兜底作用,切实兜好兜牢建档立卡贫困户的基本生活,必须依托镇街和村居的基层作用,充分发挥他们掌握困难群众基本情况、了解困难群众家庭变化的优势,定期开展社会救助兜底保障摸排,重点摸排未脱贫人口和收入不稳定、持续增收能力较弱、返贫风险较高的已脱贫人口,全面掌握工作底数,主动发现困难群众,尤其是主动了解建档立卡贫困户基本情况,对家庭变化符合救助条件的,及时按规定纳入社会救助范围,保障其基本生活。

安徽宿松：建设温馨之家 努力实现残疾人的美好生活向往

一、背景情况

宿松县地处皖西南，大别山南麓，长江北岸、800里皖江之首，皖鄂赣三省接合部，承东启西，沟通南北，临江通海，总面积2 394平方公里，辖22个乡镇和1个省级经济开发区，209个村（居），人口88万人，是安徽省残疾人工作示范县和安徽省残疾人社区康复示范县。近年来，宿松县按安徽省委、省政府相关政策要求，根据残疾人需求和基层工作特点，以党建为基石，以服务为宗旨，以增强残疾人福祉为目标，以完善基层残疾人康复训练基础条件为重点，深化创建公共服务领域残疾人脱贫致富平台，出台一系列政策文件，依托各乡镇、村（社区）的服务资源，配置建设集辅助性就业、托养、康复、培训、文化体育、维权等各项服务为一体的残疾人综合服务平台，建设残疾人温馨之家，打造残疾人扶贫驿站，不断提高残疾人生活质量，努力实现残疾人对美好生活的向往。2019年4月全县实现脱贫摘帽。截至2020年，宿松县累计投入资金1 525万元，建设乡镇残疾人之家24个，村（社区）残疾人工作站209个，实现"一家一站"建设全覆盖。三年来，为残疾人提供康复训练达6 000人次，就业创业培训达4 000人次，扶贫产业培训达2 000人次，文化娱乐活动达万人次，开展残疾人涉残惠残、脱贫攻坚政策宣传和知识学习180余场次，深受残疾人群众一致好评。

二、主要做法

(一)依托基层

宿松县把温馨之家、扶贫驿站建到乡镇、村(社区),坚持以乡镇为主、村级配合、县级监督的模式,按照"实际、实用、实效"原则,充分利用乡村现有闲置公共服务设施,以改扩建为主、新建为辅,实施残疾人无障碍设施改造,按照满足残疾人服务需求和基层工作实际需要,建设适应基层实际和残疾人需求的助残平台。各乡镇残联因地制宜、统一部署规划,落实推进项目建设。县级残联严把指导关、督查关、整改关,集中督查指导监管,统筹推进项目建设管理,确保残疾人之家(工作站)建设落实落细。

(二)强化服务

宿松县各残疾人之家(工作站)因地制宜、结合实际,积极为有需求的持证残疾人搭建残疾人基本服务平台。一是帮助进行辅助性就业。选择安全性能高、职业危害低、操作简单等适合残疾人的就业项目,组织有需求的残疾人到相应的就业扶贫基地开展辅助性就业。二是积极提供康复服务。重点突出平台服务功能,结合残疾人精准康复服务内容,充分利用各类康复资源,配备必要的康复器材和辅助器具,为残疾人开展康复训练、转介和咨询等服务。三是统筹开展日间照料、文体活动和扶贫产业就业培训等服务。合理整合基层养老、就业扶贫驿站等资源,利用残疾人之家的服务平台功能,积极为有需求的残疾人灵活开展日间照料、文体活动和学习培训等相关服务。四是不断完善服务功能,丰富服务内容,提升服务水平,努力提供更多的维权服务和志愿服务。紧跟时代发展步伐,力求以互联网和服务信息数据化方式,为残疾人提供精准贴心的基本公共服务。

（三）精心组织

宿松县始终把"一家一站"建设当作重要的政治任务来抓，把残疾人之家（工作站）建设作为服务残疾人、帮扶贫困残疾人实现精准脱贫的有力抓手。宿松县实行县分管领导牵头抓、县直机关具体指导、各乡镇直接落实的工作机制，明确宿松县各乡镇主要领导在直接落实过程中亲自抓，负总责。从讲政治、顾大局的高度把握新时代残疾人之家（工作站）建设的重要意义，统一思想认识，明确工作要求，结合宿松县实际，制定下发《宿松县残疾人之家（工作站）建设实施方案》，按省政府完成行蓄洪区域内残疾人之家（工作站）建设目标任务要求，行蓄洪区"一家一站"建设实现全覆盖。

（四）精准施策

一是组织专门调研。2018年7月，宿松县安排人员到江苏省靖江市考察学习残疾人之家（工作站）建设和服务先进做法，借鉴靖江市残联先进经验，结合宿松县实际情况，按照"实际、实用、实效"原则，制定乡镇残疾人之家和村（社区）残疾人工作站建设规范要求，明确功能配置，设置无障碍通道、扶手和无障碍卫生间，配建康复、培训活动、图书阅览、娱乐、日间照料中心、托养中心、扶贫就业车间等功能室。对各室功能、设施配备、康复器材、管理制度、服务项目、档案资料等作明确规定，结合乡村现有的闲置公共服务设施，以改扩建为主、新建为辅，以方便残疾人无障碍进出为主，按当地残疾人实际需求建设相关功能室。二是明确经费保障。按残疾人之家20万元、工作站5万元建设标准拨付，三年来县财政共安排资金1 525万元，为实现2020年宿松县残疾人之家（工作站）建设全覆盖奠定了坚实基础。三是推进项目建设。根据项目情况对标对表，抓好落实，高标准建设残疾人之家，其中宿松县孚玉镇整合改造繁华路段店面，投入40多万元高标准建设残疾人之家；宿松县高岭乡依托敬

■ 组织残疾老人观看黄梅戏

老院一栋2层楼房的12间空余房间，建成集康复、托养、娱乐、学习、培训、辅助性就业等一体化的功能室；宿松县汇口镇、千岭乡、趾凤乡等乡镇坚持更高标准推进残疾人之家建设，"一家一站"工作推进高效迅速，运行良好，圆满完成既定目标任务。

（五）跟踪问效

为确保残疾人之家（工作站）满足残疾人服务需求和基层工作实际，宿松县严把指导关、督查关、整改关，建立现场集中督查指导长效化制度，逐一察看项目，指导选址、规划建设项目内容，督促项目建设，查找问题并限时整改。宿松县坚持先进示范，根据现有条件，综合统筹考虑安排宿松县高岭乡最先启动残疾人之家建设，并制定与服务内容相一致的规范化管理制度，在取得显著成绩后，组织宿松县其他乡镇现场学习，以此为标杆在全县推广。目前，宿松县已建成的残疾人之家（工作站），按照"一家（站）一社工"标准，全部配备专业管理服务人员，进一步优化管理运行机制，服务质量大幅提升。其中宿松县孚玉镇残疾人之家每天都有近50名残疾人在此活动，宿松县高岭乡残疾人之家免费为来此活动的残疾人提供午餐，得到残疾人好评。此外，宿松县全力抓好残疾人之家（工作站）服务设施运行管理，在各乡村建立规范化管理制度，公开服务内容和标准，落实个人服务档案管理，认真组织开展康复、托养、娱乐、学习、培训、扶贫就业等活动。充分利用残疾人之家（工作站）的平台作用，组织专家下基层开展农村种养殖、电商、编织、扫盲等培训，激发残疾人的内生动力，提高残疾人脱贫"造血"功能，提升残疾人之家（工作站）的服务效能。

三、经验总结

今后，宿松县将继续坚持以习近平新时代中国特色社会主义思想为指导，坚持以人民为中心的发展理念，以"服务、保障、管理"为宗旨，围绕"六大行动""五大残联"建设，克服突发新冠肺炎疫情影响，主动作为、对标对表，驰而不息补短板、强弱项、促发展，推进残疾人群体涉残惠残、扶贫救助、走访慰问等各项举措落实落细，推动宿松县残疾人事业再上台阶。

一是以更高站位落实责任。提高政治站位，准确把握新时代残疾人事业发展的标准要求，进一步细化工作责任，压实相关单位和个人责任，强化责任落实，扭紧责任链条，构建"明责、担责、尽责、追责"一体化激励约束机制。

二是以更严要求加强队伍建设。坚持全面从严治党，聚焦"一家一站"干部"专业化、正规化、职业化"目标，将干部个人成长与"一家一站"建设结合起来，从性格特点、专业等方面选配干部，着力打造一支政治素养、专业能力、道德品质都过硬的基层队伍。坚持以党建带队建，持续推进干部能力建设，结合宿松县残疾人工作实际，推动"一家一站"专业队伍建设与疫情防控、脱贫攻坚、教育、就业等中心任务深度融合，以高质量党建引领高质量发展。完善教育培训，将专项人员工作培训纳入宿松县残疾人干部教育培训整体计划，常态化组织工作培训。以责任制检查为抓手，科学化、规范化设计队伍建设管理机制，制定《残疾人之家（工作站）领导干部责任》，最大限度发挥制度效应，形成落实整体责任制工作闭环。

三是以更强举措推进发展。坚持"稳"为基础，"进"为目标，按照"分步实施，统一推进"原则，进一步细化工作举措，细化分解为阶段性的具体要求和实施行动，按照时序进度一件一件抓落实，集中精力解决好主要矛盾。

四是以更高标准规范管理。坚持建管结合、以管促建，切实加强项目建设中和建成后管理，利用残疾人之家（工作站）妥善做好残疾人教育培训、康复托养、文化娱乐、扶贫就业、脱贫攻坚政策宣传等工作，健全完善残疾人康复服务和康复救助体系，不断提升残疾人之家（工作站）运行水平和服务质量，带领广大残疾人群体决战决胜脱贫攻坚，实现对美好生活的向往。

第六章
易地扶贫搬迁安置区公共服务：确保搬迁群众稳得住、有就业、逐步能致富

　　易地搬迁是解决一方水土养不好一方人、实现贫困群众跨越式发展的根本途径，也是打赢脱贫攻坚战的重要途径。搬得出的问题基本解决后，后续扶持最关键的是就业。乐业才能安居。解决好就业问题，才能确保搬迁群众稳得住、逐步能致富，防止返贫。

　　——习近平总书记在陕西省安康市平利县老县镇锦屏社区考察时的讲话，2020年4月21日

广西凤山：以完善的管理服务体系构建易地扶贫搬迁幸福和谐新社区

一、背景情况

凤山县位于广西西北部，该县境内多山，县名因"环山似凤，环凤皆山"而得。凤山县是国家扶贫开发工作重点县，"十三五"期间，凤山县共计划搬迁2 594户、12 076人，其中建档立卡对象2 592户、12 070人，同步搬迁对象2户、6人。截至2020年10月底，实际搬迁入住率和易地扶贫搬迁人口脱贫率均达到100%。

凤山县易地扶贫搬迁全部采用城镇集中安置方式，在县城区共建设了3个易地扶贫搬迁集中安置点，即巴烈扶贫移民新城、弄琅和盈通物流园安置点。3个集中安置点共建设安置住房2 594套，其中用于安置建档立卡搬迁对象2 592套，安置同步搬迁对象2套。巴烈扶贫移民新城安置点于2016年6月初实质性开工建设，2018年12月主体竣工投入使用，建成搬迁安置房50栋2 286套，共搬迁安置2 286户、12 076人，其中建档立卡搬迁人口2 284户、10 390人，同步搬迁2户、6人。该安置点是广西为数不多的万人以上特大型易地扶贫搬迁集中安置点之一，项目规划超前，配套设施齐全，后续产业完善，社区管理服务规范，建设有"十个一"，即一个易地扶贫搬迁安置点服务站；一个健全的基层组织体系；一个独立移民社区；一个齐全的移民学校体系；一个移民卫生服务体系；一批服务中心；一个大型农贸市场；一个扶贫车间产业园；一个移民警备室；一条移民生活销售商业街。该安置点规模之大，相当于再造了半个凤山县城。

二、主要做法

（一）科学谋划，合理布局，绘就一张好蓝图

要把穷根连根拔掉，必须挪开穷窝。凤山县改变过去从山上搬到山下，从山里搬到路边治标不治本的做法，从长计议，超前谋划，做好顶层设计，将全县易地扶贫搬迁户全部集中到县城安置。这是大手笔，也是大动作。为确保贫困群众"搬得出、稳得住、能致富"，凤山县着眼于就学、就医、就业、出行等需求规划建设配套公共服务设施，按照"早谋划、早布局、早施工、早投入使用"的"四早"要求，把巴烈扶贫移民新城安置点作为一个新城区进行规划建设，在做好易地扶贫搬迁安置的同时努力写好城镇化这篇文章。

（二）提升风貌，彰显特色，打造宜居安置小区

巴烈扶贫移民新城在规划设计时，注重提升风貌，彰显地方特色，按照"功能合理、经济安全、环境整洁、宜居宜业"的原则，打造花园式宜居宜业特色小区。小区内建有篮球场、羽毛球场、气排球场和健身活动场等文体活动场所；配套建成就业创业商铺门面176间、农贸市场和平价超市1栋4层楼房，商业配套总面积1.95万平方米；小区绿化总面积87 039.7平方米，绿化率达39%；安排停车位756个；小区水、电、路、网及亮化等配套基础设施一应俱全，配套基础设施项目总投资约5亿元。该安置小区绿树成荫，溪流潺潺，环境整洁，生活便捷，是凤山县城环境最优美、设施最齐全的小区，为搬迁群众快速融入城市生活打下坚实的基础。

（三）整合资金，完善配套，建成一个新社区

凤山县整合各方面资金，在巴烈扶贫移民新城安置点及其周边实施一批配套公共服务设施项目。一是配套建设公共教育学校，保障搬迁群众子女上学无忧。投资2.9亿元建成6所学校，包括2所幼儿园、

2所小学、1所初中和1所高中，可提供5 000多个学位，满足易地扶贫搬迁户家庭子女就近就学需求。二是配套建设医院，实现搬迁群众医疗保障。投资0.8亿元建成凤山县思源综合医院，建筑面积为15 367.6平方米，可提供病床150张，着力解决群众就医困难问题。三是配套建设便民服务设施，让搬迁群众能致富。共投入4 680万元，建设商业配套用房。为让搬迁群众能致富，凤山县为搬迁群众就业创业提供政策扶持，即安置小区门面、商铺优先安排搬迁户经营，把贫困户变商户，经营两年内免收租金，目前，已有95户搬迁户租用门面商铺自主创业。四是配套建设公共服务中心，丰富搬迁群众文娱生活。在巴烈扶贫移民新城正对面建设凤山县公共服务中心，项目总投资约1.2亿元，总建筑面积37 500平方米，是一座集文化馆、图书馆、业余体校、博物馆、全民健身中心、残疾人康复中心、妇女儿童活动中心、标准田径场和标准足球场、易地安置公共服务中心及易地安置老年活动中心十个项目于一体的文娱中心，并配套实施绿化、广场硬质铺装、道路及停车场等工程，保证搬迁群众茶余饭后的文化娱乐生活。五是配套建设龙华双创产业园，解决搬迁群众就业问题。投资1.79亿元，毗邻巴烈扶贫移民新城安置点配套建设凤山县龙华扶贫车间产业园（易地扶贫搬迁双创产业园），园区占地88.73亩，总建筑面积74 011平方米，已建成9栋4层约7万平方米的标准厂房，2栋4层的配套服务中心。目前，该园区已竣工并投入使用，已有21家企业进驻开展生产经营活动，吸纳了577人进入扶贫车间务工，其中搬迁劳动力160多人。

（四）因户施策，拓宽渠道，铺好一条产业路

稳就业是易地扶贫搬迁户稳得住的根本保障。凤山县通过组织劳务输出等举措扎实推进易地扶贫搬迁户就业创业，切实解决后续扶持"最后一公里"问题。一是搭建就业咨询平台，畅通就业信息渠道。成立"龙凤就业+"思源社区服务点，为易地扶贫搬迁安置点贫困劳动力提供转移就业岗位信息和培训。二是组织外出务工。积极主动与

沿海地区劳动密集型企业对接，努力向企业输送劳动力。据统计，巴烈扶贫移民新城安置点建档立卡搬迁户中，有劳动能力且有就业意愿的2 272户、5 367人，就业率达100%，实现一户至少一人就业，其中，县内务工2 630人，县外自治区内1 233人，自治区外务工1 504人。三是开发公益性岗位，解决特殊群体就业。针对易地扶贫搬迁户部分人员年纪偏大、文化程度不高、缺乏技术等问题，凤山县按需设岗，大力开发城乡卫生保洁、物业管理、治安维稳、道路维护、楼层管理等公益性岗位455个，托底安置搬迁贫困人口实现就地就近转移就业。

（五）创新思路，规范管理，织密一张服务网

加强易地扶贫搬迁后续管理是"稳得住"的重头戏。面对新课题，凤山县创新思路，大胆尝试，积极探索易地扶贫搬迁后续管理新模式。一是建立健全基层党组织，发挥党建引领作用。成立凤城镇思源社区党委，其中巴烈安置点设5个党支部，以党建工作引领带动移民社区管理服务质量提升，全心全意为搬迁群众做好各项服务工作，切实为搬迁群众办实事解难题，让搬迁群众切身感受党组织的温暖，提升搬迁群众入住满意度和幸福感。二是推行"1+9"工作新平台，构建综合服务一体化管理模式。成立凤山县易地扶贫搬迁服务站，统筹管理社区"九个服务中心"，推行"1+9"服务平台，为搬迁群众提供全方位服务，让群众住得安稳放心。三是探索责任分区入楼，执行网格化管理。实行楼长管理制，推选出50个群众满意的楼栋管理人员，配强优化社区服务管理"最后一公里"。此外，还成立了凤山县百凤物业管理服务公司，加强社区秩序维护、保洁、水电维护等工作，规范小区管理，提升入住群众的安全感和满意度。四是引进成立农村产权交易中心，推动农村土地流转经营。凤山县引进北部湾产权交易公司在安置区设立农村土地流转服务中心，负责将搬迁户在农村闲置的土地、林地进行集中管理，将经营权流转给新型经营主体和能人承包经营，群众按比例收取

租金或者入股分红，有效解决了易地扶贫搬迁群众城乡"两头跑"问题。

三、经验总结

（一）突破传统观念束缚，实施"背井离乡"式搬迁

凤山县的贫困人口全部分散居住在边远村屯的山弄（壮语，同山）里，教育医疗卫生等公共服务配套难，群众与外界的沟通极为不便，生存条件恶劣，资源匮乏。大部分家庭经济主要来源于外出务工收入，就地脱贫难，就地发展更难。要把穷根连根拔掉，必须挪开穷窝。为此，凤山县下定决心，将县城区位置最好的一块500多亩土地划出来，作为易地扶贫搬迁建设用地，采取集中安置的方式，一步到位进县城，让他们与城里的居民一样，享受均等的公共服务资源，获得更多的发展机会，背井离乡告别穷窝，在县城安居乐业。

（二）以造一座新城的理念，高起点高标准谋划公共配套设施

实施易地扶贫搬迁之前，凤山县主城区面积只有2平方公里，人口3万人，县城规模不大，但就业、就医、就学、出行等公共服务短板十分明显。1.2万农村人口的搬迁安置，对于扩大居民消费、提高城镇化率、完善城镇功能、统筹城乡协调发展都起到重要的促进作用，是凤山县城建设的历史性机遇。为此，凤山县紧紧抓住易地扶贫搬迁这一契机，高起点定位、高标准规划，努力将安置区建设成为全县城镇建设的一面旗帜，成为完善城市功能、提高城市管理水平、提升人居环境质量、居民素质更高、邻里团结互助的重要示范小区。

（三）提升后续服务水平，夯实"能发展可致富"基础

1. 成立易地扶贫搬迁安置服务站，化九龙治水为攥指成拳，实行统一管理

为实现对易地扶贫搬迁安置点的有效管理，凤山县专门成立了凤山县易地扶贫搬迁安置服务站，该站为县政府直属正科级事业单位，负责对安置点进行综合管理，履行民政救助、卫生健康、就业服务、子女上学、纠纷调处、治安防范、青年管理、妇女维权、市政综合执法等职能。服务站成立后，分散在各部门的职能得到有效集中整合，管理水平和服务质量大幅提高，搬迁群众满意度较高。

2. 建立十个平台、丰富服务内涵、满足不同人群的服务需求

建立失业劳动力救助平台、就业信息服务平台、公益性岗位储备平台、特殊困难临时救助平台、子女上学服务平台、青少年服务管理平台、邻里纠纷调处平台、文化活动服务平台、居家养老服务平台等十个平台，以丰富搬迁后续服务内涵，满足不同搬迁群众的服务需求。

广西苍梧：把易地扶贫搬迁"后半篇文章"写到人民心坎上

一、背景情况

易地扶贫搬迁是新时期脱贫攻坚的头号工程、标志性工程。苍梧县坚决落实中央、自治区和梧州市关于打好"易地扶贫搬迁硬仗"的有关工作部署，始终坚持"搬得出、稳得住、可发展"原则，全力抓好项目建设。"十三五"期间，苍梧县计划搬迁建档立卡贫困人口4 628人，已完成搬迁1 025户、4 628人，以集中安置为主，分散安置为辅，共建设集中安置点2个，其中石桥镇老乡家园安置点安置713户、3 270人，京南旺安安置点安置65户、285人，其余247户、1 073人为分散安置，2018年底已全部搬迁入住，入住率为100%。完成搬迁入住任务后，苍梧县继续加强领导、落实责任、强化措施、保障投入，始终围绕做好易地扶贫搬迁"后半篇文章"。在解决搬迁群众后续发展、服务管理、创业就业等方面重点攻坚，全县易地扶贫搬迁公共服务水平不断提升，搬迁群众获得感和幸福感不断提升。石桥镇老乡家园安置点入选全国"十三五"美丽搬迁安置区。

二、主要做法

（一）持续抓好产业扶持，促进搬迁群众"家门口"就业

苍梧县为抓好易地扶贫搬迁后续扶持工作，相继出台了《苍梧县易地扶贫搬迁后续产业发展指导意见》《苍梧县易地扶贫搬迁后续扶持实施方案》等政策文件，引导搬迁户签订就业创业及培训协议，同步规划部署产业项目。

苍梧县重点建设扶贫产业园——联志亿套玩具生产项目。该项目由在新加坡上市的联志国际控股有限公司投资建设，按照"政府+协会+企业"联合共建模式，结合"易地扶贫搬迁+产业园区+就业"的创业模式，在园区建设过程中整合国家、自治区和地方的扶贫政策，支持企业招收贫困人口的劳动力入厂就业，助力脱贫攻坚工作。项目总投资约2亿元，于2018年11月竣工投产，年产各类玩具约1亿套，主要出口至麦当劳、孩之宝等国际知名企业，年产值达到2.5亿元，为周边群众提供就业岗位3 000多个，实现搬迁群众"家门口"就业。截至2020年底，该厂有员工约2 000人，其中贫困户约340人。

（二）强化安置点服务管理，促进搬迁群众融入社区

苍梧县在后续管理方面下大力气，不断完善安置小区管理体系，健全社区行政管理机制。打造便民利民"九个中心"服务工程（社区综合服务中心、新时代文明实践中心、社保服务中心、文体活动中心、老年服务中心、儿童之家、平价购物中心、社会治安综合治理中心、物业服务中心），坚持实施跟踪帮扶责任人制度，加强帮扶人与搬迁户的联系；对搬迁安置小区实行网格化管理，聘请楼长作为社区网格员，负责每栋楼安全教育宣传和生活习惯引导；不断完善公共服务设施，落实搬迁群众子女就近入学措施，做好永安小学综合楼建设、石桥中学改扩建、石桥安置点配套幼儿园等项目。

（三）发挥老乡家园社区和党支部作用，提升人民群众幸福感

为使搬迁群众有归属感并享受当地的卫生医疗、文化生活、社会保障等政策，社区和党支部常态化开展安置点服务月活动，开展农村技术培训班、"四点半课堂"、"家庭教育"专题讲座、卫生健康检查、电影进老乡家园、"我们的节日·重阳节"、感恩教育等文体活动。石桥镇老乡家园现有320多名义务教育阶段小学生。针对大部分孩子放

学后脱管和失教的问题，该县通过持续开设包含书法、舞蹈、篮球等内容的"四点半课堂"，切实为易地扶贫搬迁集中安置点的家长解决难题，填补家庭教育和学校教育之间的空缺，培养孩子们学习的兴趣爱好和动手动脑的能力，不断增强搬迁群众的归属感和身份认同感。

三、经验总结

（一）提高站位，以点带面

苍梧县站在全局高度，深刻认识到公共服务体系是易地扶贫搬迁后续扶持工作中重要的一环，是留住搬迁群众的基本保障。安置点按照"普惠性、保基本、标准化、可持续"原则，对标"九个中心"功能，通过新建、共享、改建等多种方式进一步完善现有公共服务设施，逐步健全服务体系，精心打造搬迁安置点"十分钟生活圈"；同时，通过推进公共服务体系建设，能辐射到周边群众，安置点逐步成为周边群众就业、生活的中心点。

（二）知行合一，扎实推动

苍梧县坚持理论联系实际，研究"九个中心"实施方法，多次组织骨干力量到安置点走访，听取群众意见，直面搬迁群众最关心、最直接、最现实的利益问题；深入一线开展工作，积极推进安置点社区基本公共服务标准体系建设；在精准掌握一线情况的基础上，依据安置点建设特点和场地规模，科学设计各功能室，不盲目照搬"教条教义"，将重点放在如何发挥"九个中心"功能上，实现安置点搬迁户安居乐业。

（三）集思广益，多方合力

"九个中心"建设涉及内容多，标准不同，苍梧县注意统筹协调，充分调动有关成员单位主观能动性，把各单位拧成一股绳，把合力往一个方向用，做到有机统一，各单位能依据自身职责和业务范围，对"九个中心"建设难题"逐个击破"，各显其能，最大限度地发挥专业特点，出色地完成了"九个中心"建设任务，为搬迁群众打造"幸福生活圈"，不断增强搬迁群众的获得感、幸福感和安全感。

河南：四个"坚持"四个"确保"完善易地扶贫搬迁安置区公共服务

一、背景情况

"十三五"时期，河南省易地扶贫搬迁贫困群众共计25.97万人，涵盖大别山、伏牛山、太行山等地区，涉及郑州、洛阳、平顶山、安阳、鹤壁、新乡、三门峡、南阳、信阳、驻马店、济源等11个省辖市和示范区，巩义、汝州、固始等3个省直管县（市），共50个县（市、区），其中国家级贫困县19个，省级贫困县5个，非贫困县26个。在全省上下联动、合力推动下，易地扶贫搬迁取得显著成效，近26万贫困群众彻底摆脱深山的束缚，全面开启了新的幸福生活。2017—2019年，河南省易地扶贫搬迁工作连续三年获得国务院督查激励。

易地扶贫搬迁开展以来，主要取得了以下四方面的成效：一是生活居住条件得到明显改善。累计投入资金156亿元，新建安置住房7.7万套，将分散在442个乡镇、4 145个村的25.97万深山群众，搬到交通便利、生活便捷的858个集中安置点，建筑总面积约638万平方米，人均面积达24.57平方米。二是公共服务水平得到巩固提升。同步配套水、电、路、网长度约2 800公里，集中安置点的安全饮水到户率、生活用电覆盖率、广播电视信号覆盖率、通信集中覆盖率均达到100%；累计建设科教文卫等各类公共服务设施2 157个，有小学生的2.32万户搬迁家庭和有中学生的1.61万户搬迁家庭就学条件得到改善，就医条件普遍提升。三是就业增收渠道得到稳定拓宽。搬迁群众直接享受到安置点的现代化资源，获得新的发展机遇，因地制宜开展特色种养、转移就业、自主创业、光伏扶贫等，搬迁群众累计实现脱

第六章　易地扶贫搬迁安置区公共服务：确保搬迁群众稳得住、有就业、逐步能致富

贫25.15万人，脱贫率达到96.8%。四是精神文明风貌得到提振重塑。随着后续扶持工作渐次展开，在安置点基层组织的动员引导下，搬迁群众在实现"搬得出、稳得住、能致富、生活好"的过程中改变了传统习惯，激发了内生动力，倡树了文明新风。

二、主要做法

在具体工作推进中，河南省坚持把易地扶贫搬迁纳入乡村振兴战略，结合新型城镇化和现代产业发展统筹推进，大力推进社会领域公共服务补短板、强弱项、提质量，加强顶层设计，创新政策举措，狠抓工作成效，走出了一条"依托'四靠'搬得出、覆盖'五有'稳得住、围绕'五个一'能致富、实现'五新'生活好"的"河南路子"。

（一）坚持"四靠"引领选址，确保群众"搬得好"

河南省坚持适度集中安置，把好安置选址"最先一公里"，实行"靠县城、靠园区、靠乡镇、靠乡村旅游点"的"四靠"原则，对有劳动能力且自愿进城的，靠近县城安置；对不愿外出务工但有就业需求的，靠近产业集聚区安置；对没有离乡意愿或自身条件较差的，靠近乡镇安置；对有意愿从事旅游相关行业的，靠近旅游景区安置。"四靠"原则方便搬迁群众就近就业，享受公共服务，推动搬迁群众生产生活方式发生质变，发挥城镇聚集人口和产业带动作用。全省集中安置占比达90%以上，500人以上安置点达115个，"四靠"安置占比近九成，靠县城、靠园区、靠乡镇、靠乡村旅游点安置比例分别为13.8%、13.3%、52.8%、8.8%。

（二）坚持围绕公共服务"五个有"，确保群众"保障全"

充分发挥发展改革部门职能作用，推动社会事业新增中央资金、新增项目向脱贫攻坚重点县和未脱贫村倾斜，着力增加公共服务供

■ 洛阳市栾川县秋扒乡易地扶贫搬迁安置点内配建幼儿园

给，不断提升基本公共服务和社会保障水平。"十三五"以来，社会事业方面共争取中央投资109亿元，支持贫困地区项目2 135个。按照"保障基本、缺啥补啥"的要求，积极推动各地在规模以上安置点同步配建公共服务设施，实现有社区服务中心、有义务教育学校、有幼儿园、有卫生室、有文化场所，已建成社区服务中心525个、文化广场558个、综合活动室316个、卫生室234个、幼儿园133个、学校220所，有学生的3万户搬迁家庭就学条件得到改善，仅2020年就有177名易地扶贫搬迁学子圆梦大学。

（三）坚持开展产业扶贫"五个一"，确保群众"收入稳"

按照"一手抓搬迁住房建设，一手抓搬迁群众脱贫"的要求，推动搬迁任务县统筹盘活迁出区和安置点各项资源，深入开展产业扶贫"五个一"专项行动——在有条件的安置点建设一个村级光伏小电站，因地制宜落实一项产业帮扶措施，引导龙头企业建设一个扶贫车间，有劳动意愿和劳动能力的贫困家庭至少有一人稳定就业，贫困户有一

第六章 易地扶贫搬迁安置区公共服务：确保搬迁群众稳得住、有就业、逐步能致富

■ 南阳市淅川县光明社区易地扶贫搬迁安置点举行搬迁户务工招聘会

份集中理财、定期返还的稳定收益。每户搬迁户至少有一项以上脱贫措施，已累计脱贫25.15万人、占全省易地扶贫搬迁人口的96.8%，逐步从根本上解决搬迁贫困人口稳定脱贫和后续发展问题。全面摸排有劳动能力的搬迁群众12.96万人，通过免费职业技能培训、提供就业服务信息、开发公益性岗位等措施，带动搬迁群众实现就业12.9万人。制定《关于印发〈关于推动返乡入乡创业高质量发展的实施方案〉的通知》（豫发改就业〔2020〕486号），出台了21条一揽子支持各类群体返乡入乡创业政策，助力稳定扩大就业。

（四）坚持实施美好生活"五个新"，确保群众"生活好"

结合乡村振兴战略实施，以搬迁贫困群众为主体，全面、深入推进美好生活"五个新"专项活动，全面提升搬迁群众精神风貌，在共建共享中切实增强搬迁群众的获得感、幸福感。一是饮水思源感恩"新时代"。开展感恩教育活动，让搬迁群众明白新时期易地扶贫搬迁是以习近平同志为核心的党中央情之所系、心之所惦。二是高高

兴兴住进"新房子"。建立健全社区服务中心工作机制，设立便民综合服务窗口、爱心超市、农村电商服务站等，实现搬迁群众有困难能找到人、有事情能解决。三是提振精神展现"新气象"。持续开展人居环境综合整治，鼓励搬迁群众加快养成健康、文明、科学的卫生习惯和生活方式，实现搬迁后生活环境改变、生活方式转变的良性循环。四是稳定脱贫实现"新作为"。对有劳动能力的搬迁群众，建立精准就业台账，加强就业跟踪服务。省市县三级联动，在800人以上安置点开展就业对接活动，实现有就业能力和就业意愿的搬迁劳动力家庭至少有一人稳定就业。五是齐心协力营建"新家园"。探索构建"党建+易地扶贫搬迁"模式，发挥基层组织战斗堡垒作用。建立健全安置社区服务机构，逐步实现全覆盖网格化管理，形成"党支部建在社区、党小组建在楼栋、服务队建在单元"的组织管理架构。

三、经验总结

近年来，河南省聚精会神抓搬迁，齐心协力推搬迁，从一开始的近乎一无所知，到现在的连续三年受到国务院督查激励，经历了一个认识不断加深的过程，积累了一些"河南经验"，主要有以下五个方面。

（一）各级党委政府高度重视是根本所在

河南省委、省政府把易地扶贫搬迁作为全省脱贫攻坚14个重大专项之一，成立了由28个省直部门为成员的省易地扶贫搬迁工作领导小组，抽调业务骨干组建专班专职推进工作。全省11个省辖市、50个县（市、区）、442个乡镇、4 145个村协调配合，形成了省市县乡上下联动、各部门合力推进的组织领导体系，为河南省顺利完成易地扶贫搬迁任务提供了根本保障。

（二）强化顶层设计、完善政策支撑是重要基础

针对易地扶贫搬迁环节多、政策性强的特点，河南省发展改革委发挥牵头作用，制定出台了《河南省"十三五"易地扶贫搬迁规划》，明确了目标任务、方法路径、保障措施，切实发挥规划的引领作用；会同省扶贫、财政、住房城乡建设、自然资源等部门，围绕重点领域和关键环节，先后制定了搬迁群众精准识别、工程项目管理办法、搬迁融资资金管理办法、旧房及宅基地用途处置意见、产业扶贫"五个一"专项行动方案、美好生活"五个新"专项活动方案、促进易地扶贫搬迁后续扶持工作的实施意见等22个配套政策文件，形成了"1+22"的政策支撑体系，推动易地扶贫搬迁依法依规、高效有序实施。

（三）筑牢安置住房"四条线"是重中之重

河南省各级各部门严守精准识别的"界线"、住房面积的"标线"、搬迁不举债的"底线"、项目管理的"红线"，着力将易地扶贫搬迁工程打造成"放心工程""精品工程"。住房城乡建设部门组织多轮易地扶贫搬迁工程质量安全专项检查。财政部门积极筹集各类资金156亿元，成立省扶贫搬迁公司统一承接投融资任务。国家开发银行河南省分行、中国农业发展银行河南省分行累计投放建设专项贷款、专项建设基金59.84亿元，发放后续发展贷款23.4亿元，保障易地扶贫搬迁资金需求。自然资源部门创新实施了复垦券交易制度，已拍卖两批复垦券共计9 449亩，筹集资金超过28.3亿元，惠及24个搬迁任务县的3万多户搬迁户。

（四）坚持产业就业并举是关键环节

河南省先后制定实施产业扶贫"五个一"专项行动方案、进一步促进后续扶持工作意见等，组织开展了就业帮扶专项行动，指导建立了就业台账。通过发展扶贫车间、特色产业、就业培训、务工奖补等方式拓宽搬迁群众的增收渠道。

（五）扎实做好社区治理是必然要求

大力推动安置区党的基层组织建设，累计新建党的基层组织234个、社区服务机构381个，实现安置区党的组织和党的工作"两个覆盖"。各地组织开展积分管理、双扶驿站、标兵评选等活动，着力激发群众的内生动力，切实增强群众的获得感、幸福感。

下一步，河南省将继续加大后续扶持力度，着力"抓落实""抓提升""抓完善""抓收官"，聚焦就业帮扶、社区治理、美丽社区建设等重点工作，切实推动责任落实、工作落实、政策落实，全面细致查漏补缺、持续巩固提升水平，全力确保搬迁群众"搬得出、稳得住、能致富、生活好"。

第六章　易地扶贫搬迁安置区公共服务：确保搬迁群众稳得住、有就业、逐步能致富

陕西商州：易地搬迁让贫困人口开启安居乐业新生活

一、基本情况

商洛市商州区属秦巴山区集中连片特困地区、国家扶贫开发重点县区、革命老区和南水北调中线工程水源涵养区。区内"一山未了一山迎"，洪涝和地质灾害频发，要如期打赢脱贫攻坚战、保障"一江清水供京津"，易地扶贫搬迁成为解决全区居住在"一方水土养不好一方人"区域贫困群众脱贫的根本途径。商州区认真贯彻党中央、国务院关于脱贫攻坚"五个一批"决策部署和省市区关于易地扶贫搬迁工作要求，严格落实"四避开、四靠近、四达到"，科学编制易地扶贫搬迁专项规划，不断优化安置点规划布局，始终把安置小区基础设施和公共服务设施建设与移民搬迁安置房建设同步规划、同步建设、同步验收，易地搬迁社区基础设施、小区功能、公共服务和承载能力整体持续提升。

"十三五"期间，全区实施易地扶贫搬迁8 824户、33 844人（其中深度贫困村3 222户、12 718人，人数占比为37.58%），占全区102 619建档立卡贫困人口的32.98%，共规划建设集中安置项目45个，集中安置8 779户、33 649人，搬迁户集中安置率达99.49%，分散安置45户、195人，分散安置率为0.51%；城镇安置27 386人，占总计划的80.92%，中心村安置6 407人占总计划的18.93%。到2019年底，商州区所有易地扶贫搬迁安置项目住房钥匙全部交付到户并完成简易装修，实际入住率达100%，旧宅全部腾退复垦，易地扶贫搬迁安置计划全面完成，为全区顺利实现脱贫摘帽奠定了坚实基础。

二、主要做法

在妥善安置易地搬迁群众后,如何确保安置地基础和公共服务设施配套完善,具备产业发展潜力和扩大就业创业,成为保障搬迁群众稳定脱贫、逐步致富的关键。商州区坚持服务群众、服务脱贫攻坚大局,充分发挥底子清、情况明的优势,立足不同类型安置区资源禀赋和搬迁群众生产生活条件改善,着力推进公共服务、产业培育、就业帮扶、社区管理、社会融入、拆旧复垦复绿、权益保障等工作,着力解决好搬迁群众最关心、最直接、最现实的难点问题,着力促进搬迁群众尽快完成心理调适、社会适应、生计转型和生活融入。

(一)统筹城乡发展,加快补齐社区配套公共设施短板

一是全面统筹城乡一体化发展,易地扶贫搬迁项目实施以来,商州区农房局依托中心城镇,结合城镇现有配套设施,合理布局移民搬迁集中安置点,同步规划建设完善基础和公共服务设施,沙河子、大荆、腰市、刘湾、杨峪河镇等一批移民新区相继建成,随着2.7万易地搬迁群众进城入镇,扩大了城镇规模,优化了城乡发展格局,激发了城乡经济发展活力,进一步助推了全区城镇化进程。二是全面补齐基础和公共服务设施短板,依据《陕西省移民(脱贫)搬迁公共设施建设技术导则》(陕建发〔2017〕88号),全面核查易地搬迁社区基础和公共服务设施项目短板,列出任务清单,落实部门责任,明确完成时限,2020年计划建设的15个易地搬迁安置点基础和公共服务设施项目全部建成投用。全力推进补短板项目建设进度,牵头实施的5个补短板项目(其中教育项目2个、垃圾中转站2个、垃圾碳化热解项目1个)于2020年9月底前全部建成并投入运营。三是优化安置社区基本公共服务,按照"迁出地管理林和地、迁入地管理房和人"的原则,积极协调公安部门为跨镇、跨村安置未办理户口迁移的8 698户易地扶贫搬迁群众办理发放"居住簿",组织人社、医疗、卫健、科教体、

■ 大荆镇美丽宜居的移民搬迁新城

民政等相关职能部门出台有关政策性文件，搬迁群众养老、医疗、社保、教育等权益保障基本衔接落实到位，及时为搬迁群众提供有效、便捷的基本公共服务。

（二）加强服务管理，加快促进群众融入新社区

一是规范移民社区治理，习近平总书记在陕西考察时强调："易地搬迁群众来自四面八方，加强社区建设很重要。"商州区加强和规范移民新区治理，将45个易地搬迁社区全面纳入村（社区）管理体系，深入推进"三建三带"，充分发挥党建引领搬迁社区后续帮扶作用，增配村（社区）干部25名，新成立刘湾仁合、杨峪河楚山社区党支部2个，融合型社区党支部10个，设置安置点党小组30个，45个移民小区健全了村（社区）、安置点、楼宇三级治理网络，实现党组织和党的工作全覆盖。二是落实旧宅腾退政策，在加强搬迁入住后续服务的基础上，严格执行"一户一宅、搬新腾旧"政策规定，应腾退的8 419户已全部腾退、可拆旧复垦的7 136户已全部复垦，"两头占""两头跑"顽疾得到根本性解决。包装易地搬迁旧宅腾退增减挂钩项目1个527.62亩，涉及4个镇69个行政村1 313个地块，均已复垦为耕地，

■ 黑山镇集中安置社区搬迁群众喜领不动产权证书

增减挂钩项目预计交易收益1.5亿元，将为易地扶贫搬迁有效衔接乡村振兴奠定坚实基础。三是加强社区物业服务，全面推行"政府主导、市场化运作"的物业管理模式，增设保洁、物业管理等公益性岗位338个，制定印发《商州区移民搬迁安置小区前期物业管理及服务指导标准》和《商州区移民搬迁安置小区物业服务管理考核办法（暂行）》，45个集中安置社区物业管理得到进一步加强，实现了安置点服务管理全覆盖。四是不动产登记加快推进，积极对接市不动产登记中心，在前期登记试点的基础上，制定《商州区易地扶贫搬迁安置住房及不动产权登记管理办法（试行）》，在所有移民小区发布登记公告，明确登记范围、调查时间、办理程序、提交资料等内容，全区易地扶贫搬迁安置房不动产颁证首次登记和转移登记工作稳步推进，让搬迁群众吃下一颗"定心丸"。

（三）加强后续扶持，强力助推搬迁群众稳定脱贫增收

商州区从脱贫攻坚工程启动伊始，就高度重视建档立卡群众后续扶持工作，在安置项目推进中坚持"社区与园区建设双靠近"。在主导产业建设中坚持以光伏、食用菌、劳务、菊芋为主的"4+X"主

导产业,着力推动产业园区、社区工厂与搬迁安置点建设同步配套,不断增强贫困搬迁群众自我造血功能,确保搬迁群众就业有岗位、创业有门路、增收有渠道、生活有保障。一是资产收益做保障,自2016年10月以来,累计投资约5亿元,建成总装机容量62.73兆瓦的光伏扶贫电站60个,全区符合条件的7 143户易地扶贫搬迁群众(占总搬迁户的80.95%)通过承担公益岗位和参加村级公益事业建设户均认领3千瓦,户年均收益2 500元左右。二是就业帮扶促增收,通过"雨露计划"和"人人技能工程"项目,对易地扶贫搬迁群众开展实用技能和创业培训,2020年开展就业创业培训1 886人、开展线上培训1 023人,发放就业培训交通生活补贴19.34万元,确保每户至少有一人掌握1~2门实用技能,提升群众致富能力。认定就业扶贫基地、社区工厂23个,带动就业2 437人。加强苏陕协作,引导易地扶贫搬迁群众外出务工增加收入。在城镇集中安置点开发公益岗位,优先安置易地扶贫搬迁群众从事社区环卫、安保、设施维护等工作,近2 000人通过公益岗位实现就地就近就业。全区易地搬迁贫困劳动力15 140人中已就业15 073人,占比达99.6%,基本实现有劳动能力搬迁家庭至少一人就业目标。三是依托园区抓产业,通过森弗集团、康城药业、脱贫产业示范园等带动周边搬迁群众发展万寿菊、油葵、菊芋、药材种植等"订单式"农业产业,将群众镶嵌在脱贫产业链上。全区易地搬迁后续扶持配套产业基地63个,实现了易地搬迁安置区(点)周边产业基地项目配套全覆盖。2020年对符合享受政策的2 910户特色产业经营户发放扶贫补贴资金510万元。通过62个食用菌产业基地带动资产性收益分红的搬迁户6 395户,户均年分红收益1 500元以上。依托数字化菊芋制造中心项目,全区种植菊芋4万余亩,易地搬迁贫困群众通过菊芋种植年增收1 500~2 000元。

三、经验总结

一是加强领导是保障。商州区委全面落实"五级书记"抓脱贫攻坚,慎终如始,坚持把易地扶贫搬迁作为统筹城乡发展的"一字号"工程,成立了以区委书记、区长任组长的易地扶贫搬迁工作领导小组,积极推行"镇(办)党委书记担责、镇长(主任)挂帅"的领导机制、"月督查通报、季点评曝光"的考核激励机制和"挂钩市考、同奖同罚"的奖惩兑现机制,确保了易地扶贫搬迁顺利、有序推进。

二是精准统筹是核心。易地扶贫搬迁涉及面广、政策性强,是一项复杂的系统工程,既要精心组织做好安置住房、配套水电路气网等基础设施和教育、卫生、文化等公共服务设施建设,也要依据不同安置方式,扎实推进产业培育、就业培训等后续发展工作,确保实现稳定脱贫,是脱贫攻坚战必须攻克的一座艰巨的"堡垒"。商州区农房局在商州区委、区政府的坚强领导下,始终坚持"精准搬迁、精准安置、精准施策",强化全面统筹,五年建设任务在三年内全面完成,核心经验有以下三点:①精准确定对象。搬迁对象必须是生活在"一方水土养不好一方人"区域的建档立卡贫困人口,商州区农房局利用半年的时间核实调整易地搬迁对象,系好了搬迁工作的"第一粒纽扣"。②科学规划选址。因地制宜精准做好安置方式选择和安置区规划,把易地扶贫搬迁纳入经济社会发展全局之中,统筹城乡一体化发展,确保安置地具备产业发展潜力和就业容量,基础设施和公共服务配套完善,这样才能保障搬迁群众稳定脱贫、逐步致富。③强化后续扶持。不论迁出地还是移民社区都将是乡村振兴的重要承载地,后续扶持不能急于求成,而应循序渐进。商州区在易地搬迁工作之初,就认真贯彻"搬迁是手段、脱贫是目的"要求,及时将工作重心从"搬得出"向"稳得住、能脱贫"转变,兼顾安置地和迁出地,统筹谋划迁出地耕地林地保值增值、生态治理、振兴开发,迁入地产业、就业、社区治理、公共服务等工作,为进一步加强和完善后续扶持工作

第六章　易地扶贫搬迁安置区公共服务：确保搬迁群众稳得住、有就业、逐步能致富

打下坚实基础。

三是资源整合是关键。只有合理整合各类项目，才能最大限度地发挥项目聚焦效应，让搬迁群众受益最大化。也正是因为商州区委、区政府有效整合各类资源要素向易地搬迁社区转移，易地搬迁安置社区、基础和公共服务设施建设才得以压茬有序推进，梯次制定落实年度减贫计划，"易地搬迁脱贫一批"的目标才能得以顺利实现。

云南会泽：教育助力易地扶贫搬迁贫困群众子女"学无忧"

一、背景情况

云南省曲靖市会泽县地处滇东北乌蒙山主峰地段，是国家扶贫开发工作重点县和乌蒙山片区集中连片特困县，全县共有建档立卡贫困人口89 752户、342 985人。党的十八大以来，全县贫困发生率从2013年末的47.99%降至零，2020年正式退出贫困县序列。"十三五"期间，为切实解决贫困群众家庭子女上学问题，会泽县共投入各类建设资金33.4亿元，新建校舍110.8万平方米，其中投入教育现代化推进工程中央预算内投资1.14亿元建设3所县城易地扶贫搬迁安置区配套义务教育学校、1所乡村义务教育学校、1所中等职业教育学校。截至2020年9月，全县义务教育阶段有小学在校生70 728人，初中在校生44 558人，全县九年义务教育巩固率达到97.85%，义务教育阶段辍学儿童（少年）实现动态清零。

二、主要做法

（一）加大投入、补齐短板，不断改善办学条件

高标准做好易地搬迁就学保障，为解决"一方水土养不好一方人"的问题，会泽县聚焦"两不愁三保障"的义务教育有保障目标，共投入中央预算内投资5亿元，县财政及其他资金2.5亿元，新建校舍19.65万平方米及配套设施建设，新增学位16 062个。其中，新建钟屏小学、以礼小学，扩建金钟第三中学3所县城易地扶贫搬迁安置区配套义务教育学校，新建校舍面积4.82万平方米，新增学位6 600个，覆盖易地扶贫搬迁安置26 261户、102 693人。

2020年4月的早晨,钟屏小学校园内传来琅琅的读书声,来自易地扶贫搬迁家庭的3 315名学生全部顺利实现就近入学。钟屏小学作为会泽县首个专门为解决搬迁群众子女就学的综合性小学,位于会泽县易地扶贫搬迁县城安置区鱼洞杨家村集中安置点,覆盖杨家村、双岔河、红石岩安置点群众10 120户、43 410人,其中,建档立卡贫困户5 657户、24 921人。学校按照72个教学班3 600名在校小学生规模建设,新建校舍总面积26 625.72平方米,现有在校小学生3 555人。搬进新城,孩子们告别了老旧的危房、崎岖的上学路,在新学校、新期待中开启新生活。

从上村乡搬迁进城的何某某把两个孩子都送到钟屏小学读书。"搬到新家后,做梦都没想到娃娃能上这么好的学校,而且出门就能上学,学校和老师都很好,我样样都满意!"何某某欣喜之情溢于言表。

张同学搬迁前所在的火红乡格枝村没有学校,读书要到10公里以外的花石头小学,因为全程爬坡、山路崎岖,走快一点都要两个多小时。而哥哥之前所就读的火红中学则更远,从花石头出发还需花20元的车费乘车1小时才能到达。而如今,让他们高兴的是,读书再也不用翻山爬坡了。

六年级一班的张同学这样说道:"以前只能在电视机里面看城里的孩子在足球场上奔跑,现在我终于可以亲自感受一下,这是一种什么样的感觉,来到这么好的学校,我要更加努力,发奋图强读书。"搬进新城,同学们告别了崎岖的上学路,来到新学校,满怀期待地在新校园里开始了新生活。"我是火红乡阿拉米小学来的学生,我们之前上学的路上非常偏僻,而且上学要走一个多小时,但是现在不一样了,我们来到了钟屏小学,在宽敞的大路上走着,只要十分钟左右就到了学校,我们认识了新同学,还有关心我们的老师,我一定要好好学习。"四年级三班的李同学告诉老师。

从落后的农村到现代化的城市,从偏远的小学到设施齐全、离家又近的美丽校园,教育为每个孩子插上了梦想的翅膀。

（二）聚焦公平、精准施策，严格落实惠民政策

一是落实搬迁子女"全接纳"。严格落实义务教育"划片、就近、免试"入学政策，将易地扶贫搬迁子女就学纳入全县教育发展规划，纳入财政保障体系，确保搬迁群众子女全部进入公办学校就读。同时，为办好易地扶贫搬迁县城安置学校，精心组织好进城就学学生教育教学活动，全面提高教学质量，确保搬迁群众子女"有学上""上好学"。二是落实特殊群体"全关爱"。建立健全留守儿童管理制度和工作机制，通过成立"留守儿童"之家、建立帮扶小组、办好乡村学校少年宫等方式，切实关心好全县40 099名"留守学生"的学习和生活。全面贯彻落实残疾儿童少年就学的相关政策，采取随班就读、"送教上门"的方式，确保残疾儿童少年平等接受义务教育，残疾儿童少年入学率为97.86%。三是落实学生资助"全覆盖"。通过认真排查，精准识别，建立了70 628名建档立卡贫困学生档案，全面落实"两免一补"、营养改善计划、寄宿生生活补助、国家助学金等近20项教育惠民政策，实现困难学生资助全覆盖。

新城区距离鱼洞小学和以礼中学都不远，家和学校的距离近了，这对于搬迁进城的贫困群众来说，是无比幸福的事情。以礼中学新同学陆续来报到，在学生志愿者和老师的引领下，分班、分宿舍、铺床、充饭卡都有专人陪同。同样是从火红乡转学来的陈同学坦言，在来之前有些胆怯，有些紧张，担心自己一下子适应不了新环境，学习跟不上。但入学的第一天，她的想法就改变了。"来了以后，我感觉同学们特别热情，老师也特别亲切，每个同学都热心地帮助我，我感到特别幸福。"陈同学说。

大海乡大山村杨家村小组的刘同学之前在大海乡大山小学读三年级，刘同学每天早上6点就要起床，步行将近两个小时才能确保9点前赶到学校，下午5点放学又要走回家。因为路途远，冬天大雪齐膝盖深，滑倒、生冻疮都是常有的事情。现在，她和姐姐都转学到了城里

读书,上学的路不再遥远。

(三)提高站位、强化统筹,狠抓控辍保学工作

会泽县始终把义务教育阶段控辍保学工作作为教育扶贫工作的重中之重来抓,建立完善联控联保责任体系,通过制度保障、动态监测、摸排劝返、爱心帮扶等举措,立体动态推动控辍保学工作。建立乡镇干部包村、村干部包组、组干部包户的控辍保学包保责任体系,通过"四查三比对"(查户籍、查学籍、查学生、查建档立卡贫困户适龄儿童少年,户籍与学籍对比、学籍与实际在校生对比、学生与扶贫数据库对比)摸清辍学底数;建立包保责任清单,并对辍学学生实行"一人一案"管理,健全政府、学校、家庭三位一体的"防辍"机制;实行"宣传教育、责令改正、行政处罚、提起诉讼"的依法控辍保学"四步法",用法律武器解决控辍保学难题;通过"随班就读"、单独编班及开设普职融合班等多种方式,精准分类安置劝返复学学生,全面实现义务教育阶段辍学学生动态清零。

三、经验总结

(一)站位更"高"

把解决贫困群众子女入学问题作为精准扶贫、精准脱贫重大民生工程来抓,全力以赴做好教育保障。特别是针对全县搬迁人口数量大、区域集中、搬迁时间密集的特点,提前谋划资源布局、提前建成教育设施、提前部署保障制度和入学程序,确保1.57万名学龄儿童有学可上、有书可读,解决好搬迁群众最关心、最直接、最现实的问题,让搬迁贫困群众"搬得来""稳得住"。

(二)摸底更"准"

对贫困家庭学龄儿童开展全覆盖摸排,精准查清幼儿园、小学、

初中等学龄人员情况，为优化布局教育资源提供基础依据。

（三）措施更"实"

按照"就近就便入学"思路，建立横向联系、纵向协调的保障机制，实行易地扶贫搬迁就学保障责任包保制，全面解决学校设施设备配置、教师队伍调剂、开学工作筹备等各项工作，对各单位、各乡（镇、街道）和各学校工作进展情况进行督查，倒逼责任落实，让搬迁群众子女实现"人人有学上，个个有发展"的目标。

（四）设施更"全"

加大投入力度，按标准配齐配足学校教学设施设备，各学校严格按国家课程标准开齐开足音乐、体育、美术课程，认真开展学校"两操一课"和体育艺术"2+1"活动，为学生综合素质的提高提供广阔舞台，使学生们德、智、体、美、劳全面发展。

（五）师资更"强"

面向全县各学校，公开透明考试选调教师，不断充实教师队伍，并积极组织教师开展岗前培训、教学竞赛等活动，让教师及时熟悉学校情况，适应新的工作环境。针对安置点新建、改扩建学校，及时配齐、配足、配强易地扶贫搬迁安置点学校教师，更好为安置学生服务。同时在全县学校中层管理干部和后备干部人才库中进行公开推荐，遴选素质高、能力强、业务精的管理干部，选优配强学校班子领导，保证学校各项工作能够有效落实、顺利开展。

第六章 易地扶贫搬迁安置区公共服务：确保搬迁群众稳得住、有就业、逐步能致富

青海尖扎：以乡村旅游为龙头积极打造易地扶贫搬迁后续产业

一、背景情况

青海省尖扎县属于"三区三州"深度贫困县。2015年底，尖扎县精准识别出34个贫困村，建档立卡贫困户2 558户、9 642人，贫困发生率为22.44%。全县除沿黄河几个乡镇外，多数乡镇位于浅山地区，相当一部分贫困群众居住在海拔3 000米以上、生存条件恶劣、生态环境脆弱、"一方水土养不好一方人"的深山区。那里交通条件落后，劳动生产以半农半牧或纯牧业为主，山区土壤结构以湿陷黄土为主，地质灾害频发，因病、因残、因灾、缺土地、缺水、缺技术、缺劳力、缺资金、自身发展动力不足等致贫原因多样，群众生产生活条件异常艰苦，严重制约着摆脱贫困的步伐。

为彻底消除这部分群众的贫困根源，尖扎县按照"八个一批"中的"搬迁一批，脱贫一批"的目标要求，认真梳理致贫症结，提出了"山上问题山下解决"的易地扶贫搬迁安置思路，因地制宜、科学谋划、强力推进，整合资金8 326.8万元修建易地扶贫搬迁安置点并取名德吉村，新建住房251套，涉及7个乡镇的30个村，251户、946人（其中建档立卡贫困户226户、893人），统筹推进德吉村水、电、路、通信、垃圾、污水处理厂以及村级综合服务中心、学校、卫生、文化、体育等基础设施建设，妥善解决了贫困群众义务教育、基本医疗、住房安全和饮水安全保障等问题。同时，积极探索创新易地扶贫搬迁与乡村振兴战略相结合的新路子。依托黄河水利风景、气候、海拔、区位等资源优势，培育了以乡村旅游为龙头，特色农业、文化、光伏等一二三产业深度融合"多业共生、多轮驱动"的扶贫特色产业，通过

政府引导、群众自愿、市场运作，以乡村旅游为龙头的后续产业发展迅猛，成为全省易地扶贫搬迁后续产业发展最为璀璨的一颗明珠。德吉村226户、893人建档立卡贫困户已全部脱贫，搬迁群众收入从搬迁之前的年人均3 258元增长至目前的12 945元，增长了近3倍。

二、主要做法

（一）以搬迁促发展，激发群众参与的积极性

易地扶贫搬迁，发展后续产业是"稳得住"的关键。为了能让搬迁后贫困户在新居中安心居住，尖扎县把后续产业发展作为重中之重认真对待，在德吉村易地扶贫搬迁工作规划之初，就将后续产业发展也纳入了德吉村易地扶贫搬迁整体规划，与工程建设同步规划、同步建设、同步发展、同步推进。在实施各个项目、落实各项政策时，主动邀请和接受群众监督，让搬迁贫困群众拥有更多的知情权、参与权。选择后续产业时，充分征求搬迁群众意见建议，制定了详细的产业发展盘子，让搬迁群众自己做主、做自己想干的事、做自己能干的事，让群众根据自己的特长，选择就业岗位，进一步激发了搬迁群众的归属感和主人翁意识。

■ 尖扎县德吉村异地扶贫搬迁安置点全貌

（二）坚持因地制宜，大力发展特色产业

一是发展农林产业。先后平整周边土地300多亩，积极引导和扶持贫困群众创办以苗木、藏茶种植和农事体验为一体的综合性观光农业园，大力发展藏茶种植和蔬菜水果采摘业，通过扶持壮大藏茶种植合作社和修建农事采摘园，就地吸纳贫困户为合作社员工的方式，实现稳定脱贫致富。据统计，德吉村共有120名搬迁群众在合作社通过苗木培育、藏茶种植和农事采摘等渠道获得收入总计100万元以上，年人均增收达7 000元左右。二是积极开发光伏产业。充分利用德吉村光照资源丰富的资源优势，在德吉村发展户用光伏扶贫产业，为251户搬迁户屋顶安装光伏发电系统并接入电网，每户屋顶光伏装机8.4千瓦，总计2.1兆瓦，采用"自发自用、余电上网"模式，每年每户可实现5 000多元的稳定收入，251户每年可实现收入共计125万余元，可安置15名贫困人口就业。

（三）发展乡村旅游，拓宽就业创业渠道

在搬迁安置过程中，尖扎县紧紧瞄准德吉村依山傍水、景色宜人、乡村旅游发展潜力巨大的优势，坚持以特色文化旅游业为主导产业，通过"多个渠道注水，一个池子蓄水"的办法，整合县扶贫、旅游、交通、水利等行业部门资金，将民俗文化、射箭文化、黄河文化、农耕文化等特色文化元素，积极融入基础设施和公共服务设施建设中，并规划建设了独具民族风格的藏式住宅，实施了休闲广场、民俗风情园、水上游乐码头、自驾游营地、露天沙滩、婚纱摄影基地、花海、农耕体验、农家乐、美食广场等文化旅游后续产业项目。

德吉村开设30家农家乐，对60名搬迁农牧户开展厨艺培训，让搬迁群众参与乡村旅游的开发，实现"开门是店、关门是家"。引导38户群众经营土烧馍、酸奶、糌粑、酿皮等特色餐饮产业，让游客不仅能赏美景，也能品味地方民俗风情，逐步打造出"品地方

美食、住藏式民宅、游黄河风光"的旅游发展模式。2018年德吉村旅游总收入达215万元，2019年达到740多万元。德吉村先后被评为"中国美丽休闲乡村""全国生态文化村""全省易地扶贫搬迁示范点"和国家3A级景区，使贫困群众真正挪出了"穷窝"，过上了幸福日子。

为做好乡村旅游配套服务工作，德吉村设置了181名公益性岗位人员、22名旅游服务人员、2名村警、2名水管员、30名环卫工、10名景区保安、15名光伏管理员，直接解决了253名贫困群众的就业问题，占全村劳动力的70%，使贫困群众在易地扶贫搬迁中有参与感、在建设德吉村时有存在感、在物质经济上有获得感，真正让群众就近就地实现稳定增收。

（四）树立身边典型，激发群众内生动力

在德吉村打造之初，一些搬迁贫困户是典型的"懒汉"，"等靠要"思想比较严重，不同程度存在"干部干、群众看"的现象，严重影响了易地扶贫搬迁工作的进程。尖扎县坚持把发展特色产业作为促进贫困群众自我发展，实现持续增收、稳定脱贫的根本举措，发挥好"引路人""铺路人"的作用，不仅帮助贫困群众改变物质生活条件、生存条件，更引导群众积极树立"幸福都是奋斗出来"的观念，激发积极乐观、奋力脱贫的精神品质，靠自己的双手实现脱贫。同时，坚持评选和表彰奖励一批先进典型，发挥示范带动作用，引导搬迁群众补足精神之钙，引领脱贫之志，实现由"要我脱贫"向"我要脱贫"转变。

（五）创新基层治理，提升贫困群众安全指数

尖扎县在坚持"挪穷窝"与"挪穷业"的同时，注重安居与乐业并重，不断加强和创新社会治理，着力打造德吉村共建共治共享的社会治理格局。一是实行"网格化"管理。根据搬迁户的居住条件和生

活习俗,以原居住乡镇为片区,将德吉村划分为4个网格,把全村251户的服务管理任务分解落实到每个网格员身上,经常性地开展基础信息采集、法治宣传教育、矛盾纠纷调处等工作,做到"三活""四清""五到家",把问题发现在网格、解决在网格。二是实行"信息化"管理。通过"人防+技防"相结合,全面加强辖区内立体化治安防控体系建设。实施公共视频监控建设,做到公共区域、重点场所、主要路段、进出口视频全覆盖、无盲区,实现紧急情况"一键报警、全村响应、同步上传、快速反应、及时处置"。三是实行"社区化"管理。德吉村辖区居住户来自全县2镇5乡30个村,生活条件参差不齐、生活习俗各不相同、外来和流动人口管理难度大,社会治理中存在诸多风险和挑战。坚持"阵地先建、服务先行",推行村党支部领导下的社区化服务管理工作,集中在党群服务中心便民大厅工作,建立"一门受理、集成服务"的社区化便捷服务机制,让办理事项"小事不出村、大事不出乡",极大地方便了移民群众。

三、经验总结

德吉村易地扶贫搬迁安置点建设,是尖扎县脱贫攻坚阶段农业经济向服务业和文化旅游业改革发展的重要跨越,是绿水青山培育金山银山的精准实践,实现了生态文明与脱贫攻坚"双赢",也是乡村社会综合治理由粗放式管理向制度化、体系化治理转变的开拓创新。经过3年的探索与发展,在德吉村易地扶贫搬迁工作中,广大干部群众奋勇拼搏、集中攻坚,积累了许多工作经验,得到了许多启示。

一是党建引领是基础。把加强党的建设作为带动德吉村脱贫致富的基础工作来抓,从搬迁群众中选出政治坚定、能力较强的党员成立临时党支部,积极开展感恩奋进、法律法规教育、技术技能培训、精神文明建设等活动,充分发挥了基层党组织的战斗堡垒作用和党员先锋模范作用。党员带头动员搬迁、带头入住、带头发展产业,为德吉村后续产业发展奠定了思想基础。

二是机制建设是保障。尖扎县按照省州推进易地扶贫搬迁群众后续产业发展的总体部署，把易地扶贫搬迁作为"八个一批"中最重要的一项举措，坚持"一把手"负责制，层层压实责任，层层分解责任，从选址到建设、从建设到发展后续产业，构建起责任清晰、各负其责、合力攻坚的工作机制，形成易地扶贫搬迁齐抓共管的工作局面，为德吉村后续产业发展奠定了组织基础。

三是整合资源是关键。易地扶贫搬迁中整合各方资源是易地扶贫搬迁后续产业发展的关键。德吉村建设中，充分发挥政府搭建平台整合资源的作用，发动社会各方力量，整合部门资金，整体打造德吉村生活基础设施和教育、卫生、旅游等公共服务设施，为德吉村后续产业发展奠定了强有力的社会基础。

四是政策宣传是前提。尖扎县在《尖扎县昂拉乡德吉村后续产业发展规划》的编制中，在多次调研、反复论证、充分尊重和征求群众意见的基础上，深入宣传国家易地扶贫搬迁政策和搬迁后续产业发展目标。通过大力宣传，使更多的搬迁群众认识到德吉村的发展潜力，积极参与，为德吉村后续产业发展奠定了舆论基础。

第六章　易地扶贫搬迁安置区公共服务：确保搬迁群众稳得住、有就业、逐步能致富

湖南宁乡："巷子花开"公益项目圆易地扶贫搬迁群众致富梦

一、背景情况

湖南省长沙市宁乡市巷子口镇镇域面积110平方公里，总人口4.9万人，辖10个村（社区），共有建档立卡贫困户1 090户、3 248人，有3个省定贫困村。境内山多地少，山体大都是沙性土壤，极易出现山体塌方、泥石流等自然灾害。2017年7月1日，宁乡遭遇历史罕见暴雨洪涝灾害，在这次特大洪灾中，巷子口镇受灾群众达3.3万人，其中贫困户98户、286人。

灾情发生后，2017年8月，巷子口镇迅速启动灾后重建集居点——同心村庄项目建设，把灾后重建集居点和易地扶贫搬迁安置点合并成为同心村庄。2018年8月，同心村庄竣工后，宁乡市积极探索新时代乡村振兴、社会治理、助力脱贫攻坚的新途径，率先于2019年8月正式启动实施"巷子花开"同心项目，着力打造"一平台"（"同心汇"公益服务平台）、"三基地"（新的社会阶层人士统战工作实践创新基地、公益组织互助实践基地、志愿者素质提升基地），激励引导广大群众积极参与助力乡村治理、自力更生脱贫致富，形成可复制、可推广的经验模式，全力打造宁乡、长沙乃至湖南省实施乡村振兴战略、打赢脱贫攻坚战的工作品牌。

二、主要做法

（一）星级评定引导村民自主管理

为调动居民参与"巷子花开"项目的积极性，特别是帮助易地搬迁贫困户找到归属感，巷子口镇和同心村庄管委会本着"同心建家

园、同心管家园、同心美家园"的原则，在同心村庄创新开展星级评定工作，评定范围包括爱党爱国遵纪守法、室内环境、庭院环境、垃圾处理、勤劳致富、文明新风、活动参与、志愿服务等方面，设定50颗星。村民们在垃圾处理、文明新风、活动参与、志愿服务等八个方面的落实情况好，便可获星，获得的星星可在"同心超市"换取生活物资。星级兑换严格遵循居民"查验星数、自主选货、实时登记"的工作程序，为居民免费提供生活物资。

以评"星"激励人"心"，截至目前，同心村庄累计组织开展星级评定10次，星级兑换活动5场，兑换星星共计37 708颗，约为55 000元生活物资，其中易地搬迁贫困户兑换生活物资约32 000元。开展星级评定、物资兑换、同心菜园等活动，充分发挥了村民们在乡村治理和乡村振兴中的积极性、主动性、创造性，共同推动同心村庄走上了一条乡村自治道路。

（二）志愿服务引领群众素质提升

在"巷子花开"项目号召下，自2019年8月至今，长沙市群英会、宁乡市环保志愿者协会、汉和公益协会、心理咨询师协会、向日葵爱心协会等9家首批入驻的社会组织在巷子口镇"安营扎寨"，成立了"巷子花开"同心汇公益服务平台，组建了"巷子花开"志愿服务队伍，每月组织开展一次社会工作职业发展、政府购买服务、"三社联动"机制探索、《志愿服务条例》解读等专题培训和举行一期志愿服务大讲堂，让志愿服务理念深入人心。同时发挥入驻社会组织志愿者的传帮带作用，吸引本地群众特别是易地搬迁贫困户加入志愿者服务队伍，实现本地志愿服务的可持续性。如今，"巷子花开"志愿者服务队伍共计318人，其中36名志愿者为贫困户。

在"巷子花开"同心项目主导下，自2019年8月以来，向日葵爱心协会针对贫困户留守儿童较多的问题，设立各类学习辅导、兴趣培养等课程，开展免费书法、舞蹈常规培训共计24场，受益学生45人，服务学生、家长1 080人次，让留守儿童放学后参与有意义的集体活动；宁乡市环保志愿者协会定期在同心村庄开展垃圾分类、"逢十卫生大清扫"、文明新风、关爱留守老人等爱心志愿服务。"巷子花开"同心项目实施一年多来，累计开展垃圾分类知识讲座、自救互救技能培训、心理咨询、文化助老·乐乡邻活动、留守儿童关爱、空巢老人关护、特困家庭慰问、奖学助学、就业技能培训等志愿服务270余场，累积服务约14 000人次，帮扶困境儿童200余人、困境老人400余人。

（三）成立公司推动水果产业做大做强

紧抓产业扶贫"牛鼻子"，增强脱贫攻坚内生动力。"巷子花开"同心项目结合巷子口镇实际情况，于2020年6月组织10个村（社区）成立宁乡市巷子花开农业发展有限责任公司，通过"公司+合作社+种植户"模式抱团发展，定期为种植户开展种植技术培训，解决土地流转等问题，着力打造水果小镇"一村一品"的产业布局，对全镇水果统一进行收购、宣传、包装，全面开拓销售渠道，让种植户把全部精力放在果园管理和提高水果的品质和产量上，提升产品价值，而销售利润则全部作为村级集体经济收入。目前，巷子口镇已是宁乡乃至长沙有名的"水果小镇"，2020年，该镇黄桃、李子、猕猴桃、脆枣、红心柚、砂糖橘、冰糖橙等小水果种植面积总计达6 000余亩，黄桃产量达110余万斤，其他品种水果产量总计数十万斤。

为了着力解决水果销售压力，公司从线上线下同时发力。在线上推出淘宝网店、创建"宁乡购"巷子花开电商平台，采取直播带货等方式，将小水果推向全国市场；线下通过参与扶贫集市、积极对接园区企业和市直部门单位，全力扩大销售市场。该公司参加了2020年首届湖南黄桃品鉴会和宁乡扶贫集市等大型活动，连续举办三届桃花节、黄桃节，通过电商、抖音宣传和淘宝直播等多种模式，黄桃、李子等水果产品销售至全国20多个省市，销售总量超过100万斤，销售收入达百万元，使小水果成为当地群众特别是贫困户的"致富果"。

（四）扎实解决就业提高村民收入水平

"巷子花开"同心项目通过搭建就业平台，解决当地贫困劳动力的就业需求，激活了贫困户脱贫的内生动力。2020年3月，长沙湘宁玫瑰生态农业开发有限公司的"巷子花开"同心花坊正式落地同心村庄，建设干花加工项目，400平方米的办公场地，被划分为电商、仓储、培训、展厅等多个板块。截至2020年底，已开办3期花艺培训，每期均有40人参加，多数为留守妇女。村民们培训合格后，可在家灵活就业，通过制作干花制品，按件计酬，日收入达50元至200元不等。同心花坊的成立为贫困户稳定脱贫提供了就业保障，后续还将发展花卉种植、线上推广、仓储管理等全产业链条建设，扩大产值，增加就业岗位，吸引更多外出务工贫困人员回乡就业。

蔬果种植大户易红科通过宁乡市巷子花开农业发展有限责任公司在同心村庄附近流转150亩土地，建起蔬菜种植大棚，引导57户村民发展生态红薯种植产业，他不仅为贫困户提供免费种植场地、菜苗，还免费提供技术指导和解决销售，帮助57户农户每年户均保底增收3 000元。

三、经验总结

党建引领发展扶贫产业。巷子口镇深入开展党员"五带头""联五户"活动，注重在农业产业链上建强党组织，以党建引领促进农民专业合作社蓬勃健康发展，组织所辖10个村（社区）成立了宁乡市巷子花开农业发展有限责任公司，全力打造"水果小镇"，带动群众通过发展产业、实现就业脱贫致富，为乡村振兴注入了持续动能。

志愿服务激发脱贫信心。"巷子花开""同心汇"公益服务平台组建了一支"巷子花开"志愿服务队，发展"巷子花开"帮带志愿者14人、"巷子花开"志愿者300余人，组织开展相关志愿服务活动160余场,带动贫困户36人成为志愿者,积极参与公益活动,让志愿者红袖章激发贫困户自主脱贫的信心。

社会参与打造脱贫品牌。"巷子花开"同心项目实践"巷子花开"致惠乡村建设路径,在就业帮扶、环境保护、党群服务等方面开展10个专项社会组织服务;邀请9家首批入驻的社会组织,以及其他社会组织或团体,面向居民开展爱心志愿服务。镇、村管委会及社会组织协同配合,打造统一战线参与乡村振兴战略实施、把新的社会阶层人士"组织起来"发挥优势的工作品牌。

常态长效助力脱贫致富。"巷子花开"同心项目以公益项目库管理的标准化运作机制,建立以提升项目服务成效与产出为中心,持续探索"以公益为纽带",添动力、聚人心,形成"助人—自助—互助—自治"的乡村振兴循环体系。通过持续不断的公益服务活动助力脱贫攻坚,助推乡村振兴,大幅改善了同心村庄居民的生产生活条件,产生了良好的经济、社会和生态效益,受到贫困群众的普遍欢迎,为做好易地扶贫搬迁的集中安置社区管理工作,满足搬迁群众美好生活需要等工作提供了重要经验。

西藏拉萨：保障昌都"三岩"片区随迁子女"有学上""上好学"

一、背景情况

昌都"三岩"片区作为西藏扶贫成本最高、贫困程度最深、脱贫难度最大的区域之一，山高谷深、生态脆弱、资源匮乏、耕地面积少，群众居住分散，属于典型的"一方水土养不好一方人"的地区。根据自治区党委和自治区政府的统一安排部署，"三岩"片区下辖条件较差的贡觉县克日乡、罗麦乡、沙东乡、敏都乡、雄松乡、木协乡和芒康县戈波乡7个乡45个行政村的群众分别搬迁至位于拉萨、林芝等4个地市生产生活条件较好的安置点。根据自治区搬迁规划，拉萨市承担昌都"三岩"片区贡觉县、芒康县678户、4990人的搬迁任务。自2017年启动昌都"三岩"片区跨地市搬迁工作以来，拉萨市主动作为，切实履行好教育保障职责，努力满足搬迁群众子女就学需求，确保搬迁群众子女"全覆盖、零门槛、无障碍、不落一人"入园入学。截至2020年6月底，从昌都"三岩"片区搬迁到堆龙德庆区、达孜区、墨竹工卡县、林周县、曲水县和柳梧新区等6个县（区）的群众随迁子女中，学前至高中阶段学生共815人，其中，学前儿童289人，义务教育阶段学生515人，高中阶段学生11人。

二、主要做法

（一）未雨绸缪、加强统筹，实现教育安置无缝衔接

一是提前部署。统筹安排好随迁子女就学安置工作，在群众搬迁入住前，拉萨市委、市政府主要领导多次召开专题会议，研究部署随

第六章 易地扶贫搬迁安置区公共服务：确保搬迁群众稳得住、有就业、逐步能致富

■ 墨竹工卡县欢迎昌都"三岩"片区学生入校就读

迁学生入学安置工作，分管领导密集调度、现场调研，教育部门主要领导与县（区）政府、教育行政部门、学校负责人深入探讨、共同商议，全面理清工作思路，明确各自职责任务，强化就学保障措施，确保随迁学生搬迁入住后立即有学上。

二是积极对接。拉萨市各级教育行政部门主动对接"三岩"片区迁出地政府、学校以及"三岩"办，畅通沟通渠道，提前了解群众诉求和随迁学生基本情况。同时广泛开展宣传引导，通过报纸、互联网、微信公众号等宣传渠道，确保易地搬迁入学政策宣传到位、措施落实到位，有效推进易地搬迁随迁子女上好学。

三是摸清底数。对照"三岩"办提供的迁入学生名单，迁入地教育部门逐一入户进行地毯式排查，不漏一人，全面摸清搬迁群众子女中从学前到高中阶段学生相关信息，并全部登记造册。迁入地教育行政部门根据掌握的学生基本情况，第一时间安排工作人员到学生家中入户开展入学宣传、动员工作，确保学生及时入学就读。

（二）精准识别，因人施策，促进教学管理不断规范

一是精准识别。精准识别年龄，通过入户核查、公安户籍部门核对、对接迁出地教育部门等方式，精准识别学生实际年龄。精准识别学业水平，安排义务教育阶段学生从小学一年级起进行学业水平检测，通过多轮测试，准确了解学生知识掌握情况，确定与学生实际学业水平相对应的学段、年级。精准对接家长，学校组织教师入户家访，如实向家长反映学生学业检测情况，提出学生编班建议，争取家长支持。精准识别学籍，通过学籍系统比对，认真排查迁入学生中存在的问题学籍，并分门别类建立学籍问题清单。

二是因材施教。拉萨市各级教育行政部门和学校统筹考虑实际情况，打破迁入学生就学按照学籍年级就读的常规做法，分类施策，科学编班，安排学生就读适合的学段和年级，确保学生入学后跟上教学进程，解决好迁入学生"学有所教"难题。①学前教育按幼儿年龄就近随班就读，适龄幼儿按照大、中、小班就近安置入园。②义务教育各学校根据学生学业水平检测情况，分三类进行编班：第一类跟班就读，将学业基础较好、能跟上当地学生学习进度的学生安排在原就读年级跟班就读。第二类降级安排，将学业基础较差、与学籍年级知识掌握要求相差较大的学生降级安排到适合的学段、年级就读。第三类单独编班，将学业基础差、"零基础"的学生单独编班，采取零起点、快节奏的教学模式，合理调整课程设置，主要开设道德与法治、语文、藏文、数学四门基础性课程，帮助学生尽快补上学业"欠账"。对单独编班的学生实行动态管理和学业水平监测，学生学业达到相应年级水平时，及时将其调整到当地学生班级跟班就读。③高中教育按照学生原就读年级和学段安排就学，转入普通高中或中职学校就读。

第六章　易地扶贫搬迁安置区公共服务：确保搬迁群众稳得住、有就业、逐步能致富

（三）提升素质、补齐短板，确保教育成效充分凸显

一是保障到位。按照"就近入学"原则，制定随迁子女入学政策，明确各学段接收的学校，简化优化随迁子女入学流程和证明要求，提供便民服务，确保易地扶贫搬迁子女有学上、上好学。在加大人文关怀的同时，及时补充完善各学校硬件设施，完善学校体育、音乐、美术器材，丰富充实学校教学仪器设备，确保办学条件达标。①配强师资。重点关注单独编班的学生，配齐配强班级任课教师，选用责任心强、经验丰富的教师担任班主任。达孜区小学专门安排校领导和中层干部担任单独编班的班主任和任课教师。②追加经费。拉萨市教育局根据搬迁学生人数，准确测算经费，积极与自治区教育厅对接，足额追加经费。③加强学籍管理。经与自治区教育厅协调，妥善解决迁入学生问题学籍22个。

二是特殊关怀。全面落实"三包"、营养改善计划等各级各类学生资助政策，落实好随迁子女15年免费教育、义务教育营养改善计划、助学金、奖学金等教育政策，确保易地搬迁随迁子女与本地户籍子女同等享受到各级各类资助，努力解决跨县（区）易地搬迁、跨地（市）生态搬迁群众随迁子女的就学学籍、户籍等具体问题，杜绝任何一名学子因贫失学、因学返贫，彻底解除搬迁户群众后顾之忧。①拉萨市各学校均为迁入学生配发了统一的被褥和校服，并发放了教材、教辅资料和学习用具，确保学生在校正常学习生活。②建立师生结对关系，组织学校党员教师与迁入学生"一对一"结对。课后，结对教师对迁入学生尤其是单独编班的学生单独辅导学习，帮助学生树立信心，尽快跟上学习进度。③加强沟通交流，建立定期家访制度，班主任经常性向家长反馈学生在校表现特别是进步状况，引导家长重视子女教育，关注子女成长，形成家校良性互动。

三是促进交流。各学校在课余时间开设各类兴趣辅导班，让随迁学生与本地学生玩在一起、学在一起，在活动中适应新环境。如经济

开发区根据学生的兴趣爱好，开设花式篮球兴趣课，利用课余时间教授花式篮球，使随迁学生既能在兴趣中熟悉新学校环境，又能在兴趣中增进与当地学生的友谊，提升交流能力。

三、经验启示

拉萨市在学生学业上、生活上、融入上对"三岩"片区随迁子女给予了特殊关怀和强力保障，坚持做深做细做好各项工作，呵护了学生，稳定了家长。

（一）实现义务教育有保障

在前期摸排中发现，受家庭经济状况、家长思想观念、教育发展水平等多种因素影响，部分迁入学生在迁出地上学期间存在季节性流失现象。针对这一情况，拉萨市紧紧围绕义务教育易地扶贫搬迁群众子女无辍学、无流失这个目标，把控辍保学作为教育脱贫工作的重中之重，切实履行政府控辍保学法定职责，明确任务目标，加强分类指导，督促各县（区）制定出台控辍保学工作方案，因地、因家、因人施策，排查政策措施空白点和工作盲点，确保了"一个都不能少"。

（二）着力提升学业水平

拉萨市特别关注迁入学生学业情况，做好学业水平监测，137名学生单独编班，通过制订个性化教学方案、集中补习、个别辅导等方式，帮助迁入学生在较短时间内提升学业水平，提高学生学习兴趣，消除了学生学业跟不上的疑虑。同时，做好单独编班学生学业水平监测，50余名学生学业水平能够达到相应年级要求时，被及时调整到当地学生班级跟班就读，提振了学生努力学习的信心。

（三）促进交流交往交融

拉萨市着力促进迁入学生与当地学生同学习、同活动、同生活，确保迁入学生入学与当地学生享受同等待遇。各学校将2～3名迁入学生散插安排在当地学生宿舍，鼓励当地学生主动与迁入学生结对交友，帮助迁入学生尽快融入新的学习生活环境，普遍形成了迁入学生和当地学生之间相互了解、相互尊重、相互包容、相互欣赏、相互学习、相互帮助的良好氛围。

新疆克州：持续做好易地扶贫搬迁"后半篇"文章 全面提升公共服务水平

一、背景情况

新疆克孜勒苏柯尔克孜自治州是全国唯一的柯尔克孜族自治州（以下简称克州），地处祖国最西端，位于天山南脉与昆仑山北坡交汇处的帕米尔高原、塔里木盆地西北边缘，山地面积达90%以上，全州总人口62.02万人，其中乡村人口46.57万人。克州自然条件艰苦，经济社会发展滞后，集南疆四地州整体贫困地区、特困山区、边境地区于一体，是新疆脱贫攻坚主战场的重点地州。克州所辖4个县（市）均是国定贫困县和边境县，阿图什市、阿克陶县属深度贫困县（市），特别是搬出地属于典型的生存环境恶劣、生态环境脆弱、自然灾害频发等"一方水土养不好一方人"地区。2016—2020年，全州累计脱贫4.23万户、18.57万人，201个贫困村全部退出，乌恰县、阿合奇县、阿图什市实现摘帽，阿克陶县达到摘帽标准，贫困发生率由2014年的53.21%降至2020年的零。

2016年以来，克州党委、人民政府深入贯彻落实习近平新时代中国特色社会主义思想，贯彻落实习近平总书记关于扶贫工作的重要论述和重要指示批示精神，坚持精准扶贫、精准脱贫基本方略，将易地扶贫搬迁工作作为脱贫攻坚的"标志性"工程，对居住在"一方水土养不好一方人"地方的建档立卡贫困人口实施易地扶贫搬迁，让生活在克州这样一个位于高原山区、自然灾害多发频发地方的深度贫困群众，开启了摆脱贫困命运的大迁徙，告别了世代生活的贫瘠大山，通过强化社会领域基础设施投入，有效推动就业和产业发展，解决了出行难、就医难、就学难、饮水难、生存难、增收难、脱贫难的七大难题。这场搬迁硬仗时间之短、规模之大，彻底改变了1.38万名农牧民群众的命运，彻底摆脱了恶劣的生存环境，人均纯收入得到极大提高，实现了"两不愁、三保障"。

二、主要做法

克州是"三区三州"深度贫困地区，财力物力都相对匮乏，必须举全州之力才能啃下脱贫攻坚这块硬骨头，特别是一些村庄地处高山高寒偏远地区、交通十分闭塞、土地盐碱化程度高，自然条件极端恶劣，不具备产业发展条件，投入再多的扶贫资金也不过是杯水车薪，很难改变群众生产生活条件，易地扶贫搬迁是实现贫困群众"挪穷窝"的有效途径，但是如何带领搬迁群众增收脱贫、如何实现可持续发展的问题，成为必须要破解的难题。

（一）着力提升基本公共服务和社会保障能力

按照"规模适度、功能合理、经济安全、环境整洁、宜居宜业"的原则，为安置区配套建设水、电、路、暖、天然气、网络等基础设施和卫生室、惠民超市、幼儿园、小学、综合服务中心、文化活动广场等服务设施，既满足搬迁群众的基本生活需求，又使其享有便利可及的公共服务。截至目前，克州易地扶贫搬迁安置区新建3所幼儿园、2所小学、3所医院（卫生室）、6个文化活动室等公共服务设施。2020年，在国家、自治区的大力支持下，围绕补短板、强弱项，推动阿克陶县昆仑佳苑小学改扩建校舍项目建设，9个安置区搬迁群众安全饮水到户率、生活用电覆盖率、广播电视信号覆盖率、通信集中覆盖率、就医条件改善率、小学生就学条件改善率、初中生就学条件改善率均达到100%，收入全部超过脱贫线，解决不愁吃、不愁穿问题，全面解决安全住房问题，医疗、教育均得到了有效保障。

（二）完善就业和社保体系建设

依托设施农业、畜牧业、劳务输出、卫星工厂、馕产业等发展为强有力抓手，严格按照"一乡（镇）一方案、一安置点多渠道、一户一人一策"原则，加强就业扶持和技能培训，帮助搬迁户稳定就业。目前，易地扶贫搬迁户已实现就业3 023户、6 483人，其中从事农牧业生产861户、从事非农牧业生产2 162户，公益性岗位就业2 139人、扶贫车间及扶贫就业基地就业1 452人、其他各类渠道就业2 892人，搬迁群众劳动力就业率达100%。整合各类社会保障资源，逐步提高因残、因病、缺劳力等特殊困难搬迁群众保障水平，将完全丧失劳动能力和无法依靠产业就业实现脱贫的搬迁人口全部纳入农村低保救助范围，充分发挥低保兜底作用，搬迁群众中享受低保政策人口2 502人，特困供养人员34人，实现了应保尽保。

（三）强化社区管理和社会融入

健全完善安置区社会治安管理机构，以安置点为单元，加强治安巡逻网格化，着力开展风险隐患排查和质量安全监管，确保安置点稳定安全。加大人居环境整治，持续优化安置点软硬环境和民生投入，改善生产生活条件，着力提升安置点人居环境。坚持宜农则农、宜林则林、宜牧则牧的原则，实施退耕还林、复草复绿，促进生态修复，抓住搬迁机遇，大力推进"人退绿进"。群众搬迁后，其原有草场仍维持原有模式不变，仍可享受到草场补贴、小额信贷等各项扶贫政策扶持，有效保障搬迁群众权益。加强生活习惯、文明礼仪指导培训，消除搬迁群众陌生感，让搬迁群众尽快熟悉、适应新生活。

第六章 易地扶贫搬迁安置区公共服务：确保搬迁群众稳得住、有就业、逐步能致富

■ 克州阿克陶县昆仑佳苑安置小区一角

三、经验总结

（一）提高站位，加强领导

克州坚持把易地扶贫搬迁扶持一批作为打赢脱贫攻坚战的关键举措和重大政治工程、民生工程，州委、州政府高位推动脱贫攻坚工作，全面落实脱贫攻坚党政一把手负总责的领导责任制，按照"区统筹、州指导、县实施、乡落实，行业配合，贫困户参与"的要求，州县乡村四级相应成立领导小组，明确各级工作职责和目标任务，定期召开推进会、现场会、专题会议对易地扶贫搬迁工作进行安排部署，一级抓一级、层层抓落实，切实推进政策落地、任务落实，形成了上下联动、部门协同、责任落实的工作机制。

（二）聚焦重心，合理布局

先后编制完成《克州"十三五"易地扶贫搬迁规划》《克州脱贫

攻坚"易地扶贫搬迁专项行动"实施方案》《克州深度贫困地区脱贫攻坚易地扶贫搬迁工作实施方案》和年度工作计划、各类整改工作方案，在规划阶段与贫困户进行了充分协商，基于地缘、发展空间及后续产业等因素，严格按照"靠县城、靠口岸、靠乡镇、靠园区"的"四靠"和集中安置的原则，依托基础设施、后续产业发展条件较好的产业园区、口岸、乡（镇）附近设立9个集中安置点，其中城镇集中安置389户、1 931人，安置人数占集中安置总人数的13.94%；农村集中安置2 779户、11 924人，安置人数占集中安置总人数的86.06%。集中安置点均采用政府统一建设、统筹管理，水、电、路、暖等基础设施条件大为改善，幼儿园、小学、卫生院、商铺、文化活动中心等公共服务设施一应俱全，最大限度地为搬迁群众提供便利，设施农业大棚、现代化养殖棚圈、卫星工厂等配套产业齐全，确保搬迁群众"稳得住、有就业、逐步能致富"。

（三）严守红线，强化落实

以搬迁贫困群众为主体，以集中安置点为载体，进一步压实州县乡村四级主体责任，坚守建档立卡贫困户人均住房建设面积不超过25平方米的红线，在确保住房安全质量前提下，制定时间表、路线图，实行挂图作战，一个节点、一个环节地推进，通过建立安置点台账、督办提醒等制度手段，严格落实建筑质量终身责任制，抓好工程安全质量专项检查，确保高质量、严标准，2019年407户、1 849人搬迁任务于9月6日完成，标志着"十三五"期间克州易地扶贫搬迁住房建设和搬迁任务提前一年完成，有力促使广大搬迁群众及早住进"新房子"、齐心协力营建"新家园"，为开启新时代克州全面建设社会主义现代化新征程、让克州更加出彩作出了积极贡献。

（四）加强党建，促进脱贫

克州在稳固后续产业发展措施基础上，实行"党建+社区+乡镇+

属地"的管理模式,坚持把党建工作与搬迁工作"同部署、同安排、同落实"。按照属地划分,从各乡(镇)、村抽选干部,配足配强管理人员,建立健全基层党组织,2020年12月经自治区人民政府批准阿克陶县恰尔隆乡、乌恰县巴音库鲁提乡成功完成撤乡建镇工作,进一步强化安置区管理;对在乡(镇)就近安置的,由所属乡(镇)党组织直接管理,确保搬出地、搬入地正常运转、管理有序。加强感党恩教育,通过周一升国旗、农牧民夜校、"访惠聚"、干部下沉"两个全覆盖"、民族团结一家亲等多种方式,宣传搬迁政策和对比搬迁前后翻天覆地变化,积极引导搬迁群众感党恩、听党话、跟党走。

克州"十三五"易地扶贫搬迁任务已全部完成,但是随着安置区人口规模逐年增加,现有教育、卫生、文化等公共服务设施仍需持续强化,同时也存在搬迁对象受汉语水平低、劳动技能缺乏、内生动力不强等因素制约,就业仍存在诸多限制,需进一步加强汉语水平、劳动技能培训、内生动力培养。搬迁群众从贫困到脱贫再到富裕需要一个过程,"十四五"期间将持续加大易地扶贫搬迁后续扶持力度,综合考虑人口规模递增、公共服务设施承载能力、提升群众汉语水平、强化职业技能培训等,加强与乡村振兴战略有效衔接,持续加大公共服务设施投入,推动产业稳定发展,建立健全搬迁群众收入稳定增长机制,持续巩固易地扶贫搬迁成果。

后　记

根据《国家发展改革委办公厅关于报送社会领域公共服务助力脱贫攻坚典型案例的通知》(发改办社会〔2020〕804号)有关要求,各地发展改革部门共正式上报典型案例160余个。经过有关领域专家学者认真遴选,确定58个案例入选《脱贫攻坚的伟大实践——社会领域公共服务助力脱贫攻坚典型案例》一书。

《脱贫攻坚的伟大实践——社会领域公共服务助力脱贫攻坚典型案例》编写工作在国家发展改革委党组成员、副主任连维良同志直接领导下,社会发展司具体承担。在本书编写过程中,国家发展改革委社会发展司、地区振兴司负责同志给予了悉心指导,中国宏观经济研究院社会发展研究所在案例遴选、修改编撰等方面承担了具体工作,中国计划出版社为本书顺利出版做了很多努力。在此一并表示感谢!

受时间、经验、编者水平等因素影响,本书难免存在不足和疏漏之处,敬请读者批评指正。

本书编委会

2021年3月